中证中小投资者服务中心
CHINA SECURITIES
INVESTOR SERVICES CENTER

投资者

第21辑
(2023年4月)

夏建亭　主编

图书在版编目(CIP)数据

投资者. 第 21 辑／夏建亭主编. —上海：上海交通大学出版社，2023.4
ISBN 978 - 7 - 313 - 28627 - 7

Ⅰ. ①投… Ⅱ. ①夏… Ⅲ. ①投资—研究—中国②投资—金融法—研究—中国 Ⅳ. ①F832.48②D922.280.4

中国国家版本馆 CIP 数据核字(2023)第 080911 号

投资者(第 21 辑)
TOUZIZHE(DI21JI)

主　　编：夏建亭
出版发行：上海交通大学出版社　　　　　　　　地　　址：上海市番禺路 951 号
邮政编码：200030　　　　　　　　　　　　　　电　　话：021 - 64071208
印　　制：常熟市文化印刷有限公司　　　　　　经　　销：全国新华书店
开　　本：787 mm×1092 mm　1/16　　　　　　印　　张：14.75
字　　数：251 千字
版　　次：2023 年 4 月第 1 版　　　　　　　　　印　　次：2023 年 4 月第 1 次印刷
书　　号：ISBN 978 - 7 - 313 - 28627 - 7
定　　价：78.00 元

卷首语

为了进一步加深对资本市场投资者保护热点、难点问题的研究与探讨,提升研究的广度与深度,投服中心面向社会各界长期征稿,共同探讨。本辑共设 6 个栏目,收录专家学者、市场实务人士等的 14 篇文章,与读者共享。

【政策解读】收录 3 篇文章

叶林、钱程的《全面实行注册制是我国资本市场发展的里程碑》一文认为,全面实行注册制是在吸收多年改革经验、考量我国现实国情、借鉴域外先进做法基础上的重要举措,对我国资本市场发展具有重大意义。在法律层面上,注册制改革契合了公开融资的私权本质,建立了有效的市场监管格局,完善了以信息披露为主的投资者保护体系,对发行人、监管机构和投资人均产生显著影响。尽管其中还存在一些尚未明确的问题和挑战,但注册制改革必将引导证券法制持续发展、推动资本市场稳步提升。

潘向东的《探析〈金融稳定法〉制定的背景及影响》一文认为,尽管我国目前已基本控制了系统性风险,但仍需关注部分领域存在的潜在风险。2022 年经历了疫情反复、俄乌冲突长期持续、美联储加速紧缩货币政策、国内经济下行压力加大以及部分房地产企业经营面临压力等严峻形势,全面提高系统性金融风险的防范和解决能力至关重要。因此,《金融稳定法(草案)》的起草从法律支持和制度规范的角度出发,涵盖了金融风险防范、化解、处置及法律责任等多个方面。作为一项重要的法律制度性文件,该草案完善了金融领域的顶层设计。

郑彧的《新虚假陈述民事责任司法解释之学理解读》一文认为,我国证券市场虚假陈述民事追责的法治轨迹经历了从无到有、从有到严的一个基本过程。从《股票发行交易管理暂行条例》到《证券法》（包括后续的修订或修改），证券违法行为及其相应主体的民事责任追责一直是证券市场法治建设的重点、难点和要点。在此背景下，为了统一和便利司法实践，最高人民法院自 2002 年起就针对证券虚假陈述民事责任的判定规则颁布了相应的司法解释，并在 2022 年 1 月根据先前司法裁判的经验和新证券法的内容重新修改、制订并颁布了新的证券市场虚假陈述侵权民事赔偿案件的司法解释。新司法解释公布之后，学界、业界均已从不同视角对其进行了诸方面的解读。该文拟从新司法解释总体结构、基本特征和未来影响入手，谈谈笔者眼中新司法解释的成就与功用。

【理论探究】收录 3 篇文章

林少伟、晏闰婷的《上市公司股东提案权研究》一文认为，2005 年《公司法》正式确立股东提案权，但规范内容的原则性导致实践中失范现象屡现，股东提案权并未发挥应有之义。2022 年颁布的《公司法修订草案（二次审议稿）》对此虽有所改进，但仍缺乏细引。通过对深市上市公司股东提案公告展开定量统计和定性分析，发现目前股东提案权制度存在中小股东提案难、提案内容单一、提案审查缺位等问题。为此，可通过完善股东提案适格标准、规范股东提案程序、确立董事会审查主体地位同时防止其滥用权利、建立集自力救济、行政救济和司法救济于一体的救济体系等实体性和程序性规范，以进一步完善我国股东提案权制度。

朱国华、陈树然的《关于企业法定代表人诚信问题的探究》一文认为，一个国家，个人诚信是基础，企业诚信是基石，政府诚信是标杆，社会诚信是目标。然而现在，企业失信现象最为突出，企业失信离不开个人的失信，研究企业诚信问题离不开研究企业法定代表人的诚信问题。基于这种认识，本文就企业法定代表人的诚信问题进行专题研究。企业作为市场交易的重要参与者，必须要充分理解诚实信用原则的核心原理，在开展民事活动时要遵循这一基本原则，追求自身利益不以损害个人利益和社会利益为前提。与此同时，诚实信用原则作为一项基本原则，不仅在解决民商事纠纷中占有重要地位，也贯穿于企业经营主体整个市场经济领域的运作，是企业生产经营和发展的法律依据。作为企业经营者，企业法定代表人必须牢记和落实该原则，在追求利益的同时，维护市场交易的良性运作和秩序稳定，实现企业领域的良序善治。

鲍彩慧的《欺诈发行责令购回的法律属性及制度实现》一文认为，《证券法》对上市公司欺诈发行责令购回制度作出了原则性规定,但尚缺少法律内涵的解析和具体机制的构建。从多维度分析其法律属性,欺诈发行购回是一种证券欺诈责任和证券欺诈民事责任的实现方式,欺诈发行"责令"购回的本质是一种行政裁决行为。在法律特征上,欺诈发行购回责任的主体具有多元性,责任内容和目的具有补偿性和惩罚性,证券监管机构作出的责令购回裁决具有准司法性。在此基础上,要对欺诈发行购回责任的多元化主体设置差异化的责任分配机制,确定回购证券的范围和回购价格,并设置欺诈发行责令购回的实施程序与救济措施,以促进其制度价值的实现。

【市场实务】收录 3 篇文章

张志红、陈丽媛、文雯的《我国证券期货适当性管理制度的反思与重构》一文认为,对证券期货投资者适当性管理制度最直接的概括,即证券期货经营机构应将合适的金融产品销售给合适的投资者,其最终落脚点是为了保护投资者利益。自 2007 年起,我国投资者适当性管理制度的发展经历了起步、全面发展、规范实施三个阶段,形成了覆盖了法律、行政法规、部门规章、自律规则及其他规范性文件的主要规则体系。尽管我国投资者适当性管理制度已初步成型,但随着我国资本市场的不断发展,也面临着诸多问题的挑战。如何通过进一步完善证券期货投资者适当性管理制度,更好地通过投资者适当性制度规制资本市场各方参与者的行为,值得进一步的思考与研究。

杨亚琴等的《全球证券交易所合并与联盟发展趋势及其启示》一文认为,证券交易所是全球城市重要的金融基础设施,其合并与联盟很大程度上影响资本的全球流动格局,从而影响着全球资本市场资源配置。本文立足全球证券交易所功能作用,客观分析全球证券交易所合并和联盟发展历程,着眼当前全球政治经济和科技创新发展新背景,聚焦全球金融中心建设进程中的主要证券交易所发展新动向,观察全球资本市场发展新趋势,研究提出深入推进全球资本市场开放合作,加快证券交易所公司化改革,拓展与新兴经济体证券交易所合作空间,通过数字技术赋能促进交易所新型合作与联盟的应对之策,并针对增强我国全球资源配置能力提出相关建议。

刘博睿的《全球分红水平提升,红利指数投资规模增长——2022 年全球分红与红利指数化投资报告》一文基于全球 50 个发达与新兴市场上市公司分红数据,总结了 2022 年全球上市公司分红情况,系统梳理了全球不同市场上市公司在分红水平、分红质量、分红行为等方面的差异,最后分析了境内外红利指数化投资现状与发展趋势。研究发现,全球上市公司分红总额、分红数量占比、分红水平呈持续提升趋势;新兴市场分红增速较快,但分红持续性与发达市场存在较大差距;各市场股息率主要受估值因素影响,股利支付率则受区域经济发展状况及企业自身发展阶段等因素影响;企业生命周期显著影响上市公司分红政策,成长期上市公司倾向于采取红利增长分红政策,成熟期则倾向于采取高股息政策;不同市场分红政策差异显著,中国 A 股分红增速较快,央企、地方国企占主导地位,港股分红小幅增长,规模分化继续加深,美股分红政策保持高稳定性,"黏性股利"现象显著;境内外红利指数产品规模逆势增长,策略呈多元化趋势,考虑到长期资金占比提升以及上市公司分红行为改善,境内红利指数化投资仍有较大发展空间。

【投教园地】收录 2 篇文章

中信证券财富管理委员会运营管理部的《从"信"开始 用心陪您——努力打造投资者信得过的投教品牌》一文认为,资本市场是一个多元共生的生态系统,投资者作为维系整个生态运行的基石,对资本市场的长远健康发展具有不可替代的地位和作用。中信证券始终坚持以投资者为中心,完善内部投教工作考核体系,秉承匠心精神丰富多元投教产品,引入金融科技助力投教服务升级,用心打造具有中信特色的、投资者信得过的投资者教育品牌。

刘建位的《为什么巴菲特让太太只买一只指数基金投资养老》一文认为,个人养老投资有三条路:买房养老,买股票养老,买基金养老。事实证明效果都不好。买房养老门槛太高,很难快速变现。个人选股投资,多年下来往往并不赚钱,十个人炒股七赔二平一赚,不算夸张。而选择基金经理买基金,从一些基金公司客户十年长期收益率统计数据来看,还跑不赢定期存款。其实美国早就出现过类似情况。从美国股市最近一百年整体来看,发生历史未有之大变局,前 50 年交易量以散户为主,基金经理可以轻松战胜散户主导的市场,而最近 50 年交易量变成以机构为主,基金经理很难战胜机构主导的市场。美国 CFA 协会主席查尔斯·埃利斯将此比喻为:从制胜赢分多少定胜负最终更强者胜的专业比赛,变成失误送分多少定胜负最终更稳者胜的业余比赛。而投资失误相对较少的就是市场本身。所以最稳的策略就是完全复制市场的指数基金。巴菲特早在 20 年前就说过:绝大多数投资者的最佳投资策略就是买入并长期持有指数基金。巴菲特在遗嘱里给太太的建议也是如此:只买一只标普 500 指数基金,一直持有,不要动。

【案例探析】收录 2 篇文章

李国楚、朱静、熊枫的《虚假陈述所引发的投保机构派生诉讼案件的疑难问题与解决》一文分享了全国首例投保机构提起的派生诉讼已经结案,公司实控股东全额赔付损失、原告投服中心诉请实现、案件撤诉处理。本文从该案代理律师的视角出发,分析虚假陈述案件发生后,投保机构维护公司利益提起派生诉讼的疑难问题与解决思路,并从本案出发探索未来同类案件的处理思路。具体而言,本文认为此类案件中不宜过多约束投保机构的起诉资格;审计机构应承担之责任并非不真正连带责任,而应与公司内部人员按照过错承担终局责任。

洪一帆的《独立董事虚假陈述责任判定的司法检视与完善》一文认为,为合理限定独立董事责任,亟须从裁判论方面完善独立董事的责任判定机制。在对 327 件案例统计分析后,发现相关规范存在冲突、行民责任认定机制混同、免责事由实操性不足、责任范围缺乏计算标准等问题,实有必要进行完善。从裁判依据来看,应当明确独立董事法律地位与归责原则,并科学妥善处理法律之间的适用关系。从法院与证监会的关系来看,应遵循法院主导、证监会协同的联动模式。从抗辩事由来看,宜进一步具体化免责事由,审慎综合考虑多种因素。从损害赔偿的计算来看,建议以过错状态合理区分责任方式,并借鉴门槛与深度理论精细化厘定赔偿数额。

【境外视野】收录 1 篇文章

《ESG 境外实践系列》一文转载自中国上市公司协会、中证指数有限公司编写的《中国上市公司 ESG 发展报告(2022 年)》。该文从可持续发展历程及法规政策沿革、信息披露相关要求角度介绍了新加坡 ESG 情况,并从责任投资者尽职治理原则、ESG 基金披露和报告要求这两方面提出了投资机构参与 ESG 投资或尽责管理的要求;该文另外还分享了中国香港的 ESG 相关政策历史沿革、上市公司 ESG 信息披露的基本要求及 ESG 实践指引,并从企业管治、投资管理、风险管理及信息披露四方面提出了投资机构参与 ESG 投资或尽责管理的要求。

目　　录

CONTENTS

政策解读

全面实行注册制是我国资本市场发展的里程碑

叶　林* 钱　程**

摘要：全面实行注册制是在吸收多年改革经验、考量我国现实国情、借鉴域外先进做法基础上的重要举措,对我国资本市场发展具有重大意义。在法律层面上,注册制改革契合了公开融资的私权本质,建立了有效的市场监管格局,完善了以信息披露为主的投资者保护体系,对发行人、监管机构和投资人均产生显著影响。尽管其中还存在一些尚未明确的问题和挑战,但注册制改革必将引导证券法制持续发展、推动资本市场稳步提升。

关键词：全面注册制　私权属性　监管格局　信息披露　投资者保护

一、引　言

2023 年 2 月 17 日,中国证券监督管理委员会(简称证监会)发布并施行全面实行股票发行注册制的相关规则,这一里程碑事件标志着我国证券市场全面注册制的真正落地。在我国,注册制从提出到正式实行经历了一个较为漫长的过程:2013 年,中共十八届三中全会即明确提出要实行股份发行注册制;多年以来,我国不断加深对资本市场的认识,深化资本市场改革,积累改革经验,并于 2019 年率先在上海证券交易所科创板实行注册制试点,2020 年继续在深圳证券交易所创业板试点。可以说,注册制是在吸收了多年发展经验、充分考量我国具体国情的基础上推出的,有效回应了资本市场的现实需求,大力推动了资本市场的发展,促进"金融—实体"循环,是资本市场建设的一大突破,具有里程碑式的意义。从正式实施的规则来看,本次注册制改

　＊　中国人民大学法学院教授,博士生导师。
　＊＊　中国人民大学民商事法律科学研究中心研究人员、博士研究生。

革对发行人、监管机构、投资者、市场中介及其他主体都有重大影响,在股票发行制度环境、监管权力分配与监管内容方面产生明显变化,对未来资本市场的运行具有显著意义。本文从发行人、监管机构和投资者三个角度出发,讨论本次注册制改革的意义和影响。

二、契合公开融资的私权本质

注册制改革中,发行人是首要受益者。相较于核准制,注册制所带来最为直观的感受莫过于便利证券发行活动,为发行人提供更为通畅的直接融资渠道,提高发行人融资效率。在上市条件方面,注册制改革前,发行人在主板上市通常需要同时满足"净利润+现金流/收入"的财务标准;而改革后,企业不再需要满足单一的财务标准,而是可以在多种财务标准之间进行选择,增加了市场包容性,扩大了企业的选择空间。这一举措直接提高了企业符合上市标准的可能,促进企业上市融资。科创板和创业板此前的试点结果已表明这一结论:2022 年,在 A 股 IPO 的 428 家企业中,创业板与科创板的 IPO 企业数量总占比超过六成,分别达 150 家和 124 家;虽然较 2021 年上市企业家数同比减少,但募资规模较 2021 年同比增长约 8%,IPO 企业融资能力明显提升。

注册制改革对于发行人而言并不仅限于经济上的意义,其更有深厚的法理内涵。公司具有融资的权利,该项权利是天然享有、自主行使的,不应受到不当干涉。《公司法》确认了这一权利,只要法定公司机关作出合法有效的决议,公司便有权行使融资权利。公司通过公开发行股票融资本质上也是融资权的体现,但在原先审批制、核准制的背景下,融资权的应有内涵被淹没在繁复的行政审批和核准之下,以至于理论上更侧重于关注行政端,将行政机关的审批及核准行为定性为行政许可,上市融资则是在获得许可以后才被解禁的行为。但我国资本市场数十年的发展经验表明,这种行政本位的理解已不适合于经济发展的客观需求,市场自治、由市场主导资源配置才是应然的发展方向。注册制的核心即在于改变行政本位的观念,回归市场本位的逻辑。

在这一理念的影响之下,审核注册的行政许可色彩逐渐淡化,证监会在发行环节与发行人的直接法律关系极大减缩,而审核权更多地由交易所这一自律监管机构所行使。另外,注册制改革也在权利行使方面更好地保障融资权复归私权本质。改革前,证监会的部分文件增加了新股发行定价的程序要求,实际上限制了发行人的定价范围。① 改革后,沪深交易所发布《首次公开发行证券发行与承销业务实施细则》,允许发行人以直接定价或询价定价的方式确定新股发行价格,前者存在定价上限而后者不设限制,这一模式将引导新股定价主要通过市场化询价方式决定。发行人在这一过程中需要充分考虑各类专业投资者、普通投资者的意见,机构投资者也得以充分发挥其专业投研定价能力,确定合理的新股发行价格。总体来说,注册制赋予发行人在新股定价方面更大的自由,也更符合市场定价规律。新股发行的期限也呈现出类似情况。《首次公开发行股票注册管理办法》《上市公司证券发行注册管理办法》《上海证券交易所股票发行上市审核规则》等对股票发行上市的各项环节和时限作出了清晰的规定,这有助于发行人进行资金安排,提高企业的经营效率,实现金融对实体产业的有效推动。相较于改革前,注册制下的审核注册环节时限缩短,发行速度大幅提高,进一步满足企业快速融资的商业需求。以上举措均是在保障发行人行使其融资权,减弱行政权力对发行活动的干预,避免行政机关对这一过程的过度介入。

当然,公开融资权利的私权本质并不意味着其行使不存在边界,若认为该权利行使时不应受任何限制,这也是一种偏颇的理解,英国历史上的"南海泡沫"事件正是最好的例证。英国曾经一度迷信公开融资的私权属性,对股票公开发行不加任何干预,投资者则在公司路演的推销下变得狂热,最终酿成史上经济损失最为惨重的事件之一。其后,英国推出《泡沫法案》,要求获得政府许可后方能发行证券,治理公司乱象的同时却也阻碍了证券市场的发展。最终,英国在反复摇摆后寻找到了平衡点,形成了目前以信息披露为核心的公开发行制度。② 域外经验表明,公开融资的私权属性需要尊重,但其也应当以保护投资者为边界。一国证券发行制度需要在发行人和投资者这对市场两极之间寻求平衡,而注册制改革正是我国经过多年探索所得到的答案。

重拾公开融资的私权本质有利于提高企业直接融资的便利度,也有助于清理中国证券市场多年的乱象。企业上市意味着获得公开发行股票的资格,上市企业可以通过直接融资的方式募集资金;非上市企业大多需要通过间接方式取得融资,例如银行贷款,但间接融资难度较大。核准制背景下,上市资源紧缺,大量企业存在融资需求,由此便催生出了"壳"业务,即使上市公司的经营状况再惨淡,股东也可以通过出

---

① 叶林:《关于股票发行注册制的思考——依循"证券法修订草案"路线图展开》,载《法律适用》2015年第8期,第13页。

② 参见林海:《公开发行是否为公司的自然权利?——以英美证券发展史为例》,载《清华金融评论》2015年第6期。

售"壳"资源实现套利,加之不完善的退市机制,这对上市公司的经营实际上具有一定的负向激励作用。除此之外,围绕着"壳"资源,市场上还存在着诸多内幕交易、权力寻租等现象。而注册制改革降低了企业的上市门槛,更多企业能够获得公开发行股票的资格,"壳"资源价值逐渐趋向于零,此前围绕着"壳"资源交易而引发的乱象得以消弭。对于整个股票市场而言,更多的上市公司也能够形成更有效的市场竞争,从而更好地发挥市场的价格发现功能,使得股票市场回归价值投资,而非投机套利。

本次注册制改革在多方面尊重融资权的私权本质,这一逻辑又反过来要求注册制改革回答一些制度规则并未提及的问题。例如,证监会、交易所出台的文件中均未提及法定时限之内交易所和证监会未完成审核注册的后果。基于尊重保障私权的立场,超时未办结者应当视为允许注册发行,防止损害企业的合理预期。再如,现行规则也并未明确全面暂停新股发行的程序与条件。我国资本市场的发展历史中曾多次采用全面暂停 IPO 的举措,以此遏制证券市场的剧烈波动。但暂停期间短则数月,长则一年,这对于发行人的利益安排无疑是巨大打击,也影响到整个证券市场的稳定预期。且这一手段的合法性与合理性存在较大争议,不少观点认为这一强力救市手段属于非市场化,违背了注册制精神。现行规则并未明示证监会是否仍有权全面暂停IPO,我国若欲保障市场合理预期、彰显注册制精神,未来应当就证监会是否有权、如何行权等问题作出回应。

三、建立有效的市场监管格局

基于投资者保护的重要性、证券发行活动的特殊性和证券市场的高风险性,公开发行股票也要受到有效监管。然而,何为有效监管、如何建立相应的市场监管格局,注册制与核准制所给出的答案并不相同。

(一)形式审查与实质审查的平衡

注册制与核准制的主要差异在于何人对股票作出"投资价值判断":核准制下的有效监管趋向于实质审查,由政府首先根据其制定的发行条件筛选淘汰部分拟上市企业,从而事先代替投资者进行价值判断;而注册制则侧重于形式审查,政府及自律组织督促发行人进行完善的信息披露,为投资者提供全面的投资决策基础,最终由投资者自行价值判断。但注册制与核准制的差异不等于形式审查与实质审查的区别,毋宁是形式审查与实质审查平衡点的不同。实行注册制并不等于抛弃实质审查,而是在形式审查与实质审查之间寻求新的平衡。有观点曾经呼吁我国证券市场借鉴美国等具有成熟资本市场法域的经验，在发审环节中只审查申请材料是否符合法定形式和格式，不对内容的真实性等方面作出评价，而由市场对其进行具体评价。这种观点存在诸多不合理之处。

第一，单纯的形式审查和信息披露不足以应对现代金融世界的复杂性。形式审查的理论基础主要为"有效市场假设"，有关公司经营、治理等表现的信息会在市场上畅通无阻地传递，并进而在股价上有所体现。但信息传递具有滞后性，投资者在获悉相关信息并作出判断时，损害结果可能已经发生，事后救济手段有时难以有效填补投资者所遭受的损害。此外，市场上充斥着各类信息，过多的信息使得注意力成为稀缺资源。2008 年金融危机的经验表明，即使专业投资者都可能损失惨重，普通投资者更加难以通过信息披露而获得足够保护，"市场有效假说"的前提即存在缺陷。

第二，由专业人员实施一定的事前监管具有效率，同时也契合投资者保护的证券法价值。如前所述，由市场消化大量信息需要时间，其结果也并不一定理想；而由专业且富有经验的监管人员进行实质审查，可以将部分风险暴露在事前环节，缓解市场上的风险堆积。美国等具有较为成熟资本市场的法域基本上都采纳了形式审查与实质审查相结合的方式，其在发行申报环节的问询列表甚至会远远长于我国。[①]

第三，基于我国国情，证券发行仍然需要形式审查与实质审查相结合。从市场方面看，我国投资者仍以散户为主，长期奉行的父爱主义监管使得投资者尚未建立起足够的市场判断能力，贸然改变监管方式可能会引起强烈的市场震荡。从社会环境看，我国目前社会整体信用不足，发行人及其控股股东、实控人等主体欺诈、损害中小股东利益的现象仍然时有发生，我国仍然需要政府介入以制衡发行人与投资者的地位差距。从监管权力看，"政府监管向来是证券市场运行的主导力量"[②]，直接取消其审核权必然要付出巨大的变革成本，同时也会对我国金融监管体制造成强烈冲击。

那么，注册制改革究竟如何调整形式审查与实质审查的平衡？首先，相较于核准制，注册制无疑提高了形式审查的比例，部分审核事项转变为披露要求，发行人需要在申请发行时提供大量的信息披露资料。《首次公开发行股票注册管理办法》（简称"《首发办法》"）以专章形式对信息披露进行规定，沪深交易所各自的《股票发行上市

① 沈朝晖：《流行的误解："注册制"与"核准制"辨析》，载《证券市场导刊》2011 年第 9 期，第 16—17 页。
② 叶林：《关于股票发行注册制的思考——依循"证券法修订草案"路线图展开》，载《法律适用》2015 年第 8 期，第 15 页。

审核规则》(简称"《上市审核规则》")更是具体展开对信息披露的要求及审核工作,突显了信息披露的重要地位。其次,证监会的职能由此前的无所不包、无所不审,到目前以监督管理、合规保障为核心,实质审查的范围大大缩水。由此可以看出,我国自资本市场发展以来形成的"强政府弱市场"观念正在逐步扭转,实质审查地位降低的同时形式审查的重要性提高。当然,我国注册制改革并没有发展得如同美国模式。美国证券交易委员会(SEC)在证券市场中主要承担行政权和准司法权的职能,而我国证监会或多或少仍然保留了干预证券发行活动的权力,这也是基于我国国情所作出的考量。需要指出,证监会的权力虽然缩水,但并不意味着原本由证监会审核的事项都转变为信息披露事项。是否具备持续经营能力、是否具有商业发展前景等问题依然需要通过交易所审核问询的方式进行实质审查。总体来说,本次注册制改革仍然保留了大量实质审查的内容,但相比于核准制,注册制的发行上市条件已经有了大幅放松,监管方式也变得更加灵活。因此,正如证监会主席易会满所指出,本次注册制改革"坚持尊重注册制基本内涵、借鉴国际最佳实践、体现中国特色和发展阶段特征三个原则,突出把选择权交给市场"①,形成了符合逻辑、符合潮流、符合现实的良好制度。

(二) 政府监管与自律监管的分工

注册制改革中,证监会与交易所的职能分工发生显著变化。《首发办法》第四条将证监会的职能定位于"对发行上市审核注册工作的统筹指导监督管理",并在同办法第 51 条至 54 条明确证监会的指导和监督事项。在股票发行过程中,证监会行使权力的相对人主要为交易所,其一般只在注册和涉及"两符合""四重大"等事项的场合才与发行人产生直接的法律关系。而原本由证监会行使的审核权则赋予交易所,由其负责股票发行条件和企业上市条件的具体审核工作。注册制改革后,我国股票发行的监管格局可以概括为:发行审核权由证监会与交易所共享,其中交易所负责微观审核,证监会负责宏观判断,同时交易所受到证监会的全程监管。

之所以采取这一监管格局,其原因是多方面的。第一,发行条件和上市条件中包含着诸多需要商业性判断的标准,例如"具有持续经营能力",这些标准在不同行业不同市场往往具有差异化的要求,由更为贴近市场的交易所进行审核通常更有效率;而证监会作为行政机关,行使的是代表公共利益的国家公权力,将审核范围限于涉及公

---

① 《易会满主席在 2022 金融街论坛年会上的主题演讲》,载中国证监会网站:http://www.csrc.gov.cn/csrc/c106311/c6609543/content.shtml。

共利益、国家战略的宏观问题更加贴近其定位,这也符合宏观监管和微观规制相结合的现代金融监管理念。第二,尽管我国在注册制改革前,证监会始终都参与发行条件的实质审查,但这种做法不仅缺乏效率,并且存在权力寻租的风险。按照 2019 年《证券法》修订前的规定,股票发行条件和上市条件分别由证监会和交易所审核,但由于发行申请同时包含上市安排,因而证监会往往会审核两项条件,交易所其后再审核是否符合交易条件无异于重复累赘,降低效率。同时,证监会实质上享有发行和上市的最终审核权和监督权,缺少其他力量对证监会的行为加以监督,这就导致其间巨大的权力寻租空间、权力交易现象无法得到有效约束。改革后,证监会逐渐退居幕后监管角色,与交易所之间形成良好的权力监督关系,更能保障证券市场的有序运行。

证券发行监管格局的改变于我国而言属于创新之举,但其中也有可能包含诸多未曾虑及的问题。例如,交易所在我国证券市场的定位始终并不清晰。在提供交易场所和设施的层面上,多个交易所之间相互竞争,由此形成可供选择的服务市场,其与拟上市公司的关系更接近于平等主体。《证券法》第 99 条则规定交易所承担自律管理职能,兼具公益与私益的性质。在其与行政机关的关系方面,核准制下,交易所的上市审核权通常由证监会行使,交易所被动地接受证监会指示①,实质上更类似于证监会的下属机构;而在注册制下,证监会审核权下放至交易所,证监会承担监督管理职能,这一结构使得交易所类似于"法律法规授权的组织"或准行政机关,代行属于行政机关的公共权力。若交易所的自律管理行为或其制定的规则受到挑战,以上纷繁的性质可能引发诉讼选择的问题。目前法院倾向于以民事诉讼为案由进行审理,并体现出"司法有限介入""善意监管免责"等理念②;但在注册制实施后,司法态度是否转向,仍是需要进一步考察的问题。

四、完善信息披露为主的投资者保护体系

(一)投资者保护理念的嬗变

投资者保护一直是《证券法》重要的立法原则和制度基点,但不同制度下投资者保护理念的体现也有所不同。核准制下,我国政府秉持着父爱主义的监管哲学,以严

① 蒋大兴:《隐退中的"权力型"证监会——注册制改革与证券监管权之重整》,载《法学评论》2014 年第 2 期,第 51 页。
② 张红:《证券交易所自律管理行为的司法审查标准——评叶伟钢诉新加坡证券交易所案》,载《财经法学》2020 年第 2 期,第 28 页。

格的审核代替投资者作出价值判断,投资者只需要在经过筛选的"优质证券"中作出投资决策即可。然而,投资者毕竟不是毫无判断能力的主体,市场最清楚何种证券值得投资、如何投资,因而注册制将选择权交给市场,政府不再直接代替投资者作出价值判断。政府退出价值判断并不意味着外部监管力量的缺位。注册制下,投资者保护体系的重心转移到信息披露,政府、交易所、中介机构等主体对信息披露的真实、准确、完整进行监督,为投资者决策提供信息基础。投资者根据披露的信息作出投资决策后,其需要负担相应的投资风险,不得再简单地要求发行人乃至政府承担责任。这一投资者保护逻辑的嬗变可以概括为:从政府代管投资者利益转变为投资者风险自负。我国自 2019 年《证券法》修订以来就始终强调投资者风险自负,打破刚性兑付、建立投资者适当性制度也充分地反映了这一点,因为风险自负是资本市场运行的基本逻辑,是商业交易展开的必要前提。由此,建立健全信息披露体系,符合投资者保护的逻辑,也是开展投资者保护工作的起点。

(二)信息披露对投资者保护功能的实现

《证券法》已经在信息披露体系上着墨甚多,通过专章形式规定了发行人及其他法定主体的信息披露义务和责任,体现了信息披露在证券法上的重要地位。注册制改革则在承继《证券法》规定的前提下,从多个主体、不同层面强化信息披露体系,进一步落实信息披露中的权力、义务和责任。

第一,发行人及其他法定主体需要履行严格、全面的信息披露义务。自 1999 年《证券法》实行以来,信息披露义务人始终有义务真实、准确、完整地披露信息。但法律层面缺少对信息披露范围的规定,实践中则是逐渐摸索、逐步扩大信息披露的范围,到目前形成了相对明确的披露标准。2019 年《证券法》修订,包括本次注册制改革都明确反映了该核心标准,即向投资者提供价值判断和投资决策所必需的信息。并且,由于证监会及交易所制定的规则不可能列举每个行业、每种情形的重要信息,发行人的信息披露范围不限于规则明确列举的事项,而应按照上述标准履行披露义务。《首发办法》第 39 条和第 40 条即规定:发行人应当以投资者需求为导向,基于板块定位,结合所属行业及发展趋势,充分披露业务模式、公司治理、发展战略、经营政策、会计政策、财务状况分析等相关信息,精准清晰充分地披露可能对公司经营业绩、核心竞争力、业务稳定性以及未来发展产生重大不利影响的各种风险因素。当然,这种广泛的信息披露范围也会不可避免地带来信息量的爆炸,真正关键的信息可能被隐藏于海量文本中,导致投资者遗漏重点,因而发行人在真实、准确、完整地披露信息以外,还有义务以简明清晰、通俗易懂的语言表述。在发行人以外,《首发办法》第36条更是要求发行人的控股股东、实际控制人以及董监高承担信息披露责任,保证招股说明书记载的信息真实、准确、完整。以上主体通常被视为公司内部人员,或对公司经营管理情况知悉,要求其勤勉尽责、对发行人信息披露站好第一班岗,具有合理性。

第二,中介机构应当充分履行信息核查要求。中介机构大多由发行人委托,但其在证券市场上的特殊地位决定了其不能只服务于委托人利益,更需要维护广大投资者利益。注册制改革后,审核权呈现多元化态势,中介机构实际上也承担部分审核职能,这就要求中介机构在自律监督方面占据更关键的地位,充分发挥证券市场"看门人"的功能,审慎核查发行人的申请文件和信息披露资料,并对其出具文件的真实性、准确性和完整性负责。中介机构勤勉尽责,既是在善尽自身职责,也是在维护委托人利益,更是在保障投资者利益。我们可以看到,自2019年《证券法》修订以来,我国不断强化中介机构的责任,要求中介机构切实履行其信息核查义务。证监会处罚中介机构的情况逐渐增加,投资者起诉中介机构未能勤勉尽责的案例也屡见不鲜。因此,人们也产生了诸多疑问,特别是专门的证券服务机构(如律师、会计师)勤勉尽责、信息核查的边界何在。必须承认,这些问题的产生标志着我国资本市场建设发展到了一个新阶段;但我国理论和实务界在这些问题上尚未能够取得共识,这也关系到中介行业能否良好发展和有效运行。因而,在强调中介机构信息核查义务的同时,法律也应当明确中介机构义务的边界,避免中介机构承担过于严苛的责任。

第三,审核机构以投资者需求为导向行使信息披露的审核权和裁量权。根据《首发办法》和《上市审核规则》的规定,发行人是否履行信息披露要求由交易所审核,交易所有权要求发行人补充信息披露,甚至可以作出终止发行上市的决定。该权力原本由证监会行使,具有公权属性,承载着保护投资者利益和维护证券市场秩序的公共价值。即便该权力下沉至交易所层面,也不改变其公益属性,这实际上要求交易所以投资者需求为导向行使权力。这一论断具有两个层次:其一,交易所应站在投资者的立场上,要求发行人提供信息披露资料、解释合理性。发行人需要以各种信息"说服"交易所自己具备发行上市的资格,这是交易所审核的逻辑所在。其二,也正是基于投资者立场,发行人所提供的信息披露资料并非越多越好,而是贵在真实、准确及完整。部分事项,如是否建立良好的公司治理模式和组织架构,往往不是投资者关注的重心,其对于投资决策影响较小,交易所只需要审核其是否符合形式、是否前后矛盾;而持续经营能力、商业前景等事项则是投资者更为关心的领域,交易所即需要重点关注,对其进行实质审查,并辅以行业人士进行判断。

第四,执法和司法机关行使权力以信息披露为核心。信息披露体系要想行之有效,除了明确的规则指引和披露标准外,还需要健全的责任体系予以保障。注册制改革放松了发行前的审核条件,而将监管方式转变为事中事后的调查、执法和司法,这与《证券法》所规定的民事责任加行政责任体系相适应。另外,执法机关和司法机关在追究责任时也主要依赖于信息披露。信息披露瑕疵是发行人、上市公司违法违规行为的高发原因。目前证券市场上主要的行政处罚和民事诉讼都源于信息披露的瑕疵,包括应披露而未披露、披露内容造假等。因而,注册制改革在构建更完善全面的信息披露体系之时,也促进了信息披露规则与内幕交易、操纵市场等具体违法行为和相应责任之间的衔接,帮助执法机关和司法机关更好地发现、认定证券违法行为,消除证券市场上的违规乱象。

五、余　　论

总的来看,本次注册制改革是成功的:对于发行人而言,注册制改革明确了发行人公开融资的私权属性,赋予股票发行更强的灵活性和自由度,顺应市场客观需求;对于监管机构而言,注册制改革使得监管格局更为高效合理,充分发挥交易所等自律组织的功能,也消除了核准制时期存在的诸多非市场化因素;对于投资者而言,注册制改革摒弃了父爱主义的投资者保护理念,积极推动投资者风险自负的保护逻辑,完善了以信息披露为主的投资者保护体系。但在改革之余,我们需要清醒地认识到,注册制改革只是资本市场发展的一个阶段,注册制也仍是一个存在发展空间的未竟命题。资本市场发展不可能毕其功于一役,我们应当继续观察,在实行全面注册制之后,资本市场又会抛出哪些需要解决的新问题,要以不断改革的姿态推进社会主义市场经济的建设。

探析《金融稳定法》制定的背景及影响

潘向东*

摘要：尽管我国目前已基本控制了系统性风险，但仍需关注部分领域存在的潜在风险。2022 年经历了疫情反复、俄乌冲突长期持续、美联储加速紧缩货币政策、国内经济下行压力加大以及部分房地产企业经营面临压力等严峻形势，全面提高系统性金融风险的防范和解决能力至关重要。因此，《金融稳定法（草案）》的起草从法律支持和制度规范的角度出发，涵盖了金融风险防范、化解、处置及法律责任等多个方面。作为一项重要的法律制度性文件，该草案完善了金融领域的顶层设计。

关键词：金融稳定与安全　防范化解重大风险

防范和化解重大风险被列为三大攻坚战之一，党的二十大报告进一步部署了"完善现代金融监管体系"和"强化金融稳定保障体系"的重要性。2022 年 12 月 30 日，全国人大公开征求意见《金融稳定法（草案）》，此前人民银行及相关部门于 2022 年 4 月起草了《金融稳定法（草案征求意见稿）》。防范化解重大经济金融风险是当前经济工作的重要问题之一。

2023 年政府工作报告特别强调了防范房地产、金融以及地方政府债务等领域的风险，以确保经济的平稳健康发展。近期，银保监会主席郭树清指出，《金融稳定法》的一个重要意义在于明确了金融风险处置的标准、程序、资金来源和法律责任。然而，国内实践表明，我国金融风险的监测预警、早期干预、金融机构重组以及处置救助等制度规定仍有完善的空间。特别是在金融风险处置过程中，需要进一步明确和界定法律依据是否充足，各方主体和监管责任是否理清，市场化和法治化的处置方式和

＊　启铼研究院首席经济学家。

工具是否充足等问题。此外,需要明确中央和地方政府、不同部门之间的权责关系。

一、《金融稳定法(草案)》的内容亮点

根据内容可知,《金融稳定法(草案)》涵盖了金融风险防范、化解、处置及法律责任等多个方面。作为一项重要的法律制度性文件,该草案完善了金融领域的顶层设计,旨在维护金融稳定、预防金融风险。虽然我国已经颁布了包括《中国人民银行法》《商业银行法》《证券法》等基础金融法律体系,但在整体设计上仍需要一个全局性的统筹安排的顶层设计。因此,《金融稳定法(草案)》填补了这一制度空白,并且在效力层级上高于其他法规、规章及规范性文件。

我国金融业主要以分业经营、分业监管为主,而金融风险的防范化解往往需要多个部门的协调与统筹。《金融稳定法(草案)》进一步强化了国务院金融稳定发展委员会在统筹协调中的重要作用。之前,我国金融监管部门主要采用相互协调、依情况处理等方式来处理金融风险。虽然可以快速灵活地处理某些风险,但通常会遇到沟通成本高和效率低等问题。通过《金融稳定法(草案)》,建立了跨行业、跨部门的金融稳定总体工作机制,压实了各方面在金融风险防范化解和处置中的责任,并对主体、行业、地方政府、金融监管部门、人民银行和财政部门的金融风险处置责任进行了细化分工。另外《金融稳定法(草案)》也强调了防范、化解和处置金融风险与惩治金融腐败应该协同推进。这些措施将有助于提高金融行业的稳定性,保障金融市场的公正和透明,并为经济社会的发展提供更好的支持。

为了健全金融风险监测预警机制,《金融稳定法(草案)》增加了对金融风险处置职责存在重大争议的牵头处置部门的规定。过去,我国在加强系统性风险监测评估方面一直在努力。通过对银行业、证券业、保险业和金融市场的风险监测工作,及时预警风险,扩大测试范围,引导金融机构稳健经营。此外,要求金融机构建立合理的股权架构,加强公司治理、内控机制的权责明确和有效制衡,以防范金融风险。在《金融稳定法(草案)》中,还新增了对金融机构股东违规行为的禁止,并强化了对违法违规行为的追责和信息传播违规处罚。在未来,对金融机构及相关主体的处罚将更加严格。这些措施有助于保护金融市场的稳定和健康发展。

针对市场关注的金融稳定保障基金,《金融稳定法(草案)》规定其为"处置金融风险的后备资金",由国家设立并由统筹协调机制统筹管理。这个基金的主要目的是

应对可能危及金融稳定的重大金融风险,并且资金来源于金融机构、金融基础设施运营机构等多个渠道。央行可以向该基金提供流动性支持。在处理重大金融风险时,如果金融机构、股东和实际控制人、地方政府、存款保险基金和相关行业保障基金等投入的资源不足,可以经过批准按程序动用金融稳定保障基金来弥补不足。

2022年政府工作报告首次提出建立金融稳定保障基金,以补充现有宏观审慎监管工具,共同构成我国防范和化解重大金融风险的重要手段。从欧美等国际经验来看,政府通常主导设立金融稳定保障基金,并采用多种筹资方式,如财政拨款、金融机构缴纳、发债和再贷款等。此外,不同主体也被充分引入,包括金融控股公司、大型银行和房地产公司等社会资金方,以增强资金储备。

二、《金融稳定法(草案)》出台的背景意义

近年来,金融领域发生的个体风险事件,不管是突发性还是偶发性的,都会在短期内对金融市场造成极大的扰动。如果不能妥善应对和处置,很容易形成金融系统的重大风险隐患。因此,在这种背景下,加快完善金融稳定法治建设变得愈发迫切。自2022年以来,我国更是加快了这一步伐。《金融稳定法(草案)》结合我国实际情况,针对金融领域风险处置的现状和存在的机制问题,旨在建立一个更具全局性和系统性的联动机制,以明确压实各方责任的同时,提高风险防范效率并降低防范处置过程中的各种风险。

(一)国外经济金融形势复杂多变,风险挑战仍存

近年来,全球经济增长格局发生了重大变化,经济和金融形势不断变化,全球经济进入了一段大调整期。特别是自新冠肺炎疫情暴发以来,全球经济遭遇了自"二战"以来最为严重的衰退,主要经济体的经济增长遭受萎缩,国际贸易和投资也遭受了挫折。如果疫情持续存在或反复蔓延,对全球经济复苏产生的不确定性将会相当大。

2022年俄乌冲突一触即发,引发全球能源供给危机和粮食安全危机,欧洲国家也越来越重视国家安全问题。从近年的趋势来看,各国之间的互信度正在面临着巨大挑战。

在近些年中,全球产业链、供应链和贸易投资格局正在经历变革。随着单边主义和保护主义升温,加上新冠疫情的冲击,全球供应链遭受了极大冲击。我们看到,俄乌冲突以来,受"北溪-1"管道输气量骤降的影响,能源价格飙升甚至使德国经济增

长和国内政治局势都面临极大的挑战。我们知道,在 2012 年欧盟为了应对爆发的债务危机,进行了一系列改革,例如,欧盟与国际货币基金组织成立了欧洲金融稳定机制及欧洲金融稳定基金,目的是向欧盟国家提供金融援助,以捍卫欧洲的金融稳定。央行从"最后贷款人"角色转变为"最后购买人"角色,需要伴随的就是"财政货币化",但 2022 年欧洲面临的能源危机凸显,欧洲央行在通胀压力下被迫采用加息的策略。然而能源危机本身就会加快经济的下行,加息收紧货币又会导致债券收益率的上行,进而加大政府的还债压力,同时加息也会抑制经济体的活跃度,导致财税收入减少。两者叠加,在某一时点,很可能再次引爆欧洲一些政府负债居高不下的经济体出现债务危机。加之欧洲一些国家"右翼"势力的上台,加剧了救助的难度和复杂性。

中美两大经济体博弈加剧且向着长期化方向演绎。2018 年,美国特朗普政府打着"国家安全"的名义,挑起了中美贸易摩擦。从 2018 年美国开始打压华为、中兴以来,到 2022 年 8 月份美国总统拜登正式签订《2022 年芯片与科学法案》,中美之间在贸易、科技和金融等领域的争端不断升级,多国对中国企业进行打压。美国对中国的制裁和惩罚措施主要针对中高端制造业,尤其是在高科技领域,表现出明显的"脱钩"意图。这种局面预计将会持续发展,可能以新的形式演化,对国内经济增长和微观主体都会带来挑战。

过去几年在发达经济体超宽松政策的溢出效应下,跨境资本流动波动加大,然而一旦主要发达经济体释放货币政策转向信号,风险资产则会面临重新定价的过程。2022 年,在美联储大幅加息的冲击下,全球金融市场的大幅波动,衰退预期渐起,非美货币持续贬值,国际金融市场风险不断暴露,影响市场信心和金融稳定。许多新兴市场国家的金融危机是由于资本外流和货币贬值相互作用,形成了一个恶性循环,最终演变成系统性金融危机。这一点我们可以从历史经验中得出结论。

2022 年,我们看到在美国的超预期加息下,人民币汇率也一度"破 7",引起了全市场的广泛关注。与此同时,无论欧元对美元汇率还是日元对美元汇率,均跌至 20 年来的新低。一些发展中国家的货币贬值幅度更加创历史纪录。与其他非美货币表现相比,人民币对美元汇率依然维持了相对稳定,我国外汇市场与资本市场经受住了国际金融市场剧烈动荡的外部考验,保持常态化运行。目前央行防范本币汇率大幅波动的工具很多,例如逆周期因子、外汇存款准备金、远期售汇准备金、资本流动管理、外汇层面的宏观审慎管理等。而且从 2022 年人民币的走势来看,央行也已经运用了这些工具进行调节,通过完善外汇市场管理框架,不断丰富政策工具箱,在复杂多变的形势下有力维护了外汇市场稳定。

（二）我国系统性金融风险防控的重点与挑战

回顾 2022 年，面对需求收缩、供给冲击和预期转弱的局面，我国经济增速有所放缓。2023 年"防风险"仍是政策目标之一，金融体系潜在的脆弱性不容忽视。最近，郭树清主席表示，由于疫情反复冲击，金融风险形势变得更加复杂和严峻。在此背景下，一系列新旧问题交织叠加，例如信用违约、影子银行、部分地方政府的隐性债务以及一些头部房地产企业的债务风险，都对金融稳定提出了挑战。这同时也意味着"宏观审慎+微观监管"框架将继续发挥金融风险管控职能。

其一，我国宏观经济挑战明显增加，经济下行压力增大。在疫情蔓延和地产风险暴露的影响下，2022 年银行业营收增速下行，资产质量一度承压。2022 年二季度上市银行不良生成率一度冲高，同时一些中小银行经营也面临较大压力，其贷款定价能力和风控能力遭到挑战。

过去，我国的金融监管环境较为宽松，因此中小银行得以快速发展。但是，随着经济下行压力加大和金融监管力度的增强，中小银行的风险逐渐显露。特别是在经历了 2017 年的金融去杠杆和供给侧改革之后，中小银行的信用风险不断积累，面临着诸多问题，如公司治理、盈利能力和资产质量等方面。

目前，我国共有近 4 000 家中小银行，总资产规模超过 90 万亿元，占银行业总资产的近三分之一。其中，高风险的中小金融机构数量已经超过 300 家。从包商银行的破产、成功打破刚兑，到后来稳妥推进锦州银行、恒丰银行等中小银行的风险处置和重组，从中积累了宝贵的经验。然而，在经济下行周期中，金融部门的脆弱性仍然存在，甚至可能会被放大。因此，我国需要加固和完善金融安全网，并且设立存款保险制度和金融稳定保障基金，以有效地保护储户的合法权益。

其二，截至 2022 年底，我国政府债务规模已超过 60 万亿元，其中包括 35.1 万亿元的地方政府债务余额和 25.6 万亿元中央政府国债。地方政府债务余额自 2017 年以来年均增长率达 16.3%，远高于同期名义经济增速 7.8%。到 2021 年末，地方政府债务率首次超过 100%，达到 105.8%。地方政府财力短缺面临着三重压力：收入压力、支出刚性和举债收紧。

在新冠疫情后，我国的中小企业受到了不小的生产经营冲击，财务状况进一步困难化，同时地方政府的土地出让金收入面临下滑，地方政府的收支压力在不断加大，融资平台再融资的压力也较大，地方产业类国企的风险持续存在，需要警惕相关风险交织带来的区域财政金融风险问题。在严格控制隐性债务的基础上,部分平台融资持续面临区域和主体双双收紧,在 2023 年到期和回售规模加大以及债务滚动持续承压的背景下,城投信用风险释放的概率将进一步上升。此类信用风险有可能向金融系统和实体经济传导,相关市场的脆弱性也会明显增加。因此,需要采取有效措施来缓解这些风险的影响。

其三,房企违约事件不断。2023 年政府工作报告在防范化解重大经济金融风险中特别提到"有效防范化解优质头部房企风险,改善资产负债状况,防止无序扩张,促进房地产业平稳发展"。自 2020 年起,中国政府对房地产行业实施了一系列监管措施,包括"三道红线"和限制房地产贷款集中度,行业流动性收紧,许多房企出现了信用违约事件,其中 2021 年恒大危机备受市场关注。2022 年,地产信用风险继续扩散,融创、蓝光发展等多家房企相继违约,债券违约事件频发,而且从房企债务违约、项目停工到居民按揭贷款停贷等问题,局面变得更加严峻。自 7 月份开始,河南、江苏、湖北等多地爆发"停工断贷"风波,打击了市场对房地产行业的信心。在融资和销售回款双重压力下,一些房企的资金链维持在紧张状态。

在未来,需要对房地产市场向下调整的风险保持警惕。这一观点的原因主要有三个方面。首先,目前中国家庭的负债主要集中在房地产领域。其次,一些房地产企业的资产负债率偏高,偿债能力较差。另外,房价上涨的预期正在发生变化。过去"房价永远只涨不跌"的预期正在发生变化,未来应更加警惕价格下跌的风险。房价下跌可能导致质押品、信贷、金融和地方债务等方面出现一些风险。因此,政策的制定应因地制宜,避免价格大幅波动,影响整个经济的稳定发展。

其四,股票市场、债券市场、外汇市场以及房地产市场之间的风险相互关联加剧,对维护金融系统运行的安全和防范系统性风险提出了考验。一行三会将强化协调,以有机衔接和循序渐进的方式,把握监管政策的时机和节奏。特别是在吸取了 2015 年股市大波动的经验教训后,要平衡去杠杆和维护流动性的基本稳定,稳定市场预期,并坚守不发生系统性风险的底线。自 2017 年以来,我国政府加强了金融监管的力度,统一资管业务监管标准,合理设定过渡期,促使影子银行业务回归表内。妥善化解重点领域信用风险,加强债券发行交易监测。对"明天系""安邦系"等资产负债规模大的高风险企业集团进行有效处置,积累了丰富而宝贵的经验。

其五,随着金融科技的迅速发展,我们也面临着金融秩序和安全方面的挑战。新型金融风险层出不穷,金融监管需要持续强化和巩固。近年来,数字货币、移动支付、互联网+、云计算和区块链等金融科技对传统金融业务体系产生了深刻影响,容易衍生监管空白地带。金融科技可能带来的技术性风险包括算法黑箱和消费者隐私与数据安全等问题,这可能加剧市场交易价格的波动性,从而诱发实体经济信用风险,增加经济不稳定性。数字技术在金融领域的广泛应用改变了传统金融的运行方式和风险特征,金融科技的加杠杆、关联性和垄断性等特征也不断强化。如果金融科技无序扩张,将直接增加金融风险跨市场、跨行业传染的风险隐患。此外,金融科技的开放性、高科技性和行业之间的关联属性使得金融机构的风险来源变得更为多样复杂。

过去几年,在政府相关部门的努力下,金融科技发展过程中相关立法不断加速出台。但也应看到,传统金融监管往往会滞后于金融科技的发展,无法及时实现对现有金融科技风险的有效覆盖。这都将给金融稳定和实体经济发展带来新的挑战。当然,不能因为金融风险的出现而限制金融创新的发展,在鼓励多种金融工具创新的同时,应该将规范金融发展秩序并重。

其六,宏观杠杆率仍需密切关注。社会科学院公布的数据显示,我国 2022 年宏观杠杆率从 2021 年底的 262.8% 上升至 273.2%。其中,居民部门杠杆率保持在 2021 年底的 61.9% 不变,非金融企业部门杠杆率从 2021 年底的 154.1% 升至 160.9%,政府部门杠杆率从 2021 年底的 46.8% 增长至 50.4%。此外,M2/GDP 比重从 2021 年底的 207.3% 升至 220.2%,社融存量/GDP 比重从 2021 年底的 273.3% 升至 284.4%。近年来,我国政府的稳杠杆政策取得了显著成效,各部门的杠杆率走势呈现分化态势。进一步观察可发现,居民部门的杠杆率保持在相对较低的水平。这一现象的背后反映出,在过去三年的疫情反复冲击下,居民收入和消费者信心受到了较大的影响。同时,随着"三条红线"等多项房地产监管政策逐渐收紧以及部分房企信用事件的频发,房价下跌的预期不断加强,导致居民购房意愿降低。在"开正门、堵后门"的政策基调下,以及财政政策继续加大稳增长力度的背景下,政府部门的杠杆率水平预计仍有上升的空间。近三年非金融部门杠杆率上升的原因与疫情打击企业经营、政策发力等因素有关。目前,货币政策仍保持稳中偏松的态势,对实体经济的支持力度不减。但随着疫情的逐渐缓解,企业经营已步入正轨,杠杆率大幅度扩张的空间将会减小。

宏观杠杆率是用来衡量宏观总债务与 GDP 总量的比值的指标,分子表示债务的变化,而分母 GDP 则会影响杠杆率水平的高低。随着宏观杠杆率的飙升,我们不仅可以看到信贷驱动增长效力的下降,也能够发现国有企业和地方政府等特定主体的债务存量不断积累的情况。过去依赖房地产、基建投资而维持的旧有增长方式并没有得到明显扭转,其投资回报率和对经济的边际贡献不断递减。在这种情况下,经济的复苏促进了全社会的负债和杠杆快速攀升,企业杠杆率高企,居民和政府的杠杆率近年来上升速度加快。同时,一些金融机构资产扩张明显,金融市场同业链条存在期限错配、多层嵌套、过度加杠杆行为以及由此导致的道德风险和监管套利等问题,进一步加大了系统脆弱性风险。

三、《金融稳定法(草案)》的影响

综上所述,国内和国际市场互相影响,外围金融市场的波动对中国市场产生了越来越大的冲击。美联储备加息、俄乌的持续冲突以及中美长期博弈等因素都在不同程度上对中国金融市场和金融安全构成了挑战。当前存量风险还未完全消除,金融体系的脆弱性仍然存在,需要常态化地防范和化解金融风险。

近年来,我国通过集中攻坚,有效处置了一批重大风险隐患,使得金融风险得到了控制,保障了金融运行的稳健。在实践中,我们积累了丰富的经验,采取了一系列有效措施,并将其上升到法律层面。《金融稳定法(草案)》是借鉴国际经验并结合我国国情,在全面总结金融风险处置实践基础上制定的重要制度安排。该草案旨在完善金融风险事前防范、事中化解和事后处置流程,坚持市场化和法治化方向,压实相关方的风险处置责任,既防范系统性风险又防范道德风险。

《金融稳定法(草案)》的覆盖面非常广泛,通过建立市场化法治化的风险处置机制,将给全社会和金融市场形成安全的、稳定的预期,提升市场应对风险的信心。尤其是世界面临百年未有之大变局,国际经济金融形势复杂多变,当前宏观经济挑战增加,区域走势分化态势较为明显。局部地区债务率较高、偿债压力较大,房企违约风险蔓延,中小银行经营面临较大压力,不仅有可能向金融系统和实体经济传导,也会直接影响投资者和消费者的信心。实体经济需要金融业的支持,而金融开放和创新的快速推进,对于金融监管和系统性风险防范提出了更高的要求。《金融稳定法》的正式出台和金融稳定保障基金的设立,可以帮助各方及早发现风险和隐患,及时采取妥善的应对措施,维护金融稳定,促进中国经济的高质量发展。

新虚假陈述民事责任司法解释之学理解读

郑　彧[*]

【摘要】　我国证券市场虚假陈述民事追责的法治轨迹经历了从无到有、从有到严的一个基本过程。从《股票发行交易管理暂行条例》到证券法(包括后续的修订或修改),证券违法行为及其相应主体的民事责任追责一直是证券市场法治建设的重点、难点和要点。在此背景下,为了统一和便利司法实践,最高人民法院自2002年起就针对证券虚假陈述民事责任的判定规则颁布了相应的司法解释,并在2022年1月根据先前司法裁判的经验和新证券法的内容重新修改、制订并颁布了新的证券市场虚假陈述侵权民事赔偿案件的司法解释。新司法解释公布之后,学界、业界均已从不同视角对其进行了诸方面的解读。本文拟从新司法解释总体结构、基本特征和未来影响入手,谈谈笔者眼中新司法解释的成就与功用。

【关键词】　虚假陈述　民事责任　司法解释

　　2022年1月21日,最高人民法院发布了《关于审理证券市场虚假陈述侵权民事赔偿案件的若干规定》(以下简称"新虚假陈述司法解释"或"《规定》")。新虚假陈述司法解释修改和完善了自2003年2月1日起实施的《最高人民法院关于审理证券市场因虚假陈述引发的民事赔偿案件的若干规定》(以下简称"原虚假陈述司法解释"),进一步明确了虚假陈述民事责任的认定规则和免责抗辩标准。新虚假陈述司法解释的出台不仅是对2021年7月中共中央办公厅、国务院办公厅发布的《关于依法从严打击证券违法活动的意见》之"健全民事赔偿制度"目标的司法回应,也是继2019年《证券法》的修订加大证券违法行为行政处罚力度,2020年12月《刑法修正案

---

　　* 华东政法大学国际金融法律学院教授,博士生导师。

（十一）》加重欺诈发行、违法披露等证券犯罪刑事追责力度之后，我国在证券违法民事追责方面新的重大进展。

一、新虚假陈述司法解释的总体评价

（一）逻辑特点：结构分明、层层递进

相较于原虚假陈述司法解释，新虚假陈述司法解释在标题与首部就开宗明义地明确了《规定》的适用范围仅限定于"侵权类"的民事责任，这就排除了在证券交易场所进行的其他类型（比如单纯的违约之诉）的适用。在侵权之诉的类型划分前提下，《规定》完善了对于作为侵权行为的"虚假陈述"的定义，扩展延伸了信息披露义务人对于行政规章和规范性文件的遵守义务，完善了构成虚假陈述认定过程中所必要的"三日一价"的认定标准。在确定侵权行为的基础上，《规定》围绕侵权行为与损失之间的因果关系，以"过错认定"标准为核心，通过"过错认定原则化"+"免责事项具体化"的"总分"方式对新证券法第 85 条、第 163 条项下连带责任的适用条件进行了阐释，将侵权行为的责任主体涵射至发行人的控股股东、实际控制人及"帮助造假者"，并且明确了连带责任主体之间的相互追偿关系。在损失结果的认定上，《规定》明确了损失结果仅以"实际损失"为限的赔偿原则，同时将原先仅限于对"诱多型虚假陈述"的规制扩展到对于"诱空型虚假陈述"的救济。最后，在完善投资者实体保护内容的同时，《规定》还围绕投资者诉讼时效利益的保护规定了相关的程序性保障措施，由此构建起一个具有结构分明、层层递进、概念明确、要件清晰特点的司法解释体系。

（二）实践基础：总结经验，反映共识

原虚假陈述司法解释是在中国证券市场建立 12 年、证券法颁布五年不到的背景下制订的。彼时无论是对于证券市场运行的规律，还是对于证券民事责任的逻辑基础，学界、业界并非都已经看得清，想得明，这就决定了原虚假陈述司法解释呈现"先立规矩，再探索发展"的解释论特点。但本次司法解释修订的基础背景已大为不同：在市场结构方面上，我国不仅建立起了多层次的资本市场体系，而且证券交易规模已经位列世界主要证券交易所前列；在理论研究方面，原虚假陈述司法解释颁布后的虚假陈述的审判案例为理论研究和司法实践总结提供了良好的样本素材，各方对于证券市场的运行规律、证券监管的本质要求和投资者保护的基本原理的认知也越来越科学，取得越来越多的共识。透过新虚假陈述司法解释制订的讨论过程和最终颁布的文本内容,我们不难感受到《规定》是在最大范围内听取、吸收不同市场主体、业界、学界和证券监管机关的共识意见。比如,新虚假陈述司法解释固定了最高人民法院第九次《全国法院民商事审判工作会议纪要》的审判工作经验,拓宽了对于虚假陈述揭露日的认定标准,根据五洋债、康美药业、中安科等典型案例所引发的市场讨论,在符合《证券法》和《民法典》法律规定与理论框架的前提下,确立了以"过错认定"为核心的连带责任判定标准,科学合理地区分了不同市场主体的责任边界,较好地消除了市场既有的争议与顾虑。

(三)理论支撑:国际经验,中国特点

相较于原虚假陈述司法解释,新虚假陈述司法解释还呈现出国际经验、本土转换的特点。比如,在证券中介机构、证券服务机构的责任认定要件上,《规定》吸收了我国学界对于美国《1933年证券法》第11条免责要件和《1934年证券交易法》第10条(b)款"主观意图"归责要求的研究成果,围绕新证券法连带责任要件中的"过错推定"这一先决条件,确立了故意(包括放任)和重大过失情形下的"过错"认定标准,并分别呈列了各市场主体可予免责的抗辩事由,这就很好地回应了五洋债、康美药业等典型案例所引发的市场争论,表明了最高审判机关的司法保护立场。不仅于此,在"追首恶"方面,新虚假陈述司法解释接纳了证券监管机关近年来一直推动的"追首恶"理念,明确了发行人、上市公司受到控股股东或者实际控制人控制的情形下,原告可以绕开上市公司直接起诉控股股东或者实际控制人进行追责,这就解决了原先对于证券违法行为"大股东犯错、小股东买单"的归责效果担忧。在此基础上,《规定》中有关发行人、上市公司对于控股股东、实际控制人的再追责在法理上也可以被理解为基于公司财产受损后对于相关责任人违反信义义务的公司法追责,这样的归责设计就不会违背以"公司法人人格独立"为核心的公司法基础,从中其实也可看到对于国际经验的借鉴与发展,即直接将实际控制人控制发行人下的虚假陈述行为视为实际控制人单独实施的证券违法行为,并进而赋予交易相对方和公司(或公司股东)分别援引《证券法》《公司法》进行追责,从而成为解决我国证券市场"追首恶"这一热点、难点问题的一个有效制度安排。

总体上看,本次虚假陈述司法解释的修订既满足了我国证券市场向成熟阶段过渡的市场需求,又在借鉴投资者保护国际经验的基础上,针对我国证券市场虚假陈述的特点进行了富有针对性的规则设计。随着《规定》的颁布实施,新虚假陈述司法解释必定会与其他制度措施一同构建起我国证券市场投资者保护的全面保障体系,助力实现在"零容忍"和"建制度"基础上的"不干预"。

二、新虚假陈述司法解释的基本特征

（一）虚假陈述侵权行为广覆盖下的"严限定"

新虚假陈述司法解释第一条规定"信息披露义务人在证券交易场所发行、交易证券过程中实施虚假陈述引发的侵权民事赔偿案件,适用本规定"。这样的表述相较于原虚假陈述司法解释第二条、第三条,不仅仅是一种语言表述上的修改,更是一种在虚假陈述侵权行为追责适用范围上的广覆盖,即只要是在证券交易场所发生的、与证券发行或交易有关的虚假陈述行为均在新虚假陈述司法解释适用的范围之内。

值得注意的是,有业界人士在解读本条款时,对于在证券交易场所通过非竞价交易方式(比如协议转让、大宗交易)所进行的证券交易得出了可能排除适用新虚假陈述司法解释的解读。我们认为此等理解有一定的合理性,但并不全面。首先,无论是新虚假陈述司法解释的标题还是本条条文的表述,其相较于原虚假陈述司法解释的不同在于强调了"侵权"这一事由,因此在某种程度上当然可以排除"违约之诉"的适用;其次,新虚假陈述司法解释适用的前提条件是存在"虚假陈述"这个诱因,由此构成了"虚假陈述"的原因要件加上"侵权行为"的类型要件的双归责要件模式。如果以原虚假陈述司法解释所排除的"协议转让"为例,不同于原虚假陈述司法解释出台之时因为股权割裂背景所存在的"同股不同价",协议转让或者大宗交易的价格虽相较于连续竞价交易有所折扣,但还是遵从了"市场定价"的原则。不仅如此,协议转让或大宗交易的股东往往会构成新证券法项下所新增的"信息披露义务人"范围,这些信息披露义务人在履行信息披露义务过程中的虚假陈述、误导陈述、延迟陈述同样会构成虚假陈述,这就决定了其交易对手方基于这些虚假陈述所进行的交易会产生传统民事责任项下的违约之诉与侵权之诉的竞合,因此不能想当然排除这类型交易适用新虚假陈述司法解释的可能。

（二）虚假陈述侵权连带责任认定巧设计下的"严要求"

随着新证券法实施后五洋债、康美药业、中安科等一批典型案例的出现,市场各界对于人民法院如何适用证券法第 85 条及第 163 条有关"连带责任"的规定产生了困惑,学界也针对不同的典型案例出现了诸如"完全连带责任""不真正连带责任""比例连带责任"等理论解释。但是,如果从传统的民法理论和《民法典》的成文规定上看,虽然《民法典》第178条第二款第一句的表述是"连带责任人的责任份额根据各自责任大小确定",但该款最后一句"实际承担责任超过自己责任份额的连带责任人,有权向其他连带责任人追偿"就已经表明了连带责任所呈现的"对外全责,对内按份"的基本原则,因此在法理上并不存在"不真正连带责任"(不存在请求权竞合)或者"比例连带责任"(连带责任不存在对外按比例之说)的空间。

由于法律责任本身的意义就是通过"罚责相当"的追责体系来明确行为人的行动预期,从而实现引导行为的效果,对于证券中介机构、证券服务机构不加以区分的责任认定不仅违反了法律的本意,也无助于实现证券法所要通过连带责任方式提高信息披露质量的效果。在此意义上,对于如此重要的连带责任问题,新虚假陈述司法解释绕开了对于连带责任承担方式的争议,而集中于"过错"的认定。这样的解释方式是在不违反《证券法》和《民法典》有关连带责任的法律规定与理论框架下,充分运用了法教义学的方法对新证券法第85条、第163条归责要件进行了限缩的解释。我们可以看到新虚假陈述司法解释并没有局限对于如何判定承担"连带责任"这一法律结果的本身,反而是以前述两个条文的后半句"但是能够证明自己没有过错的除外"为核心,确立起了有关"过错"的认定标准。在"过错认定"的标准下,被告若无法举证证明不存在新虚假陈述司法解释第13条、第14条的过错,或者不满足第15—19条的免责抗辩才需承担完全的连带责任,否则反向推导的结论就是无需与信息披露义务人共同承担连带责任,由此也就不存在"不真正连带责任"或者"比例连带责任"的解释空间了。这样的循理逻辑不仅符合证券法侵权理论的法理基础,也符合市场不同主体对于责任范围的预期,实现了在连带责任方面既不"过犹不及",也不"助纣为虐"的法律效果。

此外,如果仅从新虚假陈述司法解释第13条的表述而言,新虚假陈述司法解释对于连带责任的过错基础强调的是"故意"(包括放任)或者"严重过失",但除去此等故意或者严重过失的情形,如果中介机构在执业过程中出现不明显的过错是否需要承担责任,以及如何担责则在新虚假陈述司法解释的框架下还需要进一步的观察和讨论。

(三)虚假陈述侵权责任追责主体新延伸下的"严立场"

1998年证券法没有涉及控股股东、实际控制人对于中小投资者或者公司所应承担的法律责任。2003年颁布的原虚假陈述司法解释也仅是用"可以追偿"这类模糊的描述表明一种不予否定(而非确切肯定)的司法裁判立场。2005年证券法修改时将控股股东、实际控制人法律责任纳入证券法的调整范围，但却是建立在以"过错证明"为基础的连带责任基础上。2019 年证券法再次修改时，控股股东、实际控制人则在"过错推定"的方式下与发行人、上市公司共同承担连带责任。

不仅于此，就传统民法意义上的连带责任而言，虽然权利人有权请求部分或者全部连带责任人承担责任，但传统民法连带责任是建立在不同侵权行为可以造成同一损害后果的"多因一果"的逻辑关系基础上。但在涉及控股股东、实际控制人控制发行人、上市公司进行虚假陈述的案件中，由于只是发行人或者上市公司对外进行虚假陈述，发行人或者上市公司的侵权行为在形式上只存在单一的对外侵权行为，而非不同的、可引起同一后果的侵权行为（体现为只有"一因一果"的关系），这就使得如何在连带责任项下就控股股东、实际控制人与发行人、上市公司之间进行追责存在一定的争议。

在此背景下，新虚假陈述司法解释第 20 条第一款首次在司法层面接纳了证券监管机关一直推动的"追首恶"理念，明确了在发行人、上市公司受到控股股东或者实际控制人控制的情形下，原告可以跳过上市公司直接起诉控股股东或者实际控制人进行直接追责，这就解决了原先对于证券违法行为"大股东犯错、小股东买单"的归责效果担忧。在此基础上，本条第二款有关发行人、上市公司对于控股股东、实际控制人的追责支持在法理上也可以被理解为基于公司财产受损后对于相关责任人违反信义义务的公司法追责，这样的归责设计就不会有违背以"公司法人人格独立"为核心的公司法基础之虞，并且从中似乎看到了美国联邦证券法和各州公司法跳出侵权法的归责框架束缚，直接将实际控制人控制下的发行人虚假陈述行为视为实际控制人单独的证券违法行为，并进而分别赋予交易相对方和公司股东援引《证券法》《公司法》进行追责的国际经验影子，这也不失为解决我国证券市场"追首恶"这一热点、难点问题的一个有效制度安排。

三、新虚假陈述司法解释的未来影响

（一）取消前置程序的历史意义与虚假陈述案件的诉讼风向

新虚假陈述司法解释的首选亮点当然是取消了虚假陈述侵权民事责任赔偿案件中的前置程序要求。前置程序原本是最高人民法院在 2003 年 3 月 1 日起实施的《最高人民法院关于审理证券市场因虚假陈述引发的民事赔偿案件的若干规定》第六条中所规定的"投资人以自己受到虚假陈述侵害为由,依据有关机关的行政处罚决定或者人民法院的刑事裁判文书,对虚假陈述行为人提起的民事赔偿诉讼,符合民事诉讼法第一百零八条规定的,人民法院应当受理",依据该条的规定,之前原告如果就上市公司虚假陈述所造成的民事损失向人民法院提起诉讼,必须建立在该等虚假陈述已经被证券监管部门进行行政处罚或者受到刑罚制裁为前提。

但正如业界、学界在原虚假陈述司法解释颁布后所一直反思和呼吁的,前置程序存在的负面作用集中体现在两个方面:一是其虽然便于人民法院更为集中、准确审理虚假陈述案件,但却限制了受损投资者对于自身权利寻求司法保护的机会,不利于体现"司法为民"的理念;二是在前置程序的限制下,普通投资者无法通过国外成熟资本市场所常见的诉讼方式实现对于上市公司监督、制约的效果,不利于上市公司进一步提升信息披露的质量,做好投资者关系的维护工作。

因此取消前置程序最大的现实意义就是切实保障广大投资者为了维护自身权益进行合法维权的诉讼权利,真正落实"人民司法为人民"的司法为民理念。取消前置程序不仅符合过去十年来最高人民法院围绕保障原告诉权、便利诉讼、解决立案难的改革主线,其意义在于:一来可以充分保障投资者的诉权,便利诉讼,解决实践中对于证券虚假陈述案件"立案难"的痛点;二来放松对于虚假陈述案件的受理限制也会让投资者有机会在特别代表人诉讼以外通过个体诉讼或者普通代表人诉讼进行维权,这其实也就是对2020年3月1日实施的新《证券法》中有关"投资者保护"的司法回应。

与现有担心取消前置程序后可能引发"诉讼潮"的主流评论不同,笔者的判断是虽然放开了相关前置程序的要求,但未来虚假陈述民事责任的侵权类案件可能会呈现一种慢慢上扬到趋于平稳然后又会稳步下降的态势。其原因在于前置程序的取消毕竟只是在民事诉讼程序保障方面的意义,而对于诉讼请求的支持还是需要依赖于原告对其主张所提供的"证据"判断。在原有的前置程序项下,有关被告违法事实的证据可以通过刑事判决书、行政处罚书上所认定的事实予以认定,便利了原告的举证。放开前置程序后,原告的举证责任不是减轻了,而是加重了。因此,对于取消前置程序后的案件,我个人认为一是人民法院要做好新虚假陈述司法解释实施前期案件数量会大大增加的心理准备,做好相应的人力和诉讼资源的配备,在民事诉讼法的框架下给予除特别代表人诉讼以外的普通证券虚假陈述案件以审限方面的支持;二是在诉讼过程中仍需秉承"以事实为依据"的原则,对于有前置程序的案件可以简化原告对于被告侵权行为事实的举证义务,对于无前置程序的案件需要充分领悟《最高人民法院、中国证券监督管理委员会关于适用〈最高人民法院关于审理证券市场虚假陈述侵权民事赔偿案件的若干规定〉有关问题的通知》的精神,依法向中国证监会有关部门或者派出机构调查收集有关证据,原告证据不足的还是应该依法驳回起诉。

(二)独立董事免责条件的确立与后续证券监管要求的跟进

康美药业虚假陈述案件判决之后,市场上越来越关注独立董事责任问题,对有关判决的评价也存在不同的声音。新虚假陈述司法解释较好地吸收和反馈了市场主体较为关切的独立董事的责任边界问题,强调了独立董事"依法履职"的边界,在符合证券法有关董事连带责任立法安排的初衷下科学、合理地划分了独立董事应尽的义务标准,其将有助于引导独立董事更加明确地知悉和掌握在履职过程中的行动标准、工作流程,也为独立董事履职尽职提供了更加明确、有效的"法律武器"。

新虚假陈述司法解释第14条对独董是否存在"过错"有了较为细致的阐述。该条在本质上是对《证券法》第85条、第163条适用"连带责任"情形中有关"过错推定"中的"过错"标准的细化。从条文的行文逻辑上看,第14条其实是对第13条"故意"与"严重过失"这两种"过错"类型的进一步细化,是对第13条第2款"严重过失"的进一步释义,这就要求包括独董在内的全体董事不仅不能触碰"故意"这个明线,也要知道"严重过失"在日常董事工作中可能的表现形式,这样将更有利于未来独董注意自身的工作职责和工作方式,真正做到依法履职、忠实履职。

新虚假陈述司法解释第15条中提到"发行人的董事、监事、高级管理人员依照《证券法》第82条第4款的规定,以书面方式发表附具体理由的意见并依法披露的,人民法院可以认定其主观上没有过错,但在审议、审核信息披露文件时投赞成票的除外"。这条在本质上是根据过往市场实践和争议而出台的很有针对性的一个条款。因为在过往的市场实践中出现过一些案例,在这些案例中独立董事在诉讼或者行政处罚的抗辩中认为其已经在董事会发表了疑问,只是囿于"面子问题"或者为了不影响公司整体申报或者披露进度而不得已进行签字。因此,新虚假陈述司法解释明确了"签字即担责"的原则,不能说一方面反对议案,另一方面又签字赞成。法律除了实质正义外,也需要有程序正义,需要符合程序正义的"外观主义"。因此,通过规定的这种条款设计来避免那些"内心反对,外表同意"的"老好人"。

新虚假陈述司法解释第16条还专门列举规定了独立董事的免责抗辩事由。这条的存在并不会减损独立董事的责任认定标准,因为这条的逻辑基础仍然是对于董事的"勤勉、尽职"履职的基本要求。第 16 条这个"避风港"原则并不是盲目地给予独立董事免责事项,因为这些可免责事项在域外的公司实践和审判经验中都已经是被市场所认可的边界。而且我们需要注意的是,在董事责任的归责要件上,证券法用了比较严格的"过错推定"原则,换句话说是需要董事提供证据证明他已经做到了这些规定,而不是由原告举证,因此"避风港原则"的存在作为一种正向的激励,"过错推定"作为一种举证的压力其实都会促使独董在履职的过程中对于其履职过程(比如参与讨论、参加会议或者表决时)充分"留痕",以证明充分履行了作为独立董事的注意义务。

在这样的司法判定标准下,可以预见的是,虽然 2021 年 11 月中国证监会已经发布《上市公司独立董事规则(征求意见稿)》公开征求社会公众意见,但在该规则正式出台时必定会反映本次司法解释中对于独立董事免责抗辩事由的标准。在"充分履职免责"的逻辑下,我们可以预见的是对于独立董事地位的认识应该大为改观,独立董事作为公司董事会的成员,其与其他董事共同履行《公司法》和公司章程所赋予的职责,独立董事无论在地位、职责、责任上都不是仅仅为了满足签字需要的"花瓶",此乃其一;其二,在承认独立董事自身专业能力和认知范围有限的前提下,充分鼓励并保障独立董事充分借助其他专业机构的"外脑"进行科学决策,使得独立董事参会表决不再是"拍脑袋""讲感情";其三,通过新虚假陈述司法解释的免责事项,未来独立董事制度中也应该会写入有关独立董事发现公司违法问题后"吹哨子"的注意义务。

(三)中介机构连带责任认定方式的逻辑转换与未来个案判断标准的细化

2020 年 3 月 1 日起实施的新《证券法》第 85 条针对信息披露义务人虚假陈述的法律责任规定了"保荐人、承销的证券公司及其直接责任人员,应当与发行人承担连带赔偿责任,但是能够证明自己没有过错的除外"。第 163 条针对证券服务机构的连带责任也采取了相同的"过错推定"。但是新《证券法》实施后出现的五洋债、中安科等典型性案件也带来了市场主体对于新《证券法》第 85 条、第 163 条有关"连带责任"含义的不同理解。因此,本次新虚假陈述司法解释并没有拘泥于新《证券法》第 85 条、第 163 条"连带责任"的结果规则,而是抓住了前述两条连带责任的逻辑前提——"过错推定",通过第 13 条的规定确立了"过错"的认定标准(也是承担连带责任的前提),这样就科学地划分出中介机构在共谋、故意(包括放任)和重大过失情形下构成"过错",并且中介机构必须充分举证证明并不存在这些过错的行为才可免于承担连带责任。为此,新虚假陈述司法解释第 17 条、第 18 条和第 19 条还分别就承销保荐、证券服务和会计师的免责划定了无过错的标准,这就为各中介机构充分预期执业行为的要求和后果确立起了较为明确的预期和红线。

新虚假陈述司法解释第13条确立了"过错"的认定标准(也是承担连带责任的前提),同时第17条、第18条和第19条继续分别就承销保荐、证券服务和会计师的免责标准划定了"无过错"的表现作为免责的事项,由此建立起了"过错认定原则化"+"免责事项具体化"的"统+分"认定模式。就此认定方式而言,我个人认为能够涵盖中介机构执业法律责任认定所需的要件标准,未来无非就在于是否构成这些标准的细节拓展。比如新虚假陈述司法解释第17条针对承销保荐等机构的免责抗辩中提及"(一)已经按照法律、行政法规、监管部门制定的规章和规范性文件、相关行业执业规范的要求,对信息披露文件中的相关内容进行了审慎尽职调查",但是对于如何理解满足"法律、行政法规、监管部门制定的规章和规范性文件、相关行业执业规范的要求"和"审慎尽职调查"也会存在一些争议,比如是工作底稿在形式上满足监管的所有要求就可视为免责?还是说需要中介机构证明其工作形式与工作内容的结果均应实现监管所要求的结果?再比如说,对于"尽责"的认定,是以监管机关基于违法后果基础上的倒推,还是基于正常市场主体或者行业自律组织的认定?这些细节可能都会在具体的案例中存在争议。但我个人相信,在大的方向保持正确的前提下,这些小的争议会通过一个个具体的个案不断对中介机构的执业标准的细节进行改进,最终实现在尊重市场和敬畏规则之间良好的平衡。此外,如果从新虚假陈述司法解释第13条的表述来看,连带责任的过错基础强调"故意"或者"严重过失",如果中介机构在执业过程中出现不明显的过错是否需要承担责任,以及如何担责,可能还需要进一步的观察和讨论。

此外,还值得注意的是,新虚假陈述司法解释在第17条和第18条的免责标准中还提出了"合理信赖"的概念。"合理信赖"一词本身就是由"合理"和"信赖"两个词构成。"信赖"表明一方主体没有相应的判断或者决定能力,需要以他方实体的观点作为依据。"合理"表明对于他方实体的这种判断不是无条件的相信,而是要有一个在"理性人"范围上的形式判断。需要注意的是,这种"理性人"判断标准不是以后来发生的结果为判断导向,而是以普通的第三人在碰到相同的问题时是否会采取同样的措施为标准,如果行为人在对于他方主体的观点或者意见的采纳上符合大多数人的决策方式,那这种信赖就是合理的,否则就不合理。合理信赖本质上也是一种原则化的标准,当然也会存在一些争议,但是至少它可以通过引入一种第三方的评价(比如专家证人或者陪审制度)对被告在信赖他方主体的观点或者意见时的"注意"程度进行判断,还是一个相对比较公平、合理的注意义务区分方式,也有利于不同主体在各自的专业范围内各尽其职,各负其责。

　　总体而言,新虚假陈述司法解释通过"过错要件"的认定这一环节回应了保荐人、承销商、会计师事务所、律师事务所等市场主体所关心的责任边界问题,其对优化资本市场生态的最大意义就是进一步明确了"权责利"关系,强化了市场主体在围绕资本市场所从事的行为中的系列预期,特别是有关违法行为法律责任的成本预期。总体上看,本次虚假陈述司法解释的修订既满足了我国证券市场向成熟阶段过渡的市场需求,又在借鉴投资者保护国际经验的基础上,针对我国证券市场虚假陈述的特点进行了富有针对性的规则设计。随着《规定》的颁布实施,新虚假陈述司法解释必定会与《刑法修正案》(十一)下的刑事责任、新《证券法》下的行政责任一起构成相互配合、相互补充的立体化追责体系,从而建立起我国证券市场投资者保护的全方面保障体系。

理论探究

上市公司股东提案权研究*

林少伟**　晏闰婷***

摘　要：2005 年《公司法》正式确立股东提案权，但规范内容的原则性导致实践中失范现象屡现，股东提案权并未发挥应有之义。2022 年颁布的《公司法修订草案（二次审议稿）》对此虽有所改进，但仍缺乏细引。通过对深市上市公司股东提案公告展开定量统计和定性分析，发现目前股东提案权制度存在中小股东提案难、提案内容单一、提案审查缺位等问题。为此，可通过完善股东提案适格标准、规范股东提案程序、确立董事会审查主体地位同时防止其滥用权利、建立集自力救济、行政救济和司法救济于一体的救济体系等实体性和程序性规范，以进一步完善我国股东提案权制度。

关键词：股东提案权　公司法修订　董事会审查　持股比例　股东会

一、制度初探：股东提案权的"前世今生"

股东提案权是符合法定条件的股东依照特定程序提出提案的权利，从而使提案进入股东大会进行审议。① 该制度源于现代公司所有权与控制权的分离，为维护股东参与公司治理的正当权利，并在一定程度上形成权力制衡，防范董事会专制，各国立法开始赋予股东以提案权，使原先"用脚投票"的冷漠股东可以"用手投票"，积极主动地参与公司日常性经营管理，股东大会不再沦为"提线木偶"。

我国 1994 年公布的《国务院关于股份有限公司境外募集股份及上市的特别规定》首次规定了股东提案权，但将股东提案权行使仅限定在境外募集股份上市的公司

＊　本文系国家社科基金项目"公司法程序规范优化路径研究"（编号：21BFX097）的阶段性成果。

＊＊　西南政法大学民商法学院教授、博士生导师。

＊＊＊　西南政法大学公司治理法律研究中心研究员。

①　参见桂敏杰、安建：《新公司法条文解析》，人民法院出版社 2006 年版，第 244 页。

和年度股东大会上,诸多限制造成使用率并不高。1997 年颁布的《上市公司章程指引》对股东提案权进行进一步细化规定,该规定的一个重大突破在于明确赋予董事会对股东提案的审查权。随后,在 2000 年出台的《上市公司股东大会规范意见》中对股东提案权提出新的规定"应当在年度股东大会召开的前十天提交董事会并由董事会公告",对大股东权力有所制衡。至此,立法对股东提案权有所涉及,但效力层级都偏低。直至 2005 年《公司法》修订,正式确立股东提案权制度为股东权利保护注入一剂"强心针"。

我国明文引入英美普通法上的股东提案权,是一个大胆而有益的探索,对公司治理和少数股东权益保护向前推进了一小步,但相关规定仍模糊化和原则化,缺乏关于提案内容形式、提案审查权归属及标准的清晰界定。2022 年 12 月出台的《中华人民共和国公司法(修订草案)(二次审议稿)》(以下简称《二审稿》)的出台对股东提案权进行改动:股东持股比例由 3% 降至 1%,同时对《上市公司股东大会规则》中提案权排除事由进行了吸收,但却没有进行细致完善,难以发挥出股东提案权的制度价值。我国引入并实施股东提案权制度迄今已有十余载,然而,"宜粗不宜细"的立法思想致使我国关于股东提案权的现行规定粗陋且过于原则性,还有很多细节亟待进一步确定:第一,股东提案权的立法规定寥寥数语难以构建起整个股东提案权之厦。第二,相关法律条文仅对提案股东资格、提案程序和提案内容作出原则性规定,短小精悍,缺乏具体指引路径。由此,可能会造成中小股东适用提案权困难或使其沦为大股东非法操纵公司经营的手段,难以达到股东提案权预期效益。第三,股东提案权属于"舶来品",我国股权结构与英美法系国家大相径庭,简单的法律移植可能会导致"水土不服"。与英美法系国家上市公司的分散持股结构相反,我国大部分公司由家族或控股股东控制,股权尤为集中。正因如此,英美法系国家的股东提案权制度在立法上更关注股东与管理层的利益冲突;而我国还应着重考虑大股东与中小股东利益冲突。"橘生淮南则为橘,橘生淮北则为枳",我国已经从"法律移植"阶段进入了"法律养护"阶段。[①] 如何使立法更精细化,保持制度可持续性生命力,适应现阶段实践需求是当前首要目标。

因此,针对股东提案权现阶段所面临的困境,本文以深市上市公司股东提案公告为切入点,对其进行统计梳理,从提案股东、提案内容、提案审查三个方面展开类型化分析,试图考察我国股东提案权制度的运行实况,并在此基础上结合域外经验进行反

---

① 参见梁上上、[日]加藤贵仁:《中日股东提案权的剖析与借鉴——一种精细化比较的尝试》,载《清华法学》2019 年第 2 期,第 50 页。

思与回应。以实证研究为镜,审视实践中暴露的问题,剖析立法并反哺之,以期对股东提案制度达至其应有功效有所裨益。

二、实证分析:上市公司股东提案权实践效果剖析

本文采用定量统计的实证分析方法,检验、反思现行公司治理环境下我国股东提案权的实施情况,为"纸上的法"转变为"实践的法"提供参考。鉴于封闭公司信息搜集的难度,本文以深市上市公司为样本,对 2015—2022 年股东大会公开资料进行研究,从 2015 年 1 月 1 日至 2022 年 12 月 31 日,共计 3 999 条深市上市公司股东提案公告记录。鉴于数据量大,为便于整理归纳,本文以年度为单位,每年度随机抽取 50 个样本数据,组成 400 个分析样本。囿于多方面因素影响,本文难免存在一定的局限性,但笔者尽最大限度保证数据真实性、有效性,力求展现上市公司股东提案权发展态势,发现归纳实践中出现的问题,以期对现有制度完善提供些许帮助。

(一)提案股东实证分析

1. 提案股东基本情况

图 1 表明样本公司中第一大股东持股比例情况,可在一定程度上反映公司的股权集中度;表 1 反映股权制衡度,它反映出其他股东对第一大股东的制衡情况。第一大股东持股比例越高,股权制衡度越低,表示公司股权结构越集中,大股东控制上市公司的情况愈发明显,反之亦然。在图 1 中,我国上市公司第一大股东持股比例在 20% 以上的占比高达样本数据的 66%。除此之外,相当一部分上市公司的前五大股东之

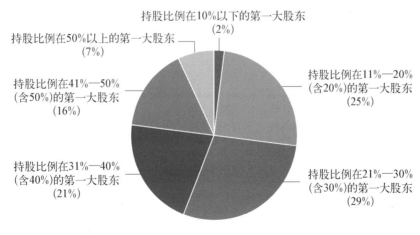

图 1　第一大股东股权比例

表 1　股权制衡度①

	(0，1]	(1，2]	(2，3]	(3，4]	>4
公司数量	29	107	101	45	88
占　比	7.83%	28.91%	27.29%	12.16%	23.78%

间相互并不独立，还存在密切的关联关系。② 同时，表 1 显示，我国上市公司股权制衡度偏低，意味着，其他股东难以与大股东抗衡，无法在公司治理中"献言献策"。

　　表 2 数据显示，在随机抽取的 400 项股东提案公告中，第一大股东的提案数高达 289 项，占 72.25%。在提出提案的第一大股东中，其持股比例既有高达 89.41% 的情形，也有持股 14.23% 的情形。由此可见，上市公司股权结构既有一股独大，亦有股权分散。统计显示，控股股东提案数高达 242 项。同时，上市公司中股东直接兼任董事、经理等高管职务的情形屡见不鲜，这样就极易造成股东和董事高度重合的局面。③ 相反，中小股东提案仅为 33 项，占样本总数的 7.75%。

表 2　提案股东类型

提案股东类型	数　量
第一大股东	289
第二大股东	36
控股股东	242
实际控制人	100
公司高管	85
中小股东	31

　　图 2 反映股东提案方式的情况，在样本中仅有 16 项提案（占样本总数的 4%）采取联合提案方式，其余提案均为股东单独提出。联合提案方式占比少原因在于，

---

　　① 股权制衡度=第二至第 N 个股东的持股比例之和：首位大股东的持股比例。通常而言，比值越低，意味着首位大股东或控股股东持股越高，股权制衡度就越低，股权集度越高。
　　② 参见蒋黔贵：《做上市公司诚信负责的控股股东》，载《经济日报》2003 年 1 月 29 日。
　　③ 参见乔宝杰：《对我国有限责任公司治理结构的反思》，载《政治与法律》2011 年第 8 期，第 114 页。

小股东并未掌握其他股东信息,更难以得知哪些股东有合作意愿。如果利用媒体、广告等手段,付出代价高且难以预测能否取得回报,可能多数小股东就此作罢。而持股比例较高的大股东对公司经营决策已有一定的影响力,可能根本就无需利用股东提案制度达到其建言之目的。在采取联合提案方式的样本中,既有中小股东之间的合计提案,亦有中小股东与第一大股东之间的合计提案。

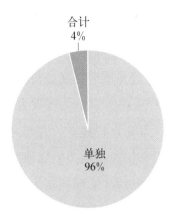

图 2　提案方式

综上所述,我国上市公司第一大股东持股比例高,股权相对集中,股东之间难以抗衡,且联合提案运用较少,因此股东提案权制度应当加大对中小股东权益的保护。

2. 股东提案与股东积极主义

股东提案权多被第一大股东所运用,究其原因暗含股东提案与股东积极主义的关系。在公司治理中,董事会与股东之间暗藏着利益的博弈,而恰当的权力分配成为公司治理的精髓。出于现代公司经营管理的需要,法律赋予上市公司董事会管理和执行公司事务的权利,以促进集中化、层次化的公司治理结构。[1] 由此造成董事会的权力与股东的权力之间严重失衡的局面,股东积极主义可以理解为对这种失衡的必然反应,是平衡董事会与股东的关键,其常作为股东促使公司管理层为自己的利益行事的一种工具。[2] 股东作为剩余索取权人,获得大部分边际收益并承担大部分边际收益成本。因此,他们有适当的动机来行使自由裁量权。[3] 股东不再"出钱不出力",而是通过股东提案,与董事会进行协商、联合行动等各种方式,行使合法的股东权利从而对公司治理实施干预行为。[4] 其目的是在不试图获得控制权的情况下在上市公司内部实现变革,[5]以实现公司的营业目标。

表2统计数据显示,第一大股东的提案数量占绝对地位,但是将第一大股东类型

① See Paul Rose and Bernard S. Sharfman, "Shareholder Activism as a Corrective Mechanism in Corporate Governance" (2015)2014 *Brigham Young University Law Review* 1015 - 1052.

② See Meckling Jensen, "A Theory of the Firm: Governance, Residual Claims and Organizational Forms" (1976)3 *Journal of Financial Economics* 305 - 360.

③ See R. Kraakman., *Anatomy of Corporate Law*(Oxford University Press, 2009)72.

④ 参见王彦明:《股东积极主义:股东积极行为的公司法界限》,载《行政与法》2009 年第 8 期,第 98 页。

⑤ See Stuart L. Gillan & Laura T. Starks, "The Evolution of Shareholder Activism in the United States" (2007)19, Journal of Applied Corporate Finance 55.

细分发现,控股股东和实际控制人占 85.75%,高管占比 21.25%。因此难以证明第一大股东全部属于积极股东的范畴。股东积极主义理论是基于所有权和经营权分离后,公司董事会利益与股东利益异质化而产生,积极股东为维护公司和股东利益干预公司治理,从而实现权力制衡。然而,对于控股股东(实际控制人)或董事长作为第一大股东进行提案的情形,相当于所有权与经营权混同,此时,其与董事会利益一致,这与积极股东的产生背景相背离。虽然,《公司法》并未规定董事长作为股东身份或者控股股东(实际控制人)不能提出提案,但是因其身份的特殊性不能将其视为积极股东,否则会与股东提案权设立初衷背道而驰。

反观中小股东的提案数量可谓是凤毛麟角,我国上市公司普遍带有大股东"用手投票",小股东"用脚投票"的浓厚色彩。作为小股东根据收益成本进行分析,难有合理的激励手段来刺激潜在积极小股东为集体利益采取行动而提出提案。控股股东(实际控制人)因其一股独大的地位和所有权与经营权的混同,已经背离股东积极主义产生的背景,而在没有合理有效的审查制度、配套的救济渠道的背景下,实践中难免发生大量控股股东(实际控制人)通过行使提案权规避相关法律,进而压迫侵害中小股东利益的现象。所以为股东提案权行使提供更为宽松的环境刻不容缓,如此才能使其制度发挥应有之功效。

3. 中小股东提案的现实困境

赋予股东提案权才能让属于弱势群体的中小股东在股东大会上发声。[1] 从表 2 可以看出,由第一大股东发起的提案占据绝对多数地位,中小股东发起的提案趋于下风。值得注意的是,偏低的股权比例仅说明其是小额股份的所有者,并不能证明其一定为真正的小股东,[2]可能其与控制股东有盘根错节的复杂关系,这些小额股份所有者在特定时点可以对公司某一具体事项产生实际控制。因此,实际上真正由中小股东提出的提案会比数据显示更少。此种现象,极易造成大股东滥用股东提案权,我国股东提案权并未完全发挥出其应有之功效,阻碍中小股东提案的因素主要有以下几点:

第一,提案资格门槛高又无持股期限限制。在样本数据中,鲜少有中小股东进行提案,这与我国较高的提案准入门槛不无关系,不论是单独或合计,目前《公司法》规

---

① 参见赵旭东:《新公司法制度设计》,法律出版社 2006 年版,第 88 页。
② See Iman Anabtawi and Lynn Stout, "Fiduciary Duties For Activist Shareholders," *Stanford Law Review*, vol.60, 2008, p.1255.

定必须达到公司股份3%以上方有提案资格,使大多数中小股东对提案"可望而不即",将致股东提案制度保护中小股东的立法目的沦为空谈。虽然《二审稿》将这一比例降至1%,看似降低提案门槛,扩大了行权股东主体范围,但未作进一步规范,仅简单粗暴地降低持股比例标准,能否使股东提案权回归其本位仍值得商榷。同时,我国股东提案权无持股需持续达一定期限之限制,《二审稿》对此仍无限制。放眼域外立法,美国规定,提案股东持有股票需达一年以上且在股东大会召开时持续持有。① 日本和韩国立法对提案股东的持股期限亦有相似要求,即在提案6个月前持有或持续持有公司股份的股东方能行使提案权。② 对于上市公司而言,股权流通高度自由,因此股东提案权极易被与公司敌对的竞争对手利用,通过短期持股达到扰乱公司正常经营之目的,例如,通过恶意收购,提出干扰性提案,阻挠股东大会的正常进行,股东提案权或沦为操纵证券市场的工具。

第二,缺乏提案件数和提案字数的限制。美国规定股东每年仅可向公司提出1项提案,且提案内容不得超过500字。这是为了避免委托书征集说明淹没在浩如烟海的提案中。③ 否则,面对如ST慧球提出的"1001项"提案或动辄数万字的提案,公司便无计可施。股东大会被冗长繁多的股东提案所困,势必也不利于中小股东利益的保护。

第三,股东提案范围限定过窄。《二审稿》关于提案排除事由延续了《公司法》概括性表述,将提案权之内容限定于不违反公司章程规定与股东会职权范围之内,造成对提案主题和内容的限制过于狭隘。"股东大会职权范围"本就是一个极具争议性的概念,其与董事会职权划分并非楚河汉界,泾渭分明。对于"股东大会职权范围"标准"剪不断,理还乱"的局面,或许可以转换思路,参考美国的反面规制,即规定提案法定排除事由。④ 反面规制的立法模式优点在于列举董事会可以拒绝的股东提案事由,只要股东提案未落入法律禁止范围内,法无禁止即可为,董事会不得排除,由此降低董事会肆意滥权的可能性,扩大股东提案的内容范围。

第四,提交提案截止期限过短。根据《公司法》规定,股东临时提案的时间应在股东大会召开十日以前提出,召集人应当在收到提案后两日内发出股东大会补充通知,《二审稿》沿用此规定。股东必须遵守法定期限提交提案,否则其将承担由于超过法

---

① SEC Rule 14a - 8.
② 参见伍坚:《股东提案权制度若干问题研究》,载《证券市场导报》2008年第5期。
③ 参见刘胜军:《论我国上市公司股东提案权——以美国法为借鉴》,载《河北法学》2016年第9期,第167页。
④ SEC Rule14a - 8(i).

定时间而不能提交股东大会的后果。① 如此短时间之内,其他股东可能根本无法提出反对提案或新的提案以此应对。所以,董事会和控股股东很可能利用这一漏洞故意延迟公告时间,实行"闪电战",极大减少其他股东应对时间,违背股东提案制度保护中小股东利益的设立初衷。

（二）提案内容实证分析

1. 提案内容基本情况

图 3 反映股东提案内容类型的情况,本文将提案内容类型分为公司人事(主要涉及董事、监事的提名与改选)、公司规则(主要涉及公司章程,管理制度的调整)、公司业务(主要为关联交易、公司重大经营事项等)、其他四类。股东提案权制度为股东提供了一个参与公司治理的渠道,可以看出,目前股东提案内容已涉及公司内部治理的各个方面。其中股东提案涉及最多的内容是公司业务类,主要集中在公司重大关联交易、公司重要资金使用情况、公司重大经营事项等方面。但目前我国股东提案内容仅限于公司内部治理,还未出现涉及公司外部社会责任相关提案。

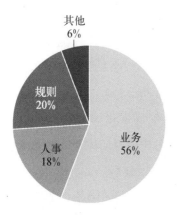

图 3　提案内容类型

表 3　股东提案异化现象

股东提案异化现象	数　量
作为董事会召集公告的弥补手段	129
规避提案制度中的期限限制	13

股东提案的动因很难从提案公告中探寻,但是笔者在阅读整理公告中发现,实践中出现可能有损中小股东利益的异化现象。具体异化现象如下:其一,作为董事会召集公告的弥补手段。股东提案的动因并非是因自发想要参与公司治理,而是因第一大股东这一身份受董事会之托,使新生或遗漏的提案以看似合法合理的形式进入股东大会审议,因此有股东提案之名而无股东提案之实的嫌疑。然而,这却是实践中

① 参见李荣:《我国提案制度的缺陷与完善——兼论新〈公司法〉第 103 条第 2 款》,载《社会科学研究》2006 年第 6 期,第 79 页。

一种常见做法。其二,规避提案制度中的期限限制。《公司法》明确规定,股东提交提案的时间为股东大会召开 10 日前。但是,在样本数据中,有公司在股东提交提案时间不足 10 日的情况下仍将提案公告,同时发布延期召开股东大会的公告,使股东大会的召开时间顺延,以此规避法定提案期限。

2. 股东提案与公司社会责任

公司社会责任流觞于美国,自 20 世纪 30 年代产生之初,关于公司社会责任的讨论热潮贯穿了整个世纪。公司被赋予法人地位,拥有自然和社会的双重属性是其应有之义,公司的营利目的是其自然属性,遵纪守法是其社会属性。[①] 公司为社会创造出辉煌的价值,但也制造出诸多问题,随着公司对社会资源的支配逐渐增强,影响力也不断提升,理应承担起相应的社会责任。公司社会责任理论相较于早先的股东优先理论,不同之处在于其强调公司在追求股东利益最大化之外,还应兼顾消费者、员工、供货商等利害相关人的福利。至于如何落实公司社会责任,施天涛提出,公司法可以在"公司守法""治理结构""商业决策""社会披露"四方面落实社会责任。[②] 而股东提案机制作为股东参与公司商业决策,发挥民主管理的重要方式,对公司落实社会责任发挥一定的作用。施瓦茨教授认为,股东提案会直接或间接影响公司的决策,也正是在股东对公司提出建设性意见的过程中体现股东提案的正当性。[③] 正因如此,利用股东提案以促进公司承担社会责任才有可能。这项原本旨在关注公司内部治理的制度,经过西方公司制度完善的国家的实践与探索,发现其对公司社会责任的贯彻与促进大有裨益。换言之,股东提案权是一种行之有效的治理工具,使股东能够以一种对社会更负责任的方式影响公司的管理决策,使其做出更符合大众期望的决策。[④] 但是,为使股东提案在公司承担社会责任方面发挥更大的价值,需具备以下两个前提条件:其一,负责任的股东。具有倡导意识的股东将有关公司外部问题的提案提交至股东大会进行审议,通过公开审议环节,与管理层直接对话交流,从而推动公司社会责任落实。自然人股东基于伦理道德、社会责任感等因素考量向股东大会提出关于公司社会责任的议案;机构投资者基于其设立的目的与宗旨向股东大会进行提案。

---

① See Jeffery Nesteruk, "Corporations, Shareholders, and Moral Choice: A New Perspective on Corporate Social Responsibility" (1989) 58 *University of Cincinnati Law Review* 453.

② 参见施天涛:《〈公司法〉第 5 条的理想与现实:公司社会责任何以实施?》,载《清华法学》2019 年第 5 期,第57 页。

③ See Schwartz & Weiss, "An Assessment of the SEC Shareholder Proposal Rule" (1977) 65 *Georgia Law Journal* 635.

④ See Maria Paz Godoy Uson, "Corporate Social Responsibility via Shareholders' Proposals" (2015) 1 *Dovenschmidt Quarterly* 40.

其二,完善的股东提案权制度。现阶段,如要达到通过股东提案推动公司社会责任落实之目的,需以目的为导向性完善股东提案权制度,鼓励公司社会责任类提案进入股东大会。

3. 提案内容面临的现实困境

(1)股东提案未能推动落实公司社会责任。我国股东提案权制度还处于初级阶段,立法目的主要聚焦于保障中小股东参与公司治理的权利,促进公司民主,实现公司权力制衡。但是,忽视了股东提案的另一重要作用:推动公司社会责任。从图 3 可以看出,我国股东提案内容无一例外全部集中于公司内部事务,而未涉及公司社会责任。公司追求股东利益天经地义,但是现代公司的使命已不单是追求利润最大化,还应尽可能增进社会福祉。《二审稿》第 20 条明确要求公司承担社会责任。根据域外国家的经验,股东提案权或许能成为公司社会责任落实的有效手段,然而,现阶段我国并未有效利用这一制度,具体原因如下:

第一,公司的社会责任意识薄弱。目前《公司法》第五条[①]对社会责任有明文规定,但更多倾向于一种口号式条款,而无具体执行范式。《二审稿》虽有进一步细化,但仍然是进两步退一步。蒋大兴教授曾将社会责任比作"无牙的老虎",看似凶猛,但却对公司具体行动缺乏有效控制,特别是难以对公司具体的经营决策形成有效的事先约束。[②] 归根结底仍是公司的社会责任意识薄弱,有些公司甚至简单直接地将社会责任等同于社会慈善,社会责任报告等流于表面的形式,而未将社会责任与公司日常经营相结合。社会责任意识薄弱亦体现于股东,前文所述,负有责任的股东是公司社会责任落实的前提条件。但由于期望自然人股东以伦理道德责任约束自身,自发提出公司社会性提案的要求过高。而我国公益性机构投资者的匮乏,很可能致使推进公司社会责任落实的期待落空。

第二,缺乏合理的股东提案制度。如何设计出能激发股东民主意识,明确股东提案权利,保障股东救济机制的合理股东提案制度,是推动社会责任制度落实的关键。现阶段的股东提案制度,无论是过窄的提案内容,抑或是粗糙的提案程序,都无疑是股东提案路上的拦路虎,股东大会形式化问题严重,股东民主难以体现,更何谈对社会责任问题的关注。此外,《公司法》明文规定股东提案应当属于"股东大会职权范

---

① 《公司法》第 5 条。
② 参见蒋大兴:《公司社会责任如何成为"有牙的老虎"——董事会社会责任委员会之设计》,载《清华法学》2009 年第 4 期,第 22 页。

围",而公司外部的公共利益问题是否属于职权范围还模棱两可,因此此类问题极可能被排除于股东大会之外,显然不利于公司社会责任的落实。而相应的救济措施规定并不完善,如果股东的外部社会性提案被不合理拒绝,应有合理的渠道保障其救济权;即便是合理拒绝,也应将信息充分公开,做出合理的解释,这才是完善的股东提案制度应有之义。

(2)股东提案异化之现象。股东提案权设立初衷在于促进公司民主,给予股东参与公司治理的机会,但是实践中却出现股东提案权异化之现象。异化原因究竟为何,该类提案是否有效,是否进入股东大会决议,本文将作进一步探讨。

第一,提案目的异化。股东提案权不再作为股东积极参与公司治理的方式,而仅作为董事会召集会议的弥补手段。具体表现为董事会公告股东大会事项后,会出现遗漏提案或在这期间新增需要股东大会决议的重大事项,《公司法》规定召集人股东大会召开公告发出后,禁止直接修改提案或新增提案。所以,董事会通常面临两条解决路径:一是以补发公告的形式进行弥补,二是直接另行召集临时股东大会。但有的公司两者皆抛,而是另辟蹊径选择建议大股东以股东提案形式提出,使这些提案可以名正言顺地进入公司股东大会进行决议,因为此种方法更为便捷,从而降低成本、提高会议效率。有些公司会在公告中会直接说明"从提高会议效率角度考虑",由大股东将新的需要股东大会决议的重要事项进行提案。可能立法者对于股东提案这一功能也始料未及,但却是实践中经常使用的一种弥补董事会召集程序手段。那么,当提案目的背离制度设计初衷,该方式是否应被禁止或应在规范下应用?从公司效率角度考虑,此方法确可以提高会议效率和降低会议成本,如果董事会重新召集新的临时股东大会,时间、金钱成本都将大幅度提高。且法律并没有明令禁止此种行为。但是,难以避免董事会与股东联合串通,利用此种方式故意延迟公告事项时间的情况发生。综上,对于以"提高会议效率"为由的提案不能以偏概全,全盘否定,实践中有大量的公司提案是以此为由,且确是一项降低会议成本的手段,但应防止被董事会和控股股东恶意利用。

第二,提案形式异化。股东必须在距股东大会召开日至少十日以上提出提案,为规避提案制度期限限制,在样本数据中发现某些上市公司采取的做法为:董事会同时发布延期召开股东大会的公告,以此规避《公司法》"十日前"的强制规定。这种做法,看似一切于法有据,但实则留有巨大风险。法律规定十日以上的期限,目的是留有足够的时间披露公告,使全体股东知悉,防止大股东利用其优势地位实行

"闪电战"。董事会在公告临时提案的同时公告延迟股东大会召开时间的决定,这一现象背后,不排除董事会与提案股东勾结的可能,究其原因与公司治理所有权与经营权分离不彻底有关。该做法是否有效,笔者认为不宜因噎废食全面禁止,而应将其纳入监管之下,全面披露延迟原因,提案的详细内容等,避免董事会与大股东"暗箱操作"。

（三）提案审查实证分析

1. 提案审查基本情况

图 4 反映提案审查情况。虽然《公司法》目前并未明确规定应对提案进行审核,但是实务中多数公司都选择对股东提案进行审核后再提交至股东大会。提案审核主体既有董事会亦有监事会,但由董事会对提案进行审查仍是绝大多数上市公司的选择。综上所述,目前我国对于提案审核缺乏明确统一的标准,审核标准、审核主体都存在多元化现象。从实践来看,董事会提前审核股东提案是较为普遍的做法。

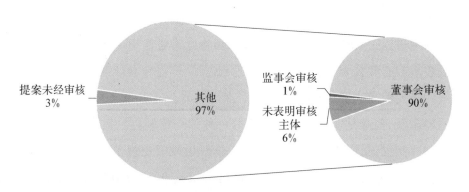

图 4　提案审查

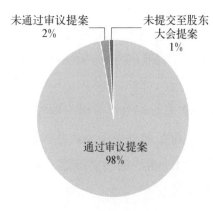

图 5　提案通过率

图 5 反映股东提案通过率情况,有 7 项提案未获通过,有 1 项提案经董事会审查后未提交至股东大会。虽然股东提案通过率较高,占样本数据 98%,但不可否认,实践中会出现董事会经过审核后直接否决股东临时提案的情形,存在董事会滥用审查权的风险,譬如对威胁自身利益的股东提案故意不予提交股东大会,因此应规定具体的股东救济路径。

2. 股东提案与董事会审查权

《公司法》中明确规定股东提案应符合三个条件：一是属于股东大会职权范围；二是有明确议题；三是有具体决议事项。《二审稿》在此基础上还增加"违反公司章程的规定"排除事由，但如何保障股东提案符合要求，由谁来保障，公司应当如何处理不符合要求的提案等等一系列问题，仍未明确规定。由于我国立法对此并无定论，所以实践中对于提案审查的处理也是形形色色。审查主体既有董事会，亦有监事会，有些公司还在公告中附带独立董事的审查意见。审查标准亦不明确，在公告中基本都是笼统地表述提案应符合《公司法》《公司章程》等有关规定。由此，很容易滋生董事会利用职权侵害股东权益，特别是中小股东权益的事件。

因此，亟待明确董事会审查的正当性。笔者认为，董事会对股东提案进行审查具有正当性，主要是基于以下理由：

第一，由董事会的职能所决定。《公司法》规定股东提案交至董事会，并由其通知其他股东。而要使上市公司股东知悉提案信息，董事就需要将提案内容进行无差别披露，因此股东提案信息属于上市公司披露信息范围。如此便容易被"有心人士"利用，享有内部信息的提案股东利用这种附加效果做空股价，而套取利益损害投资者行为时有发生。董事会作为信息披露的主体，理应对披露信息的真实性负责。只规定董事责任而不赋予董事权利，无疑在事后责任追究上，让失权的董事成为替罪羔羊。[①]而事先审查能大幅度降低信息不真实性，保障提案有效与合法。另外，统计数据显示，我国股东提案有相当一部分涉及公司具体经营问题，而并非所有股东都精通熟稔公司业务，所以董事会预先对提案进行审查，过滤掉非法、不合理的提案，也符合公司各司其职的内部分工。

第二，提效维稳的必然选择。提案审查应是股东滥用提案权的"防护网"。股东大会、董事会及股东三者的权利达到平衡需公司内部恰当的权利分配原则保障。[②]而董事会审查正是有效防止股东滥用提案权的程序。如若董事会收到股东提案后全部提交至股东大会审查，"ST慧球1001项提案"就不再是个例。股东大会作为公司的最高决策机构，以利益为导向，效率至上。如果股东提案不加以限制，无条件全部提交至股东大会决议，那么势必增加会议成本，降低决策效率。因为，股东大会时间不可能无限延长，也不可能保障所有股东充分表达自身观点的自由，仅能保障有实际意

---

① 参见邓峰：《中国法上董事会的角色、职能及思想渊源：实证法的考察》，载《中国法学》2013年第3期。
② 参见曹兴权：《公司法的现代化方法和制度》，法律出版社2007年版，第141页。

义、对公司利好提案的提出。[1] 所以,为保证股东大会的决策效率和秩序,董事会需要对股东提案进行审查。但为防止董事会滥用审查权,董事会对股东提案审查应采取召开会议形成书面表决决议的形式。如果决议排除该提案,应说明详细理由,并将其披露公告。

3. 提案股东救济的现实困境

由于审查权规范缺位,且缺乏完善的救济渠道,股东提案遭拒后中小股东该何去何从? 其权益又该如何保障? 例如,深圳市康达尔(集团)股份有限公司董事会就将《关于聘请立信会计师事务所(特殊普通合伙)为公司 2017 年度报告审计机构的议案》股东提案,以不符合相关法律法规及《公司章程》等有关规定为由,拒提交至股东大会。[2]

面对股东将提案交至董事会,而董事会拒不提交至股东大会的情形,股东该何去何从? 无救济,则无权利。目前我国对于审查权的规定模棱两可,更何谈审查权相关的配套救济。目前提案股东有两种救济方式:其一,代表十分之一以上表决权的股东有权自行召集股东大会;其二,股东可依据《公司法》规定,以股东大会的会议召集程序、表决方式违反法律、行政法规或者公司章程为由请求法院撤销。然而,此种事后救济方式存在耗时长、成本高、程序繁的弊端。股东所希望实现的是将提案重新提交至股东大会,而法院撤销股东大会决议后,股东将负担重新参加股东大会的费用,公司也将承担筹备会议的支出费用,可见此种救济方式的实际价值不高。而美国的无异议函制度或许可以为股东提案权的救济提供新路径。该制度规定,公司如要将股东提案排除须事先向美国证券交易委员会(以下简称 SEC)申请其签发无异议函,即 SEC 须对该排除股东提案的决议进行行政审查后作出决定。如果董事会认为在委托书征集材料之中不应列明该股东的提案,其应在正式申报最终委托书征集材料前80 日以上,向 SEC 报告其拒绝提案理由及根据,并同时通知提案股东,但若公司有正当理由时,该期限得予以延长。SEC 有权依 Rule 14a-8 之规定对董事会申报进行初步审查。无异议函属于事中救济,法律性质是准司法性质的行政决定,相较于向法院申请撤销股东大会决议的事后救济,行政力量能较早介入纠纷,及时止损,具有解决争议效率高、成本低和时效性的优势。

---

[1] 参见王湘淳:《董事会对股东提案审查权的再思索》,载《理论观察》2014 年第 8 期。

[2] 《康达尔:关于收到股东临时提案事项的公告》,载巨潮资讯网,http://www.cninfo.com.cn/new/disclosure/detail?plate=&orgId=gssz0000048&stockCode=000048&announcementId=1204661331&announcementTime=2018-04-19。

三、规范重塑：股东提案权改进建议

（一）完善股东提案适格标准

为防止股东滥用提案权,提高公司决策效率,我国设立3%较高持股比例的门槛。但统计发现,小股东提案数量寥寥无几,在我国股权集中的背景下,积极小股东人数本就少之又少,而3%的持股比例要求更像是一座大山阻拦着小股东的提案之路。因此,《二审稿》将3%的持股比例要求降至1%,这一规定降低了提案权行使的门槛,看似放宽了行权股东主体的范围,但对提案审查权并未进一步规范,股东提案有效地进入股东会决议事项的堵点并未打通,对于市值较高的公司来说,1%的持股比例可能对于绝大多数股东来说仍是望尘莫及。

相较于单一持股比例标准,域外许多国家采取的是双重标准,即比例数标准和绝对数标准结合。如美国SEC Rule14a-8(b)规定"提案股东持股比例应不少于1%的或所持股票市值不少于2 000美元,以较低者为准;并且持有股票一年以上且在股东大会召开时连续持有";英国《公司法》第338(3)条规定"股东向公司提出股东大会提起决议案的条件,股东持有至少所有股东(有权利在股东例会上表决)的所有表决权比例的5%或至少100名股东,他们有权利在股东大会例会上表决";德国《股份法》第122条规定"提案股东联合持有5%以上股份或所持股票面额500 000欧元股本以上,可以书面请求将议题列入会议议程并公布"。我国可借鉴对于持股比例的双重标准,即将提案股东的持股比例由3%降至1%的同时另订立持股市值为辅助条件,股东只需满足两者较低值即可提案。如此方能保护股票发行量大,市值较高公司的少数股东提案权的行使,尽可能宽泛地保障中小股东的行权权利。此外,考虑到不同公司股权结构不尽相同,本着公司自治的原则,应允许公司章程就提案股东的持股比例作另行规定,但不得高于法定标准。

相较于持股比例的高门槛,立法对于提案股东的持股期限要求却只字不提。意味着,无论股东持股期限长短,只要符合法定条件均可提案。可能某些心怀鬼胎的股东利用机会主义,恶意收购公司股份,达到提案标准,从而提出干扰性提案,故意扰乱股东大会秩序,以实现操纵市场股价或索取不正当利益等非法目的。一般来说,只有长期性持股的股东才有可能对公司有情感上的认同感,更注重公司治理与经营,有使用股东提案权之可能。[①] 问题是多长的期限才是科学合理的，过长的持股期限不利于对中小股东提案权的保护；过短的持股期限可能并无意义，易造成股东提案权滥用，不利于公司经营管理。武贵振建议，股东持有股份必须自提案之日前六个月持续到股东大会召开之日才有资格提案；[②]刘胜军建议，合适的提案股东持续持股的期限应不低于六个月，并且应持续持有至股东大会召开之日；亦有学者持反对意见，认为在我国目前存在小股东股份周转频率较高的情形，一味强调持股比例和持股期限达到一定时间不具有实际意义。[③] 综上所述，笔者认为，可参照《公司法》第151 条股东代表诉讼中股东资格标准"连续一百八十日以上单独或者合计持有公司百分之一以上股份的股东"，将股东提案的持股期间标准定为股东持有份额为股东提案之日前一百八十日以上，连续持有至股东大会召开之日。何谓"连续持有"，在实践中对此界定可能存在难度。因为股东持有股份并非一成不变，而是呈波动变化，比如股东在一百八十日内不断买进卖出股票，应如何认定其持股份额。笔者认为，可依据一百八十日内最低持股份额计算，如果在股东提案之日前一百八十日内最低持股份额都达到法定条件，即其具有提案资格，这样既可以防止投机行为又便于公司进行计算。另外，同持股比例要求一样，公司章程可作另行规定，但不得高于法定标准。

（二）规范股东提案程序性要求

第一，限定提案件数和字数。无论是《公司法》还是《上市公司章程指引》等法律法规都未对股东提案的件数和字数作出规定，仅要求以书面形式提交，极易造成提案权滥用，使公司被冗长的股东提案所扰，公司股东大会决议成本提高，决议效率降低。因此应该对股东提案的件数和字数作出一定限制，以节省公司成本和其他股东时间。但在对提案件数和字数作限制时对待股东须一视同仁，不得按持股比例不同对股东区别对待。如果提案超过限制，董事会应发出更正通知，股东拒不修改，董事会有权排除该股东提案。

第二，提案提交截止日期要求。如前所述，我国对于股东提案的提交期限规定过短，不利于保护其他股东权益。美国对于提交提案的时间作出详细规定，如果股东欲向定期召开的股东大会提交提案，则提案股东应于往年委托书征集材料的一百二十

---

① See M. V. Freeman, "An Estimate of the Practical Consequence of the stockholders Proposal Rule" (1957) 34 *University of Detroit Law Journal* 5499.

② 参见武贵振、郑佳宁：《论股东提案权制度》，载《黑龙江省政法管理干部学院学报》2005 年第 6 期，第 71—74 页。

③ 参见姜一春：《日本公司法判例研究》，中国检察出版社 2004 年版，第 140 页。

日之前将提案寄达公司或合理期间。① 日本是要求股东提案须在股东会召开前八周以上提出。② 我国台湾地区则规定："公司应于股东常会召开前之停止股票过户日前,公告受理股东之提案、受理处所及受理期间;其受理期间不得少于十日。"质言之,各地区对于提案提交时间的截止时期都有一个较为宽松的提案期限,使得公司与其他股东有足够的时间应对,防止股东故意拖延提案时间打"闪电战"。所以,我国应延长股东提案期限,使公司有较充足的时间进行审查,其他股东能够对提案进行研判。

（三）确立董事会审查权制度

1. 明确审查权主体

如前所述,虽然关于审查权主体的归属问题学界争论不断,实践中审查主体多元,《二审稿》对此也并未明确,但是笔者建议还是应在《公司法》中明确股东提案的审查权主体为董事会。第一,虽然《公司法》中没有明确规定股东提案是否需要审查,审查主体为谁,审查标准为何。但董事会作为股东提案的受理机构且一般情况下是股东大会的召集人,可以推出立法者默认董事会具有审查权限,其理应保障股东大会顺利的进行,而对股东提案进行审查是股东大会顺利进行的前提保障。第二,股东并非都精通营商之道,所以可能提出的提案并非都是合理合法、形式规范的理想状态。而董事会作为专门机构,熟悉公司的经营情况,有专业的判断能力。董事会审核提案不是为限制股东提案,而是为确保股东规范行使提案权,在提交股东大会决议之前,先由董事会进行审核,以防"垃圾提案"进入股东大会,保证会议决策效率。

2. 防止董事会滥用审查权

当然权利的赋予从来都不是无界限的,赋予董事会审查权是为防止股东滥用提案权,但同样,也有必要完善配套措施,以防止董事会滥用审查权。

（1）明确审查标准。即,董事会对于股东提案的审查内容、审查方式等方面标准的构建。2000 年出台的《上市公司股东大会规范意见》第 13 条提出了董事会应以关联性和程序性两个原则为标准进行审核。即,关联性是内容审查,程序性则是形式审查。提案内容应是与公司有直接联系的,且不违反法律、法规、公司章程的规定。提

① SEC Rule14a-8（e）（2）规定如果在前一会计年度公司并未召集股东大会,或者在本年度公司股东大会的召开时间与前一会计年度股东大会的召开时间间隔三十天以上,则股东提案提交的截止时间为公司开始邮寄委托书征集材料之前的一个合理时间。
② 《会社法》303 条第 2 项。

案股东的持股比例、提案时间、提案方式都属于程序性审查的范畴。

（2）审查过程公开披露。股东作为"剩余索取权人"，具有强烈动机去发现和惩罚不尽责的行为，以使权利最大程度得以实现，因而责无旁贷地成为最终监督者。[1]股东提案制度目的就在于制衡公司权力，其对股东而言是监督公司的重要手段之一，董事会作为重要被监督对象，让董事会审查监督者的提案内容，显然会存在风险和矛盾。为缓和这种对立局面，降低董事会滥用审查权的风险，可采取审查过程披露机制，通过信息公开程序降低权利异化的可能性。

（3）确定股东提案排除事由。《公司法》规定的提案排除事由仅有两项："属于股东大会职权范围"和"有明确议题和具体决议事项"。《二审稿》在此基础上增加了"违反法律、行政法规和公司章程的规定"，延续了含糊笼统的概括性立法，仍无法明晰股东所提出的提案是否属于股东大会职权范围之内，极易引起争议。可借鉴美国采反面表列方式逐项列举以杜争端。除法律规定的可以排除的事项之外，其他股东提案都应提交至股东大会决议，并通知其他人员。我国也应制定客观、详细的股东提案排除规则，法无禁止即可行。一方面，防止董事会滥用审查权肆意侵害股东正当权益；另一方面，也防止股东滥用提案权降低公司决策效率，干扰股东大会正常节奏。

（四）建立提案权利救济制度

没有救济的权利犹如一张白纸，仅是权利的宣示。当董事会任意将违反其意愿，或与某些董事个人利益冲突，或与其所拟实施政策背道而驰的提案，以其违反规定的名义而排除时，无任何机构得以介入审核董事会之排除行为是否为滥权行事，如此一来极易造成董事会越俎代庖地排除于己不利的股东提案。故，保障股东提案制度顺利有效实施必不可少的一环就是建立完善的救济制度。综合各国的实施情况，提案权利救济方式主要分为自力救济、行政救济、司法救济。

1. 自力救济

1997 年《上市公司章程指引》第 61 条曾规定，股东提案被董事会排除可"要求召集临时股东大会"。虽该条在后面修订中被废止，但毋庸置疑股东可以援引《公司法》第 40 条所规定的股东大会召集权进行救济。因此，当董事会和监事会都拒绝召集和主持时，代表十分之一以上表决权的股东可以自行召集和主持股东临时大会，以

---

[1] See Alchian & Demsetz, "Production, Information Costs, and Economic Organization" (1972) 62 *American Economic Review* 777.

此达到救济目的。

然而,股东寻求此种直接的救济方式显得困难重重。第一,小股东与董事会实力悬殊,董事会拥有得天独厚的资源和自身号召力,由董事会行使股东大会召集权理所应当。而如果小股东想行使股东大会召集权,将会面临召集难、成本高、效率低的局面。第二,股东大会召集权需代表十分之一以上表决权的股东方能行使,这一比例远高于股东提案适格主体的比例,极有可能出现被董事会拒绝提案的股东未达到股东大会召集权行使的持股比例,而不能选择此种救济模式的情况。质言之,股东行使提案权与股东召集权此种救济方式之间存在断层,不利于对股东权益的保护。

2. 行政救济

与股东自力救济相较而言,行政救济属于公力保护,其具有更高强度和更快效率。股东提案权作为股东固有权利,其受到侵害时,理所应当给予股东更有效和更有威慑力的行政救济。然而,我国对于股东提案的行政救济立法还属于空白,可借鉴美国的"无异议函"制度,采取行政机关事前介入审查的方式,提高效率。在我国,由证券监督管理委员会,即证监会作为证券监督行政机关,其依法享有对证券期货违法违规行为进行调查、处罚的权利,是最适合对股东权利提供行政救济的行政机关。

笔者建议,如果董事会欲拒绝股东某项提案,需事先向证监会申报,征询证监会意见,取得"无异议函"。如若董事会拒绝提案的决定属恶意排除,证监会可责令董事会改正,同时可对董事会处以一定数额的罚款,以此减少董事会排除提案决定被证监会否决的不确定因素,同时又能防止股东提案权的滥用。作为权威的、具有官方色彩的第三方机构若能事前介入董事会审查股东提案程序中,能对董事会滥用提案审查权、恣意专权起到有效的预防作用,达到防微杜渐的效果。

3. 司法救济

如果缺乏司法救济最后一道屏障,就将股东权利能否实现押注在董事、经理和大股东等强势主体的个人品质之上,一旦强势主体开始发难,股东权便名存实亡,股东投入公司的财产可能顷刻间化为乌有。[1] 所以,司法救济作为保护股东权利的最后防线,能产生实际约束作用,有效制衡权力。提案股东可依情况采取以下两类诉讼:股东提案权诉讼和股东大会决议撤销之诉。

---

[1]　参见钱卫清:《公司诉讼:司法救济方式》,人民法院出版社 2006 年版。

（1）股东提案权诉讼。股东提案权诉讼是当事人间因股东的提案是否应列入会议议程发生争议而引起的诉讼。提案股东可依规定,起诉公司要求将提案列入会议议程。法院经过裁判认为应列入会议议程,判决由公司将该提案纳入股东大会审议中,并将其信息披露。但是,股东提案权诉讼救济很可能出现如下情况：股东大会召开在即,但股东提案是否应列入会议议程却悬而未决。待到法院判决结果出来时,如法院判决股东提案应纳入会议审议,但股东大会已经结束,法院判决要么被束之高阁,导致执行不能；要么公司需重新召开股东大会,费时费力。为应对此种情况,加拿大规定法院可依申请制止股东大会的召开。[①] 要求当事人在诉讼中为一定行为或不得为一定行为,在大陆法系国家属于假处分制度。该制度值得借鉴,法院依申请暂停股东大会的召开,以保障法院判决最后得以实际执行。

（2）股东大会决议撤销之诉。《公司法》第 22 条规定的股东大会决议撤销之诉与股东提案确认之诉相比,属于事后司法救济,为股东提供了另一条救济之路。但是,只要股东提案被董事会恶意否决,股东大会都应撤尽撤吗？日本和韩国的通说是,因提案内容不同区分为议题和议案而给予不同救济。议题是指股东在董事会提出的议题以外追加新的议题,例如董事会原本订立的议题为增加注册资本,而股东提出的议题为修改公司利润分配。而议案是指股东修正或反对董事会提案,[②] 例如董事会提出增加注册资本 1 000 万的议题,股东可以提出拒绝增加注册资本的反对提案或提出应增加注册资本 500 万的修正提案。通说认为,如果受到侵害的是议题提出权,不存在可以撤销的股东大会决议,因此仅能对董事处以行政罚款。相反,如果受到侵害的是议案提出权,此时股东大会在召集程序上存在瑕疵,提案股东可以请求法院撤销股东大会决议。有学者认为,我国法院在审理此类案件时,应不加区分议题和议案,统一予以撤销。[③] 笔者认为此种做法略有不妥。我国虽未区分议题提出权和议案提出权,但是否可撤销本次股东大会的其他决议还应分情况进行讨论。因为股东提案权需在股东民主和公司效率之间寻求平衡,公司作为市场主体势必追求效率,需节约会议成本,加速会议进程,如果因董事会违法未将提案列入股东大会议程,而将股东大会其他无关决议全部撤销,并重新召开股东大会,无疑严重增加公司负担,实际上是矫枉过正,得不偿失。所以,股东大会决议是否因该提案存在的程序瑕疵而撤

---

① 加拿大《商业公司法》第一百三十七条。
② 参见[日]末永敏和：《现代日本公司法》,金红玉译,人民法院出版社 2000 年版。
③ 参见伍坚：《股东提案权制度若干问题研究》,载《证券市场导报》2008 年第 5 期,第 19 页。

销,需考虑股东大会决议结果与该提案的相关性和影响性。例如,股东大会决议通过的提案为"任命甲为公司董事",而股东提案"任命乙为公司董事"被董事会非法排除,此时该决议可被撤销。质言之,在股东决议撤销之诉中应谨慎区别对待,而不能一律予以否认。

关于企业法定代表人诚信问题的探究

朱国华* 陈树然**

摘要：一个国家，个人诚信是基础，企业诚信是基石，政府诚信是标杆，社会诚信是目标。然而现在，企业失信现象最为突出，企业失信离不开个人的失信，研究企业诚信问题离不开研究企业法定代表人的诚信问题。基于这种认识，本文就企业法定代表人的诚信问题进行专题研究。企业作为市场交易的重要参与者，必须要充分理解诚实信用原则的核心原理，在开展民事活动时要遵循这一基本原则，追求自身利益不以损害个人利益和社会利益为前提。与此同时，诚实信用原则作为一项基本原则，不仅在解决民商事纠纷中占有重要地位，也贯穿于企业经营主体整个市场经济领域的运作，是企业生产经营和发展的法律依据。作为企业经营者，企业法定代表人必须牢记和落实该原则，在追求利益的同时，维护市场交易的良性运作和秩序稳定，实现企业领域的良序善治。

关键词：法定代表人　诚实信用　穿透式监督　管理实际控制人

当今之世，企业发展不仅依赖于技术和信息，而且依赖于价值和其他重要的内在精神与文化。提高企业效率和增强企业的可持续发展是非常重要的。目前，中国仍然处于由计划经济向市场经济艰难转型的时期，诚实信用意识受到严重影响。没有诚实信用，就没有市场经济，就不能发展统一有活力的市场，加强社会信用体系建设，逐步树立良好的诚实信用道德观显得尤为重要。一个国家，个人诚信是基础，企业诚信是基石，政府诚信是标杆，社会诚信是目标。然而现在，企业失信现象最为突出，企业失信离不开个人的失信，研究企业诚信问题离不开研究企业法定代表人的诚信问

---

* 同济大学法学院教授、博导。
** 同济大学法学院 2020 级法律硕士。

题。基于这种认识,本文就企业法定代表人的诚信问题进行专题研究。

一、对法定代表人诚信现有制度的评价

企业法定代表人制度对企业公司而言是极其重要的制度,法治建设对企业法定代表人制度的研究开发未尽完善,在信用法治方面更是如此。

（一）法定代表人的一般法律地位

1. 法定代表人一般法律行为的效力

企业法定代表人在经济和社会事务中以公司名义从事的活动,对企业具有一定的法律效力。在所有的代理业务中,由企业决定,如合同的签署、职责的履行和纠纷的解决,由企业承担责任。关于法定代表人越权行为效力的认定,理论界和实务界的学者研究发现,即使该行为超过了法律和公司章程授权的范围,企业也应当要承担该行为所引起的法律后果。法定代表人与企业之间关于法律行为效力认定的特殊性在于,一方面表明虽然参与市场经营活动的主体是公司,但必须由自然人去实际履行和操作;另一方面,它表明,法定代表人虽然对自己的代表行为不用负个人责任,但他作为一名企业决策前、中、后的"决策者和实施者",与企业关系至为密切,很难说对企业的决策实施毫不知情。

2. 法定代表人在诉讼中的法律地位和作用

企业法定代表人的重要职责之一就是解决企业纠纷,最常见的方式就是参与民事诉讼的审理。和正常诉讼程序一样,企业作为民事诉讼席上原被告身份之一,法定代表人的作用仍然是企业决策后的"实施者",他所参与的民事诉讼的审理结果也应该由企业承担。除了法律明文规定企业法定代表人有参加诉讼的权利外,法定代表人代表企业参与庭审的重要前提应该是其最了解企业。在诉讼过程中,原被告一方或双方行为引起的民事法律关系的产生、设立、变更及终止等,均需要经过法定代表人的授权来实现,当事人在对与纠纷相关的法律事实与理由进行举证、质证、辩论等环节,其本质上就是在还原企业在这层法律关系里的实质意志,此时法定代表人作为企业决策后面"决策者和实施者"的作用就显而易见了。

（二）企业法定代表人的诚信含义及现有制度的规定

1. 含义

诚信是与市场经济相适应的伦理原则,在市场经济中对企业的生存与发展起着至关重要的作用。从社会主义市场经济的角度来看，诚实守信是指实事求是，即是指在生产经营活动中不扭曲事实，表里如一。守信就是不做假，不投机取巧。这就要求参与市场经济活动的人，即单个自然人或企业要能够严以律己、诚实守信。企业诚信归根到底是个人要诚信，最突出的是企业法定代表人的诚信，这意味着企业的忠诚和信任要体现在生产、销售和售后等众多服务中，确保质量达标，确保所提供的产品不会损害客户的身体和心灵。另外物美价廉，以质论价，价格与质量相一致，明码标价，不随意哄抬价格，平价出售；当然也要不发布虚假广告，宣传推广的文案要实事求是，要实行合理的退货制度和售后服务制度；同时要遵守合同约定，严格履行，不擅自违约等。

2. 我国信用监督管理的立法现状及其制度实践

近年来，我国的信用基础设施不断加强。在中央层面上，中央政府或国务院的文件均提出了信用信贷监管标准；在法律规范上，信用监督管理规范在法规、规章及规范性文件中随处可见。

第一个是中央政策性文件。主要有《关于社会信用体系建设的若干意见》《社会信用体系建设规划纲要（2014—2020 年）》。之后，《关于建立完善守信联合激励和失信联合惩戒制度加快推进社会诚信建设的指导意见》《关于加快推进失信被执行人信用监督、警示和惩戒机制建设的意见》《关于进一步完善失信约束制度构建诚信建设长效机制的指导意见》《关于加快推进社会信用体系建设构建以信用为基础的新型监管机制的指导意见》《关于推进社会信用体系建设高质量发展促进形成新发展格局的意见》等也不断出台。这些高规格政策文件详细地解释了联合守信激励和失信联合惩戒原则、目的、工具和方法。

第二个是法律、行政法规和部委的规章。虽然中国还没有在信用信息和数据安全上创立系统性和专业性法律，但有关信用监督管理的不完全规范也可以在一部分单行法条中找到痕迹，包括《征信业管理条例》和《企业信息公示暂行条例》。例如《旅游法》第 108 条、《网络安全法》第 71 条等，规定了将违法行为人的信息写入信用档案并进行公示的制度；在行政法规方面，国务院《企业信息公示暂行条例》第 17 条对工商登记企业的不信任名单公示制度做出了规定。在一些重点监管领域的部委规章里可以找到信用监管条款，例如环境保护部制定的《企业环境信用评价办法（试行）》、国家市场监督管理总局制定的《严重违法失信企业名单管理暂行办法》、国家药监总局制定的《食品安全信用信息管理办法》

等。① 国家在近 50 部法律、40 余部行政法规中嵌入了信用法律规范条款。

第三个是地方立法。地方各级政府基于不同的法律效力做出了不同的信用监管规定。从立法现状来看,既有地方立法、政府法规,还有标准文件。从对象调整来看,它不仅体现了社会信用信息的完整性,而且还体现了公共信用信息和个人信用信息的可接受性。地方已经有数十部关于社会信用、社会信用信息以及公共信用信息专门立法。

然而从上述法律规定可以看出,关于企业法定代表人诚信制度的规定还不够充分,考虑到企业和社会的长期发展,建立穿透式监督管理制度,更加细致地加强对法定代表人的信用监督管理显得尤为重要。近年来,我国市场监管也存在问题,在市场一体化的趋势下,宏观微观系统性风险防范已经难由传统机构担当,监督管理体制改革的趋势已经朝向功能监督管理发展。由于在市场一体化经营中,金融产品、投资者和资金结构有着大量复杂和重叠的操作,因而功能监督管理理论下的穿透式监督管理是最具有针对性的策略。目前,监督管理机构不断在规范文件中提到穿透式监督管理,但由于原则性指导性较强,具体监督管理规则供给不足,从而使得穿透式监督管理倾向于注重形式、减轻实质方面。要想发挥监督管理效果,充分运用穿透式监督管理,必须要坚持两点:其一是认清现实障碍,积极完善与金融监管制度相关的法律法规,从而更好地辅助穿透式监督管理的运用。其二是重视理论研究,要清楚了解穿透式监督管理的核心原则和监督重点,并将此应用于监督管理实践。笔者认为,穿透式监督管理符合中国职能监督管理改革的倾向,以现有监督管理制度为基础,进一步讨论穿透式监督管理制度可能存在的适用不足与障碍,促使它成为一个有效的监管和风险控制工具。

二、企业法定代表人实施穿透式监督管理的必要性及其做法

(一) 必要性

2017 年以来,面对监管力度加强的局面,个别资本运营方放弃直接交易,通过联手控股股东,间接影响上市公司,比如不报告控制权的变更,或签订不知名的抽屉协

---

① 袁文瀚:《信用监管的行政法解读》,载《行政法学研究》2019 年第 1 期,第 18—31 页。

议,导致外部股东不知道损害了广大中小股东的利益,这种情况已经引起了社会高度关注。

据统计,上海证券交易所 2017 年发出的询证函中,涉嫌实际控制人和大股东的控制权转让存在不合理披露、以非法手段侵占上市公司利益的不正当行为的案例高达 30 件。亿晶光电控制权转让迷雾在监管层的频繁提问下得到了证实。ST 海润总是在信息公开中以孟广宝等股份较少为理由,声称企业没有控股股东和实际控制人。这样的交易已经引起监督管理层的高度重视,在一线的监管问询中,监督管理层已高度关注企业大股东转让一部分股份、投票权委托他人或股票质押等不间断操作的行为是否属于一揽子交易,是否会影响公司控制权发生实质性的变化。① 这些问题究其根本,仍然属于未来一线监督管理中的重要一环。为了进一步加强对控股股东、实际控制人的监督管理,通过穿透式而且具有实质性的监督管理,使得上市公司的实际控制人的真实面貌能够被大众看到,达到严格规范实际控制人的行为的目的。鉴于众多企业的法定代表人由自然人大股东担任,有的即使明面上法定代表人不是公司控股股东,但却是这些幕后控股股东最值得信任的人,其法定代表人的某些行为也代表着控股股东或实际控制人的意志,因此,加强对法定代表人的信用监管,在某种程度上也是在加强对控股股东或实际控制人的信用监督。

(二)如何实施穿透式监督管理

穿透式监督管理作为监管的一种手段,是指监督管理者通过发现市场参与者的真实身份,从而识别隐藏在形式背后的实质交易,再借助适当的法律规定和监管手段,有效调整市场交易关系。穿透式监督管理的目的是为了促进市场交易透明化,核心理念在于实质重于形式。市场参与者可分为中介机构和交易实体。一般中介机构主营服务,交易实体一般是企业、企业法定代表人或自然人。随着市场业务不断创新和发展,在市场交易中出现了大量具有跨区域跨行业跨业务、交易链较长、信息不透明、交易结构复杂等典型特征的交易模式。这些交易模式单从个别领域来看,并没有违法违规之处,即使有风险也算可控。但是一旦深究,就会发现有很多交易明显违背了市场准入规则、突破了原有的监督管理框框,极易引发一系列交易风险,因此要实现法人穿透式监管。在市场交易过程中,与法人相关的常见交易会被记载的类型有:银行流水信息、跨行支付报文、对公账户、信贷管理信息、资金业务、理财业务等。若

---

① 上海证券交易所划出 2018 年监管重点:《实控人将被穿透式"照看"》,载《上海证券报》2018 年 1 月 4 日第 05 版。

在法人参与的每笔市场交易中,记载着参与交易的法人统一身份识别记号,将会更加有利于实现法人穿透式监管。另外根据相关规定,新设立的企业和其他组织,在注册登记时会发放标注统一社会信用代码的营业证照,该社会信用代码如同个人身份证号码一样,每一个代码指向唯一主体。通过统一社会信用代码识别法定代表人身份,可具有唯一性和代表性,这是我国独有的优势,也将使得我国尽快实现法人穿透式监管,充分体现了社会主义企业制度的优越性①。

此外,完善企业的法律责任制度是穿透式监督管理的必然因素之一,对于有效实施监督管理是不可缺少的。首先,它应该是基于风险评估来认定企业的法律责任。这不同于一般的违法行为,非法创新产品的风险是常年累积的,具有明显的潜在性和系统性,一直影响着正常的市场交易。因此,风险大小是承担各种法律后果的衡量标准,以避免系统性市场风险发生。其次,对于特定风险产品,可以增加其特定义务和责任承担。要求企业、法定代表人及其员工承担明显、确定的告知义务,例如向投资者详细说明特殊产品的模式、风险,让投资者在投资之前对产品风险等级有清晰的认识,从而选择更加适宜的产品;对于一些特殊调整可能影响投资者利益的,例如产品管理者的变更、资金的投入、收益方案等,企业及其员工应当持续不断地披露真实的信息。另外,应加强对不合法业务的监督管理职责,严格规范法定代表人和董监高的责任承担。如今造成市场经济混乱的原因包括企业之间的恶性竞争,为追求利益不顾风险存在,放松监督管理的要求。鉴于这种情形,对于违法情况严重的企业、法定代表人及其从业人员,除了要强化取消就业资格、取消职务资格、设立行业准入门槛等资格处罚外,还要增加罚金处罚数额,从而达到监督管理的目的。

三、对实际控制人利用法定代表人制度逃避
债务、避免失信惩戒等问题的探究

（一）原因

《公司法》明确规定法人独立人格和股东承担有限责任,虽保护了遵纪守法的投资者,但也不可避免地成为恶意逃废债务的投资者的护身符。大部分的实际控制者为了能够巧妙地借助双重责任之间相互隔离的便利来逃避法律责任,常常选择间接

---

① 方敏:《穿透式法人金融监管的关键技术实现探讨》,载《中国管理信息化》2021年第23期第24卷,第120—121页。

控制企业。而且在实践中想要确认意图逃避法律责任者的真实身份,追究其责任是极其困难的,这是由于我国股东名册、注册登记等公示材料中记载、公示上的制度缺陷所导致的,这就需要我们不仅要刺破公司层面上的"面纱",还要刺破"名义股东"层面上的面纱。可基于现实来看,对于这些事件的发生即使我们有合理怀疑,也只能是怀疑,除非当事人自认并提供相关证据,否则很难被认定其中存在利益关联,而且民事诉讼证据规定对于上述事件的推定也要求善意不能是恶意,若启动强制执行程序的当事人发现这样的问题,即使向执行法院提出追加申请,但由于缺乏取证手段,证据证明力不强,通常情况下法院亦不予支持。退一步而言,就算法院予以支持,也需要花费大量的人力、物力、财力成本去一层一层调查核实,抽丝剥茧,困难重重,到头来很多案件因为不能形成完整的证据链而无法证实,因此,这就需要我们从其他方面切入,寻找更有力的方法予以避免。

(二)如何避免

1. 完善相关立法

目前,相关法律没有明确规定公司实际控制人的判断标准,所以在实践中如果遇到不同的案例,其判决标准是不同的;而且关于公司实际控制人滥用控制权行为应如何处理的法律规范尚不完善,而且其法律效力低下,会导致对法律的质疑。笔者认为,必须要完善公司实际控制者滥用控制权的法律法规,其基本框架可以采取原则性规定和具体规范相结合,进行相互参照。[①] 原则上,《民法典》规定的诚实信用原则可以制约公司实际控制人和法定代表人滥用控制权的行为。在具体推进中,明确具体化规则,首先要立足于公司实际上的控制权滥用的典型形式;其次要明确法律责任追究机制及其对滥用控制权行为的救济途径。我国台湾地区的有关规定可以给我们启示,"控制公司负责人以从属公司为前款经营者,应与控制公司就前款损失连带负责赔偿"。这个"负责人"实际上是指公司不遵纪守法、破坏公司其他利益的经营者。这个规定就明确了企业实际控制人和公司在责任承担上是平行的。[②] 因此,将来司法解释可以规定,若发现公司实际支配者身份和控制权被滥用等情形,债权人可以直接向公司实际控制人请求承担连带赔偿责任,从而可以规避因制度上的缺陷导致实际控制人因无法被确认而损害债权人的利益以及公司

[①] 王守春:《公司实际控制人规避执行之反制——从执行权主观范围扩张的角度》,载《学术交流》2017年第10期,第117—123页。

[②] 叶敏、周俊鹏:《公司实际控制人的法律地位、义务与责任》,载《广东行政学院学报》2007年第6期,第50页。

利益的情形。

2. 完善现有程序保障机制

站在申请执行人立场上,由于法院执行力度的扩张,确实省去了繁杂的诉讼程序,提高了债权实现的效率。但从公司实际控制人的立场来看,扩张法院执行力度很有可能使得被执行者的财产随时都面临着被法院执行的风险。因此,要充分考虑扩张执行力的主观范围和公司实际控制人的程序是否合法合理。如果一味地扩张执行力,没有相应的程序机制去保障因该扩张而影响的特定第三人,那么就会使公民、法人或企业所享有的程序保障机制成为纸上谈兵,更为严重的是使执行力本应有的主观范围在其扩张中失去正当化的根据。因此要合理细化控制过程,完善现有的程序保障机制。

(1)确立以申请人为导向的执行力扩张。由于公司的实际控制人倾向于执行公司的决定,法院应保持中立态度,不应进一步干预,最为明显的就是不应该依职权去追加实际控制人为被执行人。追加实际控制人为被执行人程序的启动必须由债权人提出,债权人必须是该案件的实际申请执行人。但是,难免由于信息不对称以及申请执行人能力有限等原因,导致执行法院往往在调查被执行人财产过程中才发现公司存在实际的控制者、有滥用公司独立人格规避法律风险的行为,有应当变更或者追加为被执行人的一系列行为。因此,笔者认为,依据执行公开的原则,法院必须履行告知义务。若执行法院在调查过程中发现上述情形的,应当主动告知申请执行人,由申请执行人自行决定是否需要变更或追加被执行人,而不是仅仅依靠执行机关主动干预甚至是主动变更或追加。① 这样的做法不仅弥补了信息不对称,也给予申请执行人一定的主动权,执行机关不过多干预也是在遵守执行力扩张本应有的主观范围。

(2)理顺执行程序中举证责任的分配原则。在举证责任分配中,往往是"谁主张谁举证",但由于实际控制人的不透明性和对公司的掌控,如果让债权人举证证明公司存在滥用控制权并回避执行的行为,显然不符合执行程序的功能和价值。因此债权人在向执行法院提出追加申请时,只需要提供初步证据。申请执行人能够证明将要追加的被执行人实质是公司实际控制人的,负责承担实际控制人滥用公司控制权的线索提供协助义务,并且证明自己的实际权益的确因该公司而受到损失。此时申请执行人可以申请执行法院根据职权来验证最初提供的初步证据和线索,由法院承

---

① 谭秋桂:《论民事执行当事人变化的程序构建》,载《法学》2011年第2期,第135页。

担主要的查证责任。这样就能避免将全部的举证责任加在申请执行人身上,确保执行可以顺利进行下去。

(3)构建后发性权利救济机制。由于法院依申请或依职权将公司实际控制人纳入失信被执行人范畴,那么该种纳入理应保障当事人和相关利害关系人的权利,因此该裁决不能是一裁终局,而是应构建权利救济机制来赋予当事人和利害关系人相应的救济权。当事人或利害关系人若不服人民法院变更或追加对被执行人的裁定的,可以向上级法院申请执行复议。为达上述目的,需满足以下两点要求:第一,尊重各方利益保障,保障依法应被接受的异议在短时间内能被受理和核查。第二,保证效率,执行复议无需再进行庭审,法官以文字的形式进行书面审理,遵循审查期限,确保问题及时解决。

3. 规避执行行为的反制路径

(1)加大对规避执行行为的惩戒力度。目前立法上关于规避执行行为有三种惩戒措施:一是承担司法责任,例如责令赔偿损失;二是采取民事强制措施,例如罚款、司法拘留等;三是承担刑事责任,例如违法犯罪的。[①] 表面上,债权人的债权是公司实际控制人规避执行行为所直接损害的对象,但是并没有产生新的债权债务关系,债权人仍然只是获得一份救济,改变的只是承担责任的主体。因此笔者认为,国家司法权和公共利益才是该规避执行行为真正损害的客体,因此应当承担公法责任。但我国法律和司法解释并没有明确规定。在现有法律约束下,只能通过加大执行惩戒力度来反制。2015 年 7 月修订的《最高人民法院关于限制被执行人高消费及有关消费的若干规定》第 3 条将公司的实际控制人纳入了可限制高消费的人员范围。[②] 由此,如有确切证据能够认定此人为公司实际控制人的,即使不能追加公司实际控制人为被执行人,也可以通过将其列入失信被执行人名单,限制高消费、限制生活或经营中不合理消费等,以达到惩戒目的;而且公开失信被执行人名单,给实际控制人或其企业造成舆论压力。最后,在公司实际控制人的出行、企业的工商登记、信贷资金、对外融资、招投标等方面加大限制,最大限度限制其交易,增加违法违纪的成本,彻底反制其规避行为。

(2)提高各机关相互协作能力。对法定代表人变更登记,市场监督管理局遵循

---

① 廖中洪:《民间间接强制执行比较研究》,中国检察出版社 2013 年版,第 298 页。
② 王守春:《公司实际控制人规避执行之反制——从执行权主观范围扩张的角度》,载《学术交流》2017 年第 10 期,第 117—123 页。

的是严格准则主义,即申请人提供正确且充足的变更材料,经市场监督管理部门程序审查而非实质审查就可以进行变更登记。为避免因制度缺陷而损害债权人权益和促进企业诚信,各机关之间缺乏监督管理也是导致规避执行现象大量存在的原因之一。若要解决此问题,需要提高各机关相互协作能力。比如,公安机关协助法院寻找失踪的实际控制人。市场监督管理机关通过最高人民法院和执行信息管理系统的信息共享功能,加强对失信被执行人公司的监督管理,以防公司或实际控制人通过股东、法定代表人等恶意变更来逃避执行。[①] 法院通过加强取证和执行能力、国家通过构建覆盖整个社会的信用系统,从根本上抑制规避执行行为。例如某省工商局通过与某法院签署联动协议,全面启动实施法定代表人信用监管系统,将每一位法定代表人纳入信用管理体系,只要出现违法或失信行为,其信用评价自动降低并采取相应的监控管理措施,使每一位法定代表人个人信用与企业信用紧密相连,防止法定代表人恶意变更逃避法律责任和企业非正常退出。[②]

4. 再审视和规制涉诉法定代表人的法律责任

如前文所述,因恶意变更法定代表人而引起的纠纷中,很多法定代表人都是公司的股东,甚至是控股股东。即使表面上或者外观上不是,也是受公司实际控制人的委托,其行为效果在某种程度上代表着实际控制人的意志,应当对公司经营发展以及在公司涉诉案件中承担更多的义务和责任。即便没有股东这一身份,法定代表人基于法律规定的诉讼代表权,也理应配合法院诉讼和执行。在没有正当理由和充足证据证明涉诉被执行人恶意变更法定代表人不是为了规避责任的,应变更或追加实际控制人来承担相应的法律责任。法院在审查何种变更行为是"恶意"时,应重点关注:① 变更法定代表人是否经过股东会决议以法定的公司表决程序而产生,且新任命的法定代表人对此变更与涉诉债务之间的关联性是否知情等情况;② 变更原法定代表人是否基于法律规定的不适宜担任情形的出现;③ 债务清偿是否会受法定代表人变更行为的影响。对于不符合变更条件但已在工商登记机关进行的变更,符合条件的股东、被执行人、利害关系人可以请求人民法院撤销其登记行为。

综上所述,关于公司实际控制人利用公司人格独立和股东有限责任规避风险的,必然会损害社会公众利益,也会影响公司发展和市场经济秩序的维护,从而妨碍社会

---

① 王守春:《公司实际控制人规避执行之反制——从执行权主观范围扩张的角度》,载《学术交流》2017 年第10 期,第 117—123 页。

② 姚芃:《法定代表人全部纳入信用管理体系,浙江严防企业非正常退出》,载《法制日报》2012 年 4 月 14 日第06 版。

诚信目标的实现。虽然诉讼是最常见也是最具有权威性和正规性的纠纷解决手段,但如果一切纠纷都采用诉讼的手段,必然会增加经济成本,浪费司法资源。因此需要完善法律法规,不仅包括实体法也包括程序法,从而努力实现各方利益平衡,建设社会诚信体系。

四、结　　语

《民法典》第七条规定"民事主体从事民事活动,应当遵循诚实原则,坚持诚实,严守诺言",以法律的形式再次明确了我国民商事经济领域纠纷处理要坚守诚实信用原则。将道德范畴的诚实信用原则写进法律,可见诚实信用不仅要体现在个人与个人之间,更应该体现在企业与企业乃至社会之间,也更加说明市场主体之间以及个人利益和社会利益之间各种冲突和矛盾的解决是民商事经济领域极力要实现平衡之价值之一。[1] 企业作为市场交易的重要参与者和经营者,必须要充分理解诚实信用原则的核心原理,在开展民事活动时要遵循这一基本原则,追求自身利益的同时不以损害社会利益为前提。与此同时,诚实信用原则作为一项基本原则,不仅在民商事经济领域纠纷解决中占有重要地位,也贯穿于企业经营主体整个市场经济领域的运作之中,是企业生产、经营和发展的法律依据。作为企业经营者,企业法定代表人必须牢记和落实该原则,在追求利益的同时,维护市场交易的良性运作和秩序稳定,实现企业领域的良序善治。

---

① 李婵:《〈民法典〉诚信原则对企业市场行为的规范意义》,载《企业家日报》第 2020 年 7 月 2 日第 03 版。

欺诈发行责令购回的法律属性及制度实现

鲍彩慧[*]

摘要：《证券法》对上市公司欺诈发行责令购回制度作出了原则性规定，但尚缺少法律内涵的解析和具体机制的构建。从多维度分析其法律属性，欺诈发行购回是一种证券欺诈责任和证券欺诈民事责任的实现方式，欺诈发行"责令"购回的本质是一种行政裁决行为。在法律特征上，欺诈发行购回责任的主体具有多元性，责任内容和目的具有补偿性和惩罚性，证券监管机构作出的责令购回裁决具有准司法性。在此基础上，要对欺诈发行购回责任的多元化主体设置差异化的责任分配机制，确定回购证券的范围和回购价格，并设置欺诈发行责令购回的实施程序与救济措施，以促进其制度价值的实现。

关键词： 欺诈发行　责令回购　证券欺诈责任　证券监管

近年来，上市公司欺诈发行行为日益成为证券市场监管和法制完善所关注的对象。在注册制试点展开和推进的背景下，新《证券法》第24条规定针对欺诈发行并上市的行为，规定了发行人及相关责任方的责令购回股票制度。

关于欺诈发行责令购回制度的研究，最早见于香港"洪良国际欺诈上市案"，在该案处理过程中，香港证监会以香港地区《证券及期货条例》第213条规定为依据，向香港高等法院申请要求洪良国际向公众公司回购股份，"强制当事人恢复交易之前状态"。对此，有观点建议内地亦应当借鉴香港模式，对欺诈发行主体规定"回购责任"，既可以迫使其"吐出"违法收益，又是救济投资者的一种途径。[①] 在规则层面，2013年证监会

---

　*　法学博士，华东政法大学博士后流动站联合培养博士后。

① 参见王玮、夏中宝：《"洪良国际案"对境内欺诈上市案件查处的启示——以"绿大地案"为比较分析样本》，载《证券法苑》2012年第2期；曾斌、吴锦宇：《证券发行欺诈投资者保护的国际新模式——香港洪良国际案例的法经济学分析》，载《金融法学家》第5辑，中国政法大学出版社2014年版，第552页；赵晓钧：《证券投资者保护民事责任法律制度的完善——以香港市场经验为借》，载《证券法律评论》2017年卷。

《关于进一步推进新股发行体制改革的意见》中就规定,上市公司发行人及其控股股东应在公司公开募集及上市文件中,作出欺诈发行情况下的回购承诺;[①]2019 年 3 月,中国证监会发布的《科创板首次公开发行股票注册管理办法(试行)》(简称"《科创板注册管理办法》")第 68 条规定,对发行人欺诈上市的,可以责令上市公司及其控股股东、实际控制人在一定期间从投资者手中购回本次公开发行的股票;2019 年 12 月,新《证券法》获得通过,并在法律层面作出了欺诈发行责令回购的基本规定。

至此,《证券法》为欺诈发行责令购回机制提供了法律依据,上市公司欺诈发行的购回机制从监管规则要求的购回"承诺"转变为法律层面规定的"责令"购回,是完善欺诈发行法律责任制度、惩戒和预防违法行为、保护投资者利益的重要制度安排。但同时,有学者亦认为"由监管机构等主导的投资者赔偿(补偿)模式",恐难以成为中国大陆证券欺诈上市民事责任制度的主导模式。[②] 因此对于欺诈发行责令购回机制,还需要进一步释义其法律属性和特征,为具体的机制实施提供法律基础。

一、欺诈发行责令购回的法律属性

《证券法》赋予了欺诈发行购回机制以法律基础,预示着股票发行注册制下对欺诈发行行为的严肃态度,但是这一从自治性"承诺"到行政性"责令"的转变,使欺诈发行购回的定位成为一种"公法目的下有限私法自治"的特殊法律责任实现方式,[③]但责令性行政行为本身就没有统一的定义和认识,证券法视野下欺诈发行"责令"购回的法律属性问题更需要在综合法域下进行分析。

(一) 欺诈发行购回是一种证券欺诈责任

上市公司欺诈发行本身是一种在证券发行过程中的证券欺诈行为,证券发行是发行人依照法律规定在发行市场向投资者作出发行证券的要约邀请、要约或者销售行为。证券发行市场由证券发行主体、证券中介机构、证券投资者以及证券监管部门构成,是整个证券市场运行的重要组成部分。通过发行证券,发行人可以在证券市场中筹集到大量资金,与银行间接融资的形式还不相同,直接融资无需还本付息。在超

---

① 《关于进一步推进新股发行体制改革的意见》中规定:"发行人及其控股股东应在公开募集及上市文件中公开承诺,发行人招股说明书有虚假记载、误导性陈述或者重大遗漏,对判断发行人是否符合法律规定的发行条件构成重大、实质影响的,将依法回购首次公开发行的全部新股,且发行人控股股东将购回已转让的原限售股份。"

② 汤欣、谢日曦:《从洪良国际案到证券民事赔偿》,载《证券法苑》2014 年第 3 期。

③ 孙秀振:《欺诈发行责令回购股票制度:目标定位及现实构建》,载《证券市场导报》2019 年第 5 期。

高募集资金量的利益驱使下,发行主体可能通过擅自发行、欺诈客户、隐瞒重要事实或者编造重大虚假内容等违法行为来骗取证券发行或维持公司上市,诸如银广夏、绿大地、欣泰电气等证券市场违法事件即是例证。

当前,针对欺诈发行行为,我国《刑法》规定了"欺诈发行股票、证券罪"的刑事责任;《证券法》第181条规定了对股票发行人、控股股东、实际控制人的罚款处罚;就民事责任而言,原《证券法》只规定了欺诈发行者尚未上市的情况,则发行人应承担将资金返还证券持有人的责任。有学者认为当前诸多证券发行人选择"铤而走险"的原因之一,是我国证券欺诈发行法律责任较轻、实施不到位,使得违法成本及收益不成比例,"等于鼓励发行人实施违法行为"。[①] 2019 年新修订的证券法,在第 24 条增加了第二款内容,即对欺诈发行股票并上市的责令回购机制。从法律条文的体系解释来看,其与第一款关于欺诈发行尚未上市的主体民事责任规定一起,构成了对欺诈发行欺诈民事责任机制的相对完整的规定,因此发行人、相关控股股东、实际控制人的购回证券责任实际上是一种证券欺诈责任。

在注册制的背景下,欺诈发行购回责任实质上是一种证券发行信息披露责任。证券发行注册制的目的之一即是实现证券发行市场的市场化,而注册制的核心就是信息披露,尤其是指证券发行信息披露。发行信息披露是证券发行人的一项法定义务,在给予发行人证券发行权最大化的情况下,根据权义对等原则,发行人及相关主体应就信息披露义务等承担相应的,甚至是更重的法律责任。责令购回责任正是在《证券法》规定证券发行注册制的背景下,得以正式引入,其作为一项证券欺诈责任,目的即在于强化证券发行的法律责任,强化发行信息披露,以确保发行公司和证券的信息真实性。因此,责令购回责任就是针对证券发行信息披露而设置的证券欺诈责任,从规制对象和规制目的上来看,其是一种证券发行信息披露责任,可以敦促证券发行信息真实,保护证券投资者。

(二)欺诈发行购回责任是一种证券欺诈民事责任

证券欺诈发行购回责任的设置,之于整个证券市场管理和制度建设而言,具有助于证券发行市场化进程的推进、加强证券市场管理功能、强化多元化责任并阻吓证券欺诈发行行为的公法逻辑。但是在私法视野下看欺诈发行购回责任,发行人的购回责任实质上是一项针对欺诈发行行为而面向投资者的民事责任。

---

① 管晓峰、王崇能:《股票发行注册制下发行人责任规制研究》,载《金融服务法律评论》第 8 卷,第 109—121 页。

证券欺诈责任根据产生前提、功能目标和实现机制的不同,可以分为民事责任、行政责任和刑事责任。对于欺诈发行,《刑法》第 160 条规定了"欺诈发行股票、债券罪",《证券法》设置了警告、罚款的行政处罚,还规定需要向因此遭受损失的投资者承担民事责任。欺诈发行购回责任的责任主体和对象是欺诈发行一方和投资者一方,是平等主体之间违反证券法律规定而因此承担的法律责任,区别于行政主体与行政相对人之间的行政责任关系。责任形式表现为购回证券,但实际上是一种财产责任,这也与以剥夺人身自由为主要责任形式的刑事责任有所不同。欺诈发行购回责任的实现,是通过证券发行人向投资者返还证券认购资金并购回证券,表现出与证券交易相似的逻辑,具有鲜明的私法属性,因此也应认为欺诈发行责令购回是一种特殊形式的证券欺诈民事责任。

一般认为,追究证券欺诈行为责任主体民事责任的方式是民事诉讼。但从现实情况来看,我国投资者民事诉讼救济机制尚不健全,欺诈发行民事责任的诉讼追究更无有力的制度支撑:仅针对证券市场虚假陈述行为的诉讼有裁判意见,针对欺诈发行的民事诉讼尚无针对性的规定提供依据;在诉讼形式上,我国证券欺诈民事诉讼的运行机制仍在实践中推进和完善;在具体的责任认定、责任分配和责任实现等关键问题上都尚未有统一意见。引入欺诈发行责令购回这一新形态的民事责任承担形式,有利于切实保护证券市场健康发展、维护证券市场民事活动秩序的公平正义、提升投资者权益保护的效果。[①]

（三）欺诈发行"责令"购回是一种行政裁决行为

在《证券法》将欺诈发行购回责任正式"入法"之前,其就具有相应的法律基础,《证券法》只是将该责任进行了固定和明确。但值得注意的是,《证券法》对欺诈发行购回责任设置的触发条件是国务院证券监督管理机构的"责令",因此完整地理解欺诈发行购回机制,还需要在行政法的语境下分析欺诈发行"责令"购回的法律定位。

对于"责令",其基本的解释是责成、命令,在行政法领域尚没有一个统一的法律性质定位。责令性行政行为之所以难以达成统一认识,是因为诸多法域、诸多法律规范中存在着诸多"责令"的表现形式,以新《证券法》法律条文为样本分析,"责令"在38 个法律条文中出现了 53 次,类型化地看(见表 1):按文义表述,责令性行政行为

---

① 赵晓钧:《证券投资者保护民事责任法律制度的完善——以香港市场经验为借》,载《证券法律评论》2017年卷。

有责令改正、责令停止违法行为、责令暂停业务或停业整顿、责令购回证券、责令处置证券、责令更换管理人员等表现形式;按法律责任针对的对象,责令性行政行为可以分为内部责令性行政行为和外部责令性行政行为;从责任适用方式的角度,又有单独适用、作为行政处罚或其他制裁措施的判断条件、在责令性行政行为后继续做出行政处罚、责令性行政行为与其他行政处罚或制裁措施选择适用、责令性行政行为与行政处罚或其他制裁措施并列适用等诸多类型。

表 1 《证券法》中的"责令"规定

标准	具 体 类 型	典 型 法 律 规 定
文义表述	责令改正	第 140 条(证券公司合规管理责令改正);第一百八十二条(保荐人出具虚假陈述保荐书者责令改正)等
	责令停止违法行为	第 180 条(擅自发行证券者责令停止发行)
	责令暂停业务、停业整顿	第 143 条(责令违法经营的证券公司停业整顿)
	责令购回证券	第 24 条(欺诈发行责令购回)
	责令处置证券	第 187 条(违反证券市场禁入规定者责令依法处理股票)
	责令更换管理人员	第 142 条(证券公司管理人员未尽勤勉义务责令更换)
针对对象	内部责令性行为	第 187 条(违反证券市场禁入规定者责令依法处理股票)
	外部责令性行为	绝大部分属于外部责令性行政行为
适用方式	单独适用	第 24 条、第 180 条等
	作为行政处罚或其他制裁措施的判断条件	第 80 条(对"重大事件"的判断)
	在责令性行政行为后继续做出行政处罚	第 140 条(证券公司合规管理责令改正,未改正者继续采取措施)
	责令性行政行为与其他行政处罚或制裁措施选择适用	第 143 条(证券公司违法经营的监管措施)
	责令性行政行为与行政处罚或其他制裁措施并列适用	第 190 条—第 212 条等法律责任规定

因为责令性行政行为的复杂多样性和特殊性,因此无法也不应试图将其归入某一类行政行为。如责令改正、责令停止违法行为属于一种行政命令,[①]责令停业整顿属于一种行政处罚。对于"责令购回"这一证券法中新的行政行为,笔者认为从法律属性上来看,欺诈发行责令购回属于一种行政裁决行为。

行政裁决行为,是指行政机关以居中第三者的身份,责令相对人为一定法律行为,一般是行政主体责令相对人承担民事责任。[②] 对于欺诈发行责令购回这一行政行为而言,欺诈发行购回责任本身是一项证券侵权责任,从民事法律责任的角度分析,其亦有相应的私法逻辑。换言之,欺诈发行购回责任本身依据证券侵权责任规则或民法规则就可以解决,只是证券监管机构通过"责令"这种行政行为手段使责任得以实现,因此符合行政裁决行为的法律性质内涵。一方面,从实施前提来看,欺诈发行购回的前提是责任主体违反了证券法的规定欺诈发行,而非违背了行政法上的义务。因此,欺诈发行责令购回不属于行政命令、行政处罚、行政强制措施这类违反行政法规定的法律行为。另一方面,从欺诈发行责令购回行为的实施力度来看,其不属于行政命令或行政处罚一列,因为欺诈发行责令购回本身并不具有制裁性,不具有直接强制的作用,其目的实现有赖于相对人的主动配合,其目的也不是制止和预防违法行为,而是为了让欺诈发行责任主体履行其应当履行的证券欺诈民事赔偿责任。

《证券法》引入欺诈发行责令购回机制,使行政机关介入欺诈发行责任承担的过程,为投资者利益提供了公权力保护,并期待实现预防和减少证券发行行为的目标。从行政法的视角分析欺诈发行责令购回的运行机制,并给定其行政裁决的具体法律属性,是进一步分析其特征、构建和完善具体运行制度的重要前提。

二、欺诈发行责令购回的法律特征

(一) 欺诈发行购回责任主体的多元性

证券欺诈发行回购责任是证券欺诈责任中的一种特殊类型,虽然责任形式表现为"回购",但是与一般意义上的"公司回购本公司已发行股份"的股份回购有本质上的不同,即欺诈发行购回责任的"责任"属性。而上市公司回购股份与欺诈发行购回责任的差异之一是欺诈发行购回责任的多元化责任主体。

[①] 杨生:《论"责令"性行政行为的性质及类属》,载《行政法学研究》1997 年第 3 期。
[②] 胡建淼、吴恩玉:《行政主体责令承担民事责任的法律属性》,载《中国法学》2009 年第 1 期。

《证券法》第 24 条规定,欺诈发行购回的责任主体是发行人或者控股股东、实际控制人;同时,第 163 条规定,若证券服务机构出具的发行文件有虚假记载、误导性陈述或者重大遗漏并造成他人损失者,应当与发行人承担连带赔偿责任。因此,可能承担欺诈发行购回责任的责任主体包括证券发行人、控股股东、实际控制人和证券服务机构,其间逻辑在于证券发行是一种多方主体参与的共同法律行为,对于欺诈发行行为本身就可能存在诸方违法主体,因此在责任承担上,违反证券发行相关法律规范者皆有可能承担违法责任。

(1)对于发行人承担责任,如前所述,其作为证券发行合同的当事人,在证券欺诈发行的场合应当当然地承担合同利益返还责任。

(2)至于控股股东、实际控制人这一类责任主体,也有学者认为因为证券发行的实际决策者、真正受益者是原始股东,所以证券发行实质上是原始股东和投资者之间形成的投资合同关系。[①] 虽然一般而言,公司原始股东或言控股股东在发行过程中处于核心地位,但从合同相对性角度来看,发行过程中投资者的交易对手是具有独立人格的发行人实体,对于控股股东、实际控制人等主体,在无法定约束和约定介入的情况下,其缺乏承担责任的合同法基础。但在既有的证券发行监管逻辑下,发行人的控股股东、实际控制人均在公开募集及上市文件中公开承诺,若发行人欺诈发行将"依法回购首次公开发行的全部新股"。在此情况下,控股股东、实际控制人对发行主体履行证券发行合同作出了履约担保,其回购责任的责任基础在于其"承诺"。同时,值得注意的是,控股股东、实际控制人是公司实际业务的执行者和经营者,应承担注意义务(duty of care)和忠实义务(duty of loyalty),因此不得滥用权利损害公司以及其他股东利益,尤其应严格禁止欺诈行为。[②] 因此,若控股股东或实际控制人在公司欺诈发行过程中未尽注意义务或违反了忠实义务,则应承担相应责任,此时其责任基础并非发行合同无效的合同责任,而是基于其本身义务的违反和相应责任的承担。

(3)同时,在证券发行中,证券服务机构亦有违法动机,若证券服务机构在欺诈发行中存在违法行为,其当然地要承担共同侵权责任。在强化中介机构监管、落实中介机构责任和加强投资者保护的政策指导下,保荐机构等证券服务机构甚至需要在《招股说明书》中做出先行赔付承诺,《证券法》第 93 条也对先行赔付机制做出了原

---

① 陶好飞、李培华:《股票欺诈发行及其立法检讨——以〈证券法〉第 189 条为中心》,载《兰州学刊》2013 年第 12 期。

② 参见王保树、杨继:《论股份公司控制股东的义务与责任》,载《法学》2002 年第 2 期。

则性规定。因此,以证券服务机构在欺诈发行购回责任为典型,是监管机构对中介机构市场进行规范和引导的有力之举。

(二)欺诈发行购回责任的补偿性和惩罚性

传统民法认为,损害赔偿应以补偿性为特征,承担民事责任应遵循"同质补偿"原则。[①] 欺诈发行购回责任作为一种证券欺诈民事赔偿责任,其对进行投资者救济的基本特征也具有补偿性,责任实质是因发行合同无效而产生的"返还财产"责任,是恢复原状救济手段的证券法表达。

我国《合同法》第 15 条以列举的形式将招股说明书归类为要约邀请,投资者通过网上作出下单指令即为要约,[②]发行人再作出向特定投资者发行证券的承诺,投资者与发行主体之间的证券发行合同即告成立。因此,在证券发行环节,在发行人与投资者之间形成了发行合同。发行人通过隐瞒重要事实或者编造重大虚假内容,使投资者与之成立发行合同,因此属于"以欺诈手段订立的合同",而欺诈发行行为本身违反法律规定,欺诈发行的后果会破坏证券市场正常秩序、损害国家利益,因此欺诈发行行为以及因此形成的发行合同为无效合同。

针对无效合同,《合同法》第 58 条规定了合同无效后的财产处理方式,《中华人民共和国民法总则》第 157 条承继了《合同法》规定的无效法律后果:返还财产、折价补偿与赔偿损失。[③] 其中,折价补偿属于返还财产的补充形式或者例外形式,在逻辑上和体系上属于广义的返还财产;赔偿损失是权利人请求返还财产或折价补偿之后的请求。[④] 处理无效合同首先要遵循恢复原状的原则,即使合同当事人的财产关系恢复到合同订立前的状态。[⑤] 欺诈发行购回责任的运行逻辑,是发行人等与投资者作为合同双方,进行发行证券与认购金之间的互相返还,达到使法律效果恢复到欺诈发行前的状态。恢复原状是法律对合同效力否定的直接体现。[⑥] 因此,从合同法的角度考量,《证券法》针对欺诈发行无效合同的"购回"责任,其实质是欺诈发行主体针对无

---

① 张弛、韩强:《民法同质补偿原则新思考》,载《法学》2000 年第 3 期。
② 沈朝晖:《我国的招股意向书为什么不是要约——来自首次公开发行实践的考察》,载《金融法苑》2008 年第 4 期。
③ 《中华人民共和国合同法》第 58 条规定:"合同无效或者被撤销后,因该合同取得的财产,应当予以返还;不能返还或者没有必要返还的,应当折价补偿。有过错的一方应当赔偿对方因此所受到的损失,双方都有过错的,应当各自承担相应的责任。"
④ 付一耀:《无效合同的返还与占有恢复关系返还的冲突与区分》,载《佛山科学技术学院学报(社会科学版)》2018 年第 2 期。
⑤ 隋彭生:《合同法要义》,中国政法大学出版社 2005 年版,第 193 页。
⑥ 参见李永军:《合同法》,法律出版社 2004 年版,第 406 页。

效发行合同所承担的恢复原状的民事责任,旨在通过已欺诈发行证券的购回操作实现对投资者的直接救济和同质补偿。

欺诈发行购回责任的补偿性是矫正正义实现的体现,以回购证券的形式来使投资者的利益恢复到欺诈发行行为之前的状态。但"惩罚对于法律的实施,至关重要",①因此欺诈发行购回责任不仅应强调其作为一种民事赔偿责任的补偿性,在证券欺诈发行的场域,欺诈发行购回责任还应当具有惩罚性的特征。因为证券欺诈发行是一种证券违法行为,欺诈发行责任主体的不当得利直接或间接来源于广大投资的损失,所以要强调向有损害的投资者返还不当得利进行补偿性救济,而且还应体现出对证券欺诈发行的遏制态度,使欺诈发行购回机制从救济功用向惩罚功用延伸。应当予以释明的是,欺诈发行责令购回责任本身仍是补偿性的,而非惩罚性的;惩罚性是在后续制度设计和利益衡量方面需要体现的特征。

（三）欺诈发行责令购回的准司法性

除了《证券法》中的欺诈发行责令购回行为之外,法律规范中还存在着其他行政机关责令相对人承担非行政责任的行为,如《中华人民共和国电力法》中第67条规定,因减少农业和农村用电指标而致使他人产生损失的,"责令赔偿损失";《中华人民共和国计量法》第26条规定,因使用不合格的计量器具,造成国家和消费者损失的,"责令赔偿损失"。欺诈发行责令购回实质上也是一种"责令赔偿损失",是证券监管机构责令欺诈发行责任人赔偿投资者损失、恢复证券市场正常秩序的行为。但是一般这些"责令"规定设置在"法律责任"部分,与行政处罚、行政强制措施等位列同席,因此往往只看到了责令性行政行为的"行政性",而忽略了其作为一种行政行为的"裁决"属性。欺诈发行责令购回行为作为一种行政裁决行为,证券监管机构以居中第三者的身份,责令欺诈发行相关责任人承担证券欺诈民事赔偿责任,具有准司法性的特征。

一般情况下,立法机关乐于将执行权力授予行政机关,以取代或补充私人执行,②但在证券市场中,私人诉讼机制在整个证券法律实施中的重要意义早已成为一个基本共识。一个运行良好的证券市场法律制度中,监管公权力不可能也不必要垄断一切事务,《证券法》及相关配套制度也提升了证券私人诉讼的地位,但不容否认的是,当前我国证券法律实施机制仍是由政府性证券监管为主导的。③ 在我国证券法律实

① 阳庚德:《私法惩罚论——以侵权法的惩罚与遏制功能为中心》,载《中外法学》2009年第6期。
② See Jackson, Howell E. "Variation in the Intensity of Financial Regulation: Preliminary Evidence and Potential Implications", Social Science Electronic Publishing 2 (2007): 253-291.
③ 参见缪因知:《中国证券法律实施机制研究》,北京大学出版社2017年版,第270—273页。

施机制的权力分配现实之下,针对欺诈发行民事赔偿的责任实现,设置一种经由具体行政行为来责令作为私主体的违法者向另一私主体承担责任的机制,此时证券监管机构责令责任主体承担欺诈发行购回责任与证券诉讼中对证券侵权纠纷的裁判并无实质性区别,只是在平等主体之间的证券欺诈民事赔偿法律关系中,又产生了行政法律关系。基于欺诈发行责令购回行为的裁决性本质和证券监管机构的中立性地位,欺诈发行责令购回不同于证券私人诉讼的"司法性",具有准司法性的特征。在研究和推行股票发行注册制的大趋势下,证券监管机构的监管重心本身即应事先由前向后挪移和扩展,而逐渐发展成一个"准司法机构",专注于证券行政执法和准司法工作,是证券市场发展和注册制实质性推进的要求。[1]

我国证券监管执法一直以来侧重于威慑式执法策略,而这一执法策略并未达致相应理想的监管效果。[2] 司法者和行政机关的思维方式、程序性要求都是不同的,因此强调欺诈发行责令购回的准司法性,是为了提示证券监管机构执法在思维方式和具体程序问题上,都需要作出区别于其他威慑式执法行为的差异化制度安排。

三、欺诈发行责令购回机制的具体实施

(一) 多元化责任主体的差异化责任分配

在当前《证券法》对欺诈购回责任主体的多元化安排下,从外部效应看可以最大限度地保障投资者受损利益的恢复;但在内部,发行人、控股股东、实际控制人和中介机构等责任主体之间尚缺少具体的责任分担机制安排。因此,需要从归责原则、责任形式和责任承担顺序方面设置差异化的责任机制安排。

1. 差异化的归责原则

针对发行人,其对欺诈发行行为应当承担严格责任。只要存在证券欺诈发行行为,发行人作为发行合同的合同相对方和欺诈发行行为的直接责任人,存在隐瞒关于证券发行的重要事实或者编造虚假信息的行为,就应当承担证券赔偿责任,因此即应无条件承担欺诈发行购回责任。

对于发行人的控股股东、实际控制人,在非承诺购回的情况下,从法定责任的角

---

① 参见蒋大兴:《隐退中的"权利型"证监会——注册制改革与证券监管权之重整》,载《法学评论》2014年第2期。

② 张红:《走向"精明"的证券监管》,载《中国法学》2017年第6期。

度分析,如前所述,其承担责任的基础是对信义义务、忠实义务的违反,意即其承担责任是有条件的过错责任,当对于证券欺诈发行行为存过错而负有责任时,控股股东、实际控制人才应承担欺诈发行购回责任。

证券公司、会计师事务所、律师事务所等证券中介服务机构这类责任主体,相对于发行人而言,在证券发行欺诈过程中获得信息的完整度、有效性以及最终获利都相对有限,若承担与证券发行人一样的严格、无过错责任,实则过于严苛;但是相较控股股东、实际控制人又有相对的优势,承担同等的过错责任亦不适宜。因此对于证券中介服务机构归责采取过错推定责任原则最为合宜。除非证券中介机构可以举证证明自己在证券发行过程中已经充分尽职,并无过错,否则即应承担责任。

2. 差异化的责任形态

《证券法》对回购责任主体的表述是发行人"或者"控股股东、实际控制人;《科创板注册管理办法》中提及的回购责任主体包括上市公司"及"其控股股东、实际控制人,可见对欺诈发行购回责任主体之间的具体责任分配可能存在不同理解。同时,《证券法》第24条第一款,针对欺诈发行已经发行尚未上市的情况,法律明确规定控股股东、实际控制人以及保荐人应当与发行人承担"连带责任",但是在第二款欺诈发行并上市的责令购回责任,却并未明确是否应当承担连带责任。因此,欺诈发行购回责任主体的具体责任分配,是否应当承担连带责任在法律层面尚未给予明确答案。

笔者认为,针对欺诈发行行为,应当明确欺诈发行责任"连带观",欺诈发行责任主体应对购回责任向投资者承担连带责任。尤其是在注册制下,发行信息披露对投资者利益和证券市场正常运行意义重大。在审核制下,证券发行的价格、证券质量等受到严格审查,投资者因此可以信赖经审核机关"过滤"过的披露信息;但是注册制下,市场化发行使得息披露的真实性责任向证券发行人一端转移,因此应当强化发行阶段相关主体的连带责任机制。[1] 证券欺诈发行责任主体之间负有共同的义务责任,向投资者承担连带的回购责任,可以强化发行责任的"共同性"意识。

当然,欺诈发行购回责任主体之间承担连带责任也是对投资者一端的"连带",是对投资者弱势地位的肯认和保护。在连带责任的范围方面,不仅归责原则存在差异化,相应责任范围也存在差异化。控股股东、实际控制人承担过错责任,其应当在"过

① 参见刘云亮:《注册制下证券发行信息披露责任创新制度研究》,载《证券法律评论》2016年卷;蒋大兴:《隐退中的"权利型"证监会——注册制改革与证券监管权之重整》,载《法学评论》2014年第2期。

错"范围内与发行人承担连带赔偿责任。证券中介机构的责任承担采取过错推定原则,若证券中介机构存在主观故意,则应与发行人直接履行连带赔偿责任;反之,应在责任主体内部进一步细化,就自身负有责任的部分承担连带赔偿责任。[①]

3. 差异化的责任承担顺序

承认欺诈发行购回责任的主体之间的连带责任形式,也与现实中欺诈发行责任实现的情况逻辑相同。虽然发行人应作为证券欺诈发行的首要责任主体,但实际上发行人可能没有充足的资金进行回购。如在"海联讯虚假陈述事件"中,公司大股东出资设立了补偿基金用以赔偿投资者;在"欣泰电气欺诈发行事件"中,发行人无法履行股份回购承诺,由保荐机构设立了先行赔付专项基金。因此不仅需要明确控股股东、实际控制人以及证券中介机构对回购责任的连带属性,而且必要时可以通过差异化的责任承担顺序,来从实质意义上保证欺诈发行证券的购回责任的真正实现。

从规则层面看,最高院发布的关于《为设立科创板并试点注册制改革提供司法保障的若干意见》第 5 条规定,若发行人的控股股东、实际控制人指使发行人从事欺诈发行的,可以判令其"直接向投资者承担民事赔偿责任"。此外,《证券法》第 93 条实现了先行赔付机制的正式入法,规定发行人因欺诈发行而给投资者造成损失的,发行人的控股股东、实际控制人、相关的证券公司都可以予以先行赔付。因此,在欺诈发行股份回购责任中,投资者若因为发行人的欺诈发行行为而遭受损失的,可以责令有过错的控股股东、实际控制人直接、先行购回证券持有人的证券,以保障购回责任的实现;发行人的控股股东、实际控制人、相关的证券公司可以委托投资者保护机构,就赔偿事宜与受到损失的投资者达成协议,先行向投资者进行赔付,赔付后其可依法对发行人及其他连带责任人进行追偿。

值得注意的是,控股股东、实际控制人以及证券服务机构的先行赔偿责任并非责任转移,其责任形态还是一种连带责任,只是为了充分保护投资者权益的一种机制安排。先行赔付机制是通过相关主体根据意思自治原则签订先行赔付协议,将侵权关系转化成特定责任主体与投资者之间的合同关系,由于此时尚未进行诉讼或仲裁,各个责任主体的责任尚不明确,因此先行赔付实际上是控股股东、实际控制人等责任主体对自己责任和他人责任的先行垫资行为,属于侵权责任人与被害人之间的民事和

[①] 参见陈洁:《证券欺诈侵权损害赔偿研究》,北京大学出版社 2002 年版,第 146 页。

解。先行赔付之后,其他欺诈发行的连带责任人之间尚应该进行内部责任分摊和处理,先行赔付人可以依据自身责任情况,对超出自己赔偿责任的部分向其他责任主体追偿,以避免投资者权利泛化和欺诈发行责任主体惩罚缺位的局面。

（二）欺诈发行购回责任范围的确定

《证券法》规定以责令购回股份的方式来补偿和赔偿欺诈发行案件中的投资者,此模式在香港证券市场的"洪良国际案"中产生了积极效果。当前虽然在法律层面作出了原则性规定,但是回购责任主体在何种范围内承担回购责任? 以何价格为基准进行回购? 解决这两个问题是欺诈发行责令购回责任机制运行的核心问题,具体损害赔偿范围的确定应当体现欺诈发行购回责任的补偿性和赔偿性。

1. 回购范围

对于欺诈发行回购责任所涵盖的回购范围,《科创板注册管理办法》第 68 条规定,欺诈发行主体应在一定时期内购回"投资者"所持有的"本次公开发行的股票",欺诈发行回购责任的回购范围要同时考虑证券标的和证券持有主体两个标准。

从证券标的维度看,基于无效的证券发行行为,发行人应在证券发行层面恢复到欺诈发行前的状态,因此需要回购欺诈发行范围内的证券。但可能遗留的问题是,发行人可能存在多次发行行为,而证券作为一种高度标准化的金融商品,具体何种范围内的证券属于欺诈发行时所发行的证券,在证券市场实践中实际难以识别。[①] 因此,证券标的标准的意义不在于确定要回购哪些证券,而是为欺诈发行责任主体框定其所应该购回证券的整体范围。

对于证券持有主体标准,类比最高院《关于审理证券市场因虚假陈述引发的民事赔偿案件的若干规定》对虚假陈述行为所应赔偿的投资者范围逻辑,在"市场欺诈理论"的基本假设下,当推定在欺诈发行实施日后、揭露日之前买进相关证券并且在揭露日后仍然持有相关证券的投资者,是因为信赖欺诈发行的信息而买入,因此其持有证券的行为与欺诈发行行为推定有因果关系。如果投资者在欺诈发行行为揭露日之前就已经卖出股票,其并不存在"购回"的标的,如果以"损失赔偿"为责任内容,这部分投资者的买进、卖出,即使存有投资损失,这部分证券投资损失也应排除在证券欺诈发行违法行为的因果关系之外。因此,从证券持有主体的维度看,欺诈发行责任主体应向"自发行人首次公开发行,至欺诈发行揭露日期间买入股票,且在购回时仍然

① 参见汤欣、谢日曦:《从洪良国际案到证券民事赔偿》,载《证券法苑》2014 年第 3 期。

持有股票的投资者"购回其所持股票。

2. 回购价格

通过检索当前在科创板发行上市企业的公开披露文件,科创板企业都作出了关于欺诈发行购回的相关承诺:有公司明确了回购价格,承诺若公司欺诈发行,将以"本次公开发行股票的发行价格加上同期银行存款利息"回购;[①]有的公司承诺若公司欺诈发行并上市交易,将"以发行价为基础并参考相关市场因素确定"回购价格;[②]还有公司仅作出了回购承诺,但是并未明确回购价格。[③] 在"洪良国际案"中,发行人以公司"停牌日"前一日的市场交易价为回购价格回购证券持有人的股票。在规范层面,根据中国证监会《欺诈发行责令回购办法(征求意见稿)》第 4 条规定,应以市场交易价格作为回购价格,在投资者的买入价格和市场交易价格存在出入的情形下,以两者价格中较高者来确定回购价格;《科创板注册管理办法(征求意见稿)》中也曾提出以投资者买入价和股票市场交易价之间高者为准,但在正式稿中未采该条的内容。有学者认为这种回购价格的确定标准在实际操作中可能会面临很多问题。[④] 由此可见,关于回购价格的问题,在市场实践和理论研究方面尚需进一步讨论和研究。

对此,笔者认为,首先,从欺诈发行合同"恢复原状"法律后果的角度看,欺诈发行购回责任的购回价格应当以投资者的买入价为基准。在欺诈发行实施日后、揭露日之前买进相关证券并且在揭露日后仍然持有相关证券的投资者群体,其买入证券的价格可能是证券发行价,对于这部分投资者的购回价格以发行价格为基准;另有一部分投资者,并非以发行价格而是在二级市场上以当时的市场价买入证券,对此,发行人购回证券时以投资者的买入价格为基准,若投资者存在多次买卖,则取平均买入价格。这是证券欺诈回购责任补偿性和赔偿性特征的要求。其次,若仅以投资者买入价为购回价格,当欺诈发行揭露日的股票市场交易价低于投资者买入价时,购回价格不应随之调整,也无需考虑所谓"相关市场因素"进行扣除,这是为了充分保护投资者利益、实现法律状态和经济利益的状态恢复,也是证券欺诈回购责任补偿性和赔偿性特征的体现。反之,当欺诈发行揭露日的股票市场交易价高于投资者买入价时,以高者定价进行回购,将会在结果层面使投资者不当获利,而责令回购

① 参见"青岛高测科技股份有限公司科创板首次公开发行股票招股说明书"。
② 参见"万德斯公司首次公开发行股票科创板上市公告书"、"泽璟制药首次公开发行股票科创板上市公告书"。
③ 参见"康希诺生物股份公司科创板首次公开发行股票招股说明书"。
④ 孙秀振:《欺诈发行责令回购股票制度:目标定位及现实构建》,载《证券市场导报》2019 年第 5 期。

制度本应是通过一个相对合理的价格购买投资者手中的股份，以便投资者及时止损的机制设计。[①] 若投资者认为回购价格低于市场价，应注意欺诈发行回购的义务主体针对的是欺诈发行责任主体，而非投资者主体，因此其并无配合回购的强制性义务，投资者有另择证券交易对象或继续持有证券的权利。此外，以买入价配合责任主体回购的投资者，若最终存在投资损失，还可以选择民事赔偿程序向责任主体追究责任。最后，因为证券发行行为的本质是融资，因此责任主体以投资者买入价格回购证券，应当加上自投资者买入证券到欺诈发行责任主体购回证券期间的同期银行存款利息。

（三）欺诈发行责令购回的实施与救济

1. 欺诈发行责令购回的程序与内容

证监会的行政执法是我国证券监管的基础和主干，在《证券法》的授权下，证券监督管理部门可以对欺诈发行下的购回责任进行裁决。应注意的是，欺诈发行责令购回行为虽然具有"准司法性"，但本质上依然是一种行政权，是一个有法律效力的具体行政行为。因此，证券监管部门作出责令购回的行政裁决应遵循公开原则，包括程序公开和内容公开。

在程序上，欺诈发行责令购回行为的准司法性特点也要求证券监管机关作出裁决行为应体现程序公正。责令购回是附随于欺诈发行的认定、处罚之上的，其前提是证券监管机关已经认定欺诈发行行为的存在。因此，责令购回的裁决可以与行政处罚的决定同时做出，同时赋予行政相对人以陈述、申辩的权利，与责令购回裁决相关的利害关系人可以查询并主张权利。同时，欺诈发行责任主体可以要求举行听证。

在内容上，在英国"Tesco 公司虚假陈述责令赔偿案"中，英国金融行为局责令责任主体向特定股票、债券投资者进行赔偿。在最终决定书中，英国金融行为局对索赔程序、责任人的赔偿责任安排、支付程序、赔偿程序的终止条件、责任人的定期报告义务等都作出了规定。[②] 可资借鉴的方法论意义是，证券监管部门的责令购回裁决在内容上，亦不应采取"极简主义"，而是应包含关于欺诈发行购回责任的关键要素，具体应明确欺诈发行的回购责任主体、回购证券范围和定价机制、具体责任承担分配以及回购期限等关键问题。

---

① 参见梁俊凯：《证券欺诈发行中的责令回购制度研究》，载《上海法学研究集刊》2021 年第 22 卷。
② 参见"Tesco 公司虚假陈述责令赔偿案最终决定书"，来源于 https://www.fca.org.uk/publication/final-notices/tesco-2017.pdf，2020 年 4 月 2 日访问。

2. 欺诈发行责令购回的执行与救济

责令购回裁决作为一种证券监管机关基于法定职权实施的行政行为,在法律效果上具有强制性。虽然欺诈发行责令回购的最终目的是为了实现民事责任的承担,但是也意味着监管机关实现证券市场管理的目标,因此责令购回的裁决一经做出,会在证券监管部门和欺诈发行购回责任的当事人之间形成行政法律关系,还内含着当事人之间的证券欺诈赔偿的民事法律关系。基于行政法律关系的属性,作为行政相对人的购回责任主体,必须自觉履行行政裁决设定的义务。若欺诈发行责令购回的责任主体对裁决不服,其也可以申请复议或提起诉讼;但若既不履行购回裁决,又未提起复议或诉讼,证券监管部门则有权依法采取强制执行措施甚至向法院申请强制执行。

若欺诈发行购回责任主体不服责令购回裁决,意图进行司法救济,行政裁决的"准司法性"、价值中立立场,都决定了与一般行政诉讼之间的不同。[①] 在双重法律关系和双重纠纷的构造下,人民法院受案后,既需要审查证券监管部门作出责令回购裁决的合法性,又必须要对欺诈发行侵权责任进行评断。在解决行政裁决纠纷的诉讼选择问题上,法律规定和理论研究并无统一意见。[②] 在欺诈发行责令购回的情况下,不能将行政相对人的异议作为证券类民事纠纷来处理,仍应该按照行政诉讼的基本原理,行政相对人不服欺诈发行责令购回的行政裁决,归于行政诉讼的受案范围。这是因为,如果法院以证券欺诈发行民事纠纷来处理,在审理内容上可能回避了对证券监管部门作出行政裁决的司法审查;在审理结果上,若审判结果与证券监管部门的裁决不一致,又会损害证券监管部门的权威性。通过行政诉讼,法院既可以审查欺诈发行责令购回裁决的合法性,也有权要求证券监管部门提供事实和法律依据,这是健全证券再监管机制的必然要求。

四、结　　语

引入欺诈发行责令回购机制,是公权力介入欺诈发行责任制度的体现,这将与投资者民事诉讼索赔"并驾齐驱",形成补偿投资者的双规机制。[③] 作为一种全新的制

[①] 参见陆平辉:《行政裁决诉讼的不确定性及其解决》,载《现代法学》2005 年第 6 期。
[②] 参见韩思阳:《行政裁决纠纷的诉讼选择》,载《政法论丛》2014 年第 4 期。
[③] 参见张子学:《虚假陈述案中民事司法与行政执法的协调衔接》,载《证券市场导报》2019 年第 4 期。

度,《证券法》做出的原则性规定为其奠定了合法性基础,但是其法律属性、制度特点以及具体实施方面仍待研究和完善。证券欺诈发行责令购回制度的建立,可能不是投资者对欺诈发行求偿的终点,但很有可能是注册制实质推进和证券发行法律制度完善的起点,但尚需要在借鉴境外成熟市场经验的基础上,结合中国实践实现欺诈发行责令购回的制度落地。

市场实务

我国证券期货适当性管理制度的反思与重构[*]

张志红[**] 陈丽媛[***] 文 雯[****]

摘要：对证券期货投资者适当性管理制度最直接的概括，即证券期货经营机构应将合适的金融产品销售给合适的投资者，其最终落脚点是为了保护投资者利益。自2007年起，我国投资者适当性管理制度的发展经历了起步、全面发展、规范实施三个阶段，形成了覆盖了法律、行政法规、部门规章、自律规则及其他规范性文件的主要规则体系。尽管我国投资者适当性管理制度已初步成形，但随着我国资本市场的不断发展，也面临着诸多问题。如何进一步完善证券期货投资者适当性管理制度，更好地通过投资者适当性制度规制资本市场各方参与者的行为，值得进一步的思考与研究。

关键词：投资者适当性 投资者分类 投资者保护

自我国首次引入证券期货投资者适当性管理制度的概念至今已有近二十年，目前以《证券期货投资者适当性管理办法》（以下简称"《适当性管理办法》"）为标志，我国在证券、期货、基金领域内建立了一套完整、统一适用的投资者适当性规则体系，但仍面临着诸多问题和挑战。本文将根据业务实践中的痛点、难点，对我国适当性管理制度的完善提出具体建议。

---

* 国泰君安证券股份有限公司承接中证中小投资者服务中心第6期课题研究工作并最终形成了《完善证券期货适当性管理制度研究》课题研究报告，本文为对课题研究报告部分观点的精简和提炼。

** 国泰君安证券股份有限公司合规总监。

*** 国泰君安证券股份有限公司法律合规部总经理助理。

**** 国泰君安证券股份有限公司金融产品业务法律合规主管。

一、把握基本原则和核心抓手

目前理论及实务界对于适当性管理制度的价值取向和基本要素已经形成共识，但在制度细节精准把握方面，不少观点、实操仍存在方向性偏差，究其原因，概未能整体有机解读"卖者尽责、买者自负"基本原则。对此，建议首先从以下方面明辨认识，突出核心。

（一）基本原则：厘清卖者尽责与买者自负的关系

买者自负与传统民法上的意思自治理论中的"契约自由""自己责任"原则一脉相承，均基于经济学上的"理性人假设"，但作为买者的投资者与作为卖者的经营机构在信息资源、专业能力、资产实力、交易地位等方面存在相当程度的差异和不对称，因此金融交易领域契约自由的绝对性需受到公权力的强制干预，将履行适当性义务的"卖者尽责"作为适用"买者自负"原则的前提。

但要求卖者承担适当性义务的制度目的是为了使得金融投资者能够在充分了解金融产品、服务的特征及风险的基础上作出自主决定，若将"卖者尽责"错误异化为"卖者全责"，将完全违背市场规则和法理原则。在证券期货经营机构（以下简称"经营机构"）履行卖者尽责义务后，即由投资者自行承担由此产生的收益和风险，否则契约自由与契约正义、金融市场健康发展与投资者权益保护等对等价值的平衡将因过度偏向后者而无法实现。

随着互联网飞速发展，人类进入了信息大爆炸时代，投资者与经营机构之间的信息不对称的现象在逐步改善，因此投资者适当性产生的"信息不对称"的理论基础也已有所改变。

（二）核心抓手：确立告知说明义务

1. 必要性、可行性

确立适当性义务的核心抓手，有利于经营机构完善内部适当性管理机制，有利于投资者、监管机构、司法机构督促、监督、审查适当性义务的切实履行。

一方面，告知说明义务是适当性义务三要素中了解客户、了解产品义务的结果要求（主要是了解产品）和适当销售的前提条件，能够实现三要素内涵的有机串联。对投资者而言，告知说明义务的履行是投资者能够真正了解各类金融产品或服务的投资风险和收益的关键，对投资者自主决策具有首要影响。最高人民法院观点即认为:"经营机构适当性义务实质可以分为两个层次,一是告知义务,二是适当推荐义务……告知说明义务是适当推荐义务履行的前提。"[①]

另一方面,对经营机构而言,了解产品后的告知说明义务相较适当性义务另外两要素——了解客户、适当销售义务来说,受投资者主观因素、外界客观限制影响较小,经营机构更具备履行能力。

2. 操作建议

(1)履行告知说明义务以了解产品为必然要求,以了解客户及适当销售为必要补充。告知说明义务应包括两方面事项内容:对产品各项属性及其风险的告知、对产品与客户承受能力是否匹配的告知。两项内容分别对应了解产品、了解客户的适当性义务内涵。

但应该认识到,内涵三要素对告知说明义务的影响并不完全相同。产品属性、风险作为最主要且客观的告知事项,必然依赖对产品的充分了解。而了解客户、适当销售受投资者主观因素影响较大,且以投资者自主决策为终局依据,其相应信息应当作为告知说明义务的补充。故了解产品是对经营机构履行告知说明义务乃至适当义务最为关键的核心要求。

(2)以主客观相一致标准作为评判告知说明义务的衡量标准,以最易理解附加突出重点的告知文本以及区别适用的告知形式作为履行告知说明义务的实操方案。相对较易把握的客观标准,因人而异的主观标准无疑对业务实操提出了难题[②]。在该概括性原则要求下,不同投资者群体的分类标准及其对应的告知说明标准欠缺统一、明确的指导规范,经营机构自身也难以给出肯定经得起事后监督、审查的合理结论。对此,建议,一方面,由监管机构、行业协会等统一制定明确、清晰的分类标准;另一方面,未形成通过统一的分类标准之前,经营机构可按就高原则,按照自身理解能力最差的适当投资者(风险承受能力最低)也能够正常理解的标准设计全面翔实而又突出重点的告知说明文本,同时针对高龄客户、盲人、聋哑人等群体采取专人讲解、语音讲述等形式进行特别告知。

(3)告知说明事项的必备内容。一是对产品各项属性及其风险的告知,包括产

---

① 最高人民法院民事审判第二庭编著:《〈全国法院民商事审判工作会议纪要〉理解与适用》,人民法院出版社2019年版,第426页。

② 《全国法院民商事审判工作会议纪要》(以下简称《九民会议纪要》)规定:"应当根据产品、投资活动的风险和金融消费者的实际情况,综合理性人能够理解的客观标准和金融消费者能够理解的主观标准来确定卖方机构是否已经履行了告知说明义务。"

品提供者、价款、费用构成及去向、资金使用方式、履行期限、实际收益的计算方法、各方权利义务与责任、金融产品的一般风险及该特定产品的特定风险、投资本金和收益可能发生的最大损失、合同的主要条款等信息。二是对产品与客户承受能力是否匹配的告知;不匹配而投资者仍决定购买的,经营机构应再进行不匹配风险告知,并由投资者予以确认(个别要求强制匹配业务除外)。

二、明确适当性管理标准

(一)厘清投资者分类逻辑

我国现有立法规则对于证券期货市场投资者的分类标准比较混乱,投资者的类型呈现层次纷杂、认定标准不清晰的情形,而专业投资者、普通投资者及合格投资者等投资者分类又普遍存在相互嵌套的情形。投资者适当性管理制度本质上是一项投资者分类保护制度,优化各类投资者的分类层级及认定标准,有利于切实保护投资者权益。

1. 将投资者分类为专业投资者、普通投资者,其中专业投资者可豁免合格投资者准入要求

我国目前各类投资者分类标准普遍存在相互嵌套的情形,特别是在创业板、港股通、北交所交易、退市板块交易业务、私募产品领域等均存在满足专业投资者认定标准即实质符合相应合格投资者准入要求的情况。对此,笔者认为,经综合评估被认定为专业投资者的客户,其资产状况、风险识别和承受能力、投资经验等各方面均已达到较高的标准,因此在购买相应的产品或进入相关市场等时应豁免合格投资者准入要求,而出于保护普通投资者的目标,普通投资者应甄别适用合格投资者准入要求,这也是投资者分类保护的应有之义,同时专业投资者的市场角色也能得到明确,从而更好地发挥专业投资者对资本市场的积极作用。

此外,从投资经验来看,目前自然人投资者的境外投资经历越来越普遍,但实际操作中由于缺乏具体认定标准,加之同业机构在操作中尺度不一,致使部分已有美股、海外资产管理机构资产管理产品购买经历的海外高净值客户,在认定专业投资者方面是否存在一定的障碍时缺乏相应的指导标准,考虑到实务中证券期货经营机构难以对投资者境外投资经验进行核查,应由投资者自行承诺该等投资经验的真实性及准确性。

2. 针对普通投资者区分适用合格投资者准入要求

（1）针对普惠性金融产品，无需设置合格投资者准入要求；针对私募类金融产品，建议针对普通投资者设置合格投资者准入要求。

公募类金融产品具有公开募集、规范运作的特征，大多投资起点要求较低，其具备普惠金融的特质，且在管理人资质、募集及运作产品运作环节均有相应完备的法律法规，产品结构相对简单、风险较低，不设置合格投资者准入要求较为恰当。

鉴于私募类产品在管理人资质、监管强度和产品运作规范程度等方面均弱于公募类产品，且具有非公开募集、产品结构较为复杂、流动性较差、投资起点较高和信息披露程度较低等特征，建议针对私募类金融产品设置准入门槛。另外，专业投资者和私募类金融产品合格投资者的认定标准和准入要求具备重合性，专业投资者认定标准高于私募类金融产品合格投资者的认定标准，实务操作中对专业投资者和私募类金融产品投资者再次进行区分并无太大必要。综上，针对私募类金融产品，建议仅针对普通投资者设置合格投资者准入要求。

（2）对于具备资产管理属性的金融产品以外的金融业务或者产品，以风险等级为维度区分适用合格投资者准入要求，较低风险业务或产品无需适用合格投资者准入。

普通投资者应当以业务或者产品的风险等级为维度，区分适用合格投资者准入要求。针对普通投资者，风险等级为 R1—R3 的业务或者产品可不设置合格投资者准入门槛，而 R4、R5 的中高风险、高风险业务及产品应当设置准入门槛以排除不适格的普通投资者。理由有二：其一，合格投资者制度为一项准入制度，相应的金融产品或服务在该等封闭市场内的投资者间流转，本质上是为了将风险承受能力和风险识别能力不适格的投资者排除在外。而 R1—R3 风险等级的业务、服务或者产品风险较低，对投资者的风险承受能力及风险识别能力要求较低，若设置合格投资者准入门槛将大大降低资本市场的流通性且难以满足投资者的投资需求。考虑到《证券适当性管理实施指引》征求意见稿的产品或服务风险名录中股票风险评级是 R3，而股票作为我国资本市场最为投资者熟悉的投资品种，以其风险等级为划分节点有其合理性。其二，R4、R5 的中高风险、高风险业务及产品仍应当设置准入门槛，该等产品、服务或业务均存在风险较高、结构较复杂、投资者可能难以认知相关风险的特点，因此排除不具备相应风险承受能力及风险识别能力的普通投资者是对其的合理保护。

(3)对于设置合格投资准入的业务或产品,以投资者是否自主管理为维度区分适用合格投资者准入要素。

具体而言,对于需要投资者自己管理的投资品种即投资者依据其投资经验和投资知识,自行作出投资决策、自行评估投资风险的投资品种,准入门槛要素应包含对投资者的资产要求、投资经验要求,投资者同时应具备相应的投资知识,通过知识测试、累计一定数量的仿真交易成交记录等,对投资者进行更为有效的保护。

而对于委托管理类的金融产品或服务(如资管产品、管理型基金投资顾问等),在其准入前置条件中设置投资经验的要求不尽合理。该等产品或服务本质上为管理人或受托人受投资者之托,代投资者理财,投资者投资该等金融产品或服务事实上是对管理人或受托人进行选择而非自行作出投资决策、自行评估投资风险,无需择时择机选择或退出底层投资标的。针对该等金融产品或服务,准入门槛只需要求投资者满足一定的资产要求以确定其具备相应的风险承担能力即可。

(4)对合格投资者的认定不设置有效期限制。

目前除债券投资者准入门槛有每两年评估一次[1]的要求外,相关规则对于其他业务的准入门槛(含私募类资管产品的合格投资者)均未明确规定认定有效期,因监管规则层面的不明确,加重了经营机构和投资者在频繁进行合格投资者认定工作中的负担。考虑到经营机构至少每两年[2]要对投资者进行一次风险能力测评,同时业务准入门槛,尤其是私募类资管产品合格投资者的认定标准与专业投资者认定标准在很多维度方面基本一致,但专业投资者仅需认定一次即可长期有效,建议参照专业投资者的管理规则,对各项业务准入门槛,尤其是各类合格投资者的认定有效期也不作限制。

3.统一投资者特别保护机制

首先,建议私募类资管产品均设置投资冷静期。考虑到私募类资管产品的最

---

① 《上海证券交易所债券市场投资者适当性管理办法(2022年修订)》第21条规定,证券经营机构应当动态跟踪和持续了解专业投资者条件,至少每两年对投资者进行一次后续资格评估……

② 目前,证监会、银保监会的相关监管规定均要求每一年或每两年对投资者重新进行风险能力测评。例如,《理财公司理财产品销售管理暂行办法》第31条规定,"超过一年未进行风险承受能力评估或发生可能影响自身风险承受能力情况的非机构投资者,再次购买理财产品时,应当在理财产品销售机构营业场所(含电子渠道)完成风险承受能力评估,评估结果应当由投资者签字确认。"《信托公司资金信托管理暂行办法(征求意见稿)》第九条规定,"超过两年未进行风险识别和承受能力评估或者发生可能影响自身风险承受能力情况的个人投资者,再次投资资金信托时,应当重新进行风险承受能力评估。"《保险资产管理产品投资者适当性自律管理办法(试行)》第31条规定,"自然人合格投资者的风险承受能力评估结果有效期最长不得超过一年;产品销售机构再次向超过一年未进行风险承受能力评估,或发生可能影响自身风险承受能力情况的自然人合格投资者推介产品时,需对该自然人合格投资者重新进行风险承受能力评估,评估结果应当由自然人合格投资者书面确认。"

低起投金额较高(至少三十万起投),而开放频率、份额流动性、信息披露程度等较低,为防止投资者因为一时冲动而投资,建议其他私募资管产品参照银行非保本理财产品和私募基金的规则,为购买私募资管产品的投资者设置不少于 24 小时的投资冷静期。

其次,建议制定统一的高龄客户认定标准,持续完善高龄投资者适当性管理制度及服务高龄投资者的相关程序和流程,划定高龄投资者年龄线可以主要从投资者的收入来源及认知状况方面进行考虑。对于这两个维度,可以参考我国居民退休年龄及居民罹患认知障碍症的易发病年龄段①。根据投资者调研与国泰君安证券的投资者年龄结构分析②,将高龄投资者年龄线划定为 60 周岁或 65 周岁对经营机构和投资者影响面较大,且绝大部分③投资者认为应当对 70 周岁以上投资者采取特别保护。鉴于此,建议将高龄投资者认定标准确定为有效身份证件上的年龄已达到 70 周岁或以上的普通投资者,经营机构应当全面了解高龄投资者情况(包括其身体状况、疾病史等必要信息),重点核查相关要求是否为其本人的真实意愿、其留下的联系电话是否为其本人使用、其账户的实际控制人是否为其本人、其本人是否具备买卖证券或金融产品的基本知识等信息。

最后,建议私募类资管产品应统一要求强匹配销售。目前,除私募基金允许超风险销售外,其他私募类资管产品均要求不得向投资者销售与其风险承受能力不相匹配的产品。考虑到备案制的私募基金管理人在监管标准、募投管退规范性等方面尚低于审批制的持牌资产管理机构,但私募基金无论是最低起投金额,还是风险特征方面,却均不低于其他私募类资管产品,甚至其风险属性在一定程度上高于私募类资管产品,故从保护普通投资者的角度出发,应要求私募基金也进行强匹配销售。

4. 统一投资者风险测评问卷

风险测评问卷是经营机构了解投资者的重要渠道,原则上是基于整体测评结果对投资者进行打分,并初步分为几大类(例如常见的五级分类),其中某一具体题目选项不应当独立于测评问卷整体而产生直接影响。

---

① 2021 年 7 月,人力资源和社会保障部社会保障研究所所长何平提出,我国应逐步延龄退休,建议到 2045 年不论男女,退休年龄均为 65 岁。部分医学文章指出,年龄是罹患认知症最大的风险因素,认知症状通常在 70 岁左右显现。

② 截至 2022 年 10 月,国泰君安证券的自然人投资者中,年龄在 60 周岁以上的占比高达 21.31%,65 周岁以上投资者占比高达 10.81%。

③ 笔者对 390 名投资者进行的调研问卷结果显示,69.49% 的投资者认为应当区分年龄段对投资者进行特别保护,其中,认为将特殊保护年龄设定为 70 周岁以上的投资者数量最多,占调研投资者总数的 35.06%。

在实际操作中,不同业务与不同机构的风险测评问卷在逻辑与表述上存在诸多不同,不仅可能造成风险测评结果的不同,还可能为风险评估增加不必要的成本。因此,建议在梳理现有行业内模板与表述的基础上,整合统一的风险测评问卷。

(二)优化产品或服务的风险评级

1. 对于市场上已有的各类产品或服务,建议行业协会在现有产品或服务风险等级名录或标准基础上,统一其现有的具体风险等级

目前的投资者适当性管理制度仅对产品及服务的风险等级划分提出宽泛性意见,导致市场上出现不同经营机构对同一金融产品或服务的评级不同,同一产品在不同市场评级不同的现象。对此,建议行业协会可以在现有产品或服务风险等级名录或标准基础上,统一现有的各类产品或服务的具体风险等级底线判断标准,作为规范性的、可操作性的指导意见。经营机构可以基于自身情况在协会确立的具体风险等级底线判断标准基础上调高产品或服务的风险等级。

2. 对于未来新设产品或服务以及因现行要素变更而需调整风险评级的,建议各类产品或服务的创设主体在监管部门或行业协会的指导下直接确定风险评级

相较于产品或服务的创设主体,经营机构可能并不能完全掌握或评估该产品或服务本身的性质、复杂性、可理解性、流动性、透明度、杠杆情况、损失程度、发行人等相关主体的信用状况、同类产品或服务过往业绩等因素。因此,由各类产品或服务的创设主体或其行业协会确定其所创设或管理的产品或服务的风险评级较为科学合理,建议在其发布相关产品或服务的投资者管理细则中能直接明确产品或服务的风险等级,由此既可以降低各经营机构需要基于现有规则中的产品或服务的风险特征的概要描述而重复划分产品或服务风险等级的成本,又可以避免在业务实践和司法裁判中各主体对相应产品或服务风险等级划分的理解和适用上的差异。

(三)以"卖者尽责"后的投资者自主决策为一般匹配原则

不少学术意见、实操处理僵化地认为,适当性义务就是要实现将了解客户后形成的风险承受能力与了解产品形成的风险等级严格匹配。这种片面认识概因未能在正确厘清"卖者尽责"与"买者自负"原则关系的基础上把握问题要领。适当性义务的出发点是为金融产品或服务的双方主体确立相对平等的交易地位,但投资者作为一般理性人和金融交易参与主体,应当具有基本的识别和判断能力,在经营机构通过提供、揭示产品或服务的信息、风险履行告知说明义务之后,投资者即应当自担投资决策风险。

金融产品或服务的风险属性与投资者自身的风险承受能力相匹配,是适当销售所倡导追求的理想结果,而并非一成不变的强制性要求。一般情形下针对风险等级超过自身风险承受能力等级的产品服务,在经营机构履行特别风险揭示等适当性义务后,投资者仍坚持购买的,应予以准许,仅部分特殊业务项下才强制要求两者严格匹配。风险承受能力测评本身就包含大量主观承受能力指标,完全由投资者自主决定。因此,投资者的自主意愿在适当销售的匹配环节中居于关键地位,经营机构在此负担充分告知说明等前提义务。

（四）规范适当性要素匹配要求并强化持续管理

目前,行业对于适当性要素的基本共识是四要素,即风险承受能力等级（风险等级）、投资期限、投资品种、期望收益,但实践中投资者申请某项业务交易权限或购买金融产品时,经营机构是按照四要素匹配还是一要素匹配,做法各不相同。从产品或服务的角度出发,并非所有的品种都具有与四要素一一对应的特征,比如股票交易就不存在明确的投资期限特征。建议在充分评估各品种特征基础上,对适当性要素匹配要求做进一步规范:一是明确风险等级,这是一要素匹配的基本要求;二是结合品种特征,对不同品种实施不同要素的匹配规则,包括金融产品按四要素进行匹配,股票类按三要素进行匹配（即不包含投资期限）,证券投顾业务按风险等级一要素进行匹配。

同时,考虑到金融产品本身及投资者风险测评等级可能随时间发生变化,建议进一步规范投资者适当性持续管理相关要求。首先,明确并统一要求投资者风险测评有效期为两年。考虑到投资者在接受金融服务或购买金融产品时已对其是否适合参与做了综合性的风险承受能力评估,测评过期的情况下不能直接反映投资者是否适合继续投资已有品种。建议对于测评过期的投资者不应要求（包括监管导向）对其已开通的业务权限或持有产品实施交易限制措施,但在其申请新业务权限或申请购买其他金融产品时,应要求先更新风险测评信息,以便于开展投资者风险承受能力的综合评估。

其次,对于金融产品或业务服务风险等级发生调整的,应明确规定经营机构应当告知投资者产品或服务风险等级调整事宜,进行风险提示,并根据投资者当前最新风险承受能力等级出具适当性匹配意见;其中对于投资者后续测评结果下调至在途业务权限风险承受能力等级准入门槛之下的,经营机构应当对其就该项业务权限实施限制买入/开仓措施。

三、发挥各方主体完善作用

（一）从长期维度角度，应建立以功能监管为导向的完善上位法体系

所谓功能监管，是基于金融体系基本功能而设计的更具连续性和一致性并能实施跨产品、跨机构、跨市场协调的监管[1]。与之相对的是机构监管模式，监管机构权限的划分以所监管的经营机构的类型为依据，不同的监管机构分别监管各自的经营机构且无权干预其他类别经营机构的业务活动，这也是我国传统的监管模式。纵观美国、欧盟、新加坡及我国香港地区等国家及地区，尽管由于各法域的金融市场发展历程及发展现状等差异导致监管体系存在较大差异，但基本上都体现了功能监管的相关特征。

随着我国金融业的不断发展，近年来出现了大量跨行业、跨市场的金融产品或服务，混业趋势日益显现，相应的金融风险也不再局限在某类行业或者市场。目前，《关于规范金融机构资产管理业务的指导意见》（以下简称《资管新规》）的颁布已明确了在资产管理产品领域功能监管的规定[2]。从长期维度考量，应在投资者适当性领域参照《资管新规》设立跨市场、跨行业、跨机构、跨产品的统一投资者适当性管理规范，各监管机构的投资者适当性管理细则不得违反统一规范之内容，且需明确监管机构对违规行为的认定及处罚标准应保持一致。

（二）强化经营机构责任并赋予其一定自主权

1. 压实经营机构主体责任

我国的资本市场投资者结构目前仍以风险意识薄弱、专业知识欠缺、风险承受能力较弱的个人投资者为主，其在选择金融产品和服务时缺乏独立判断能力，往往成为市场剧烈波动的受害者。

证券、期货公司等经营机构是适当性制度的实施主体，落实适当性制度关键在于压实经营机构责任，强化其责任主体地位。经营机构通过提供金融产品和服务获取收益，天然具有开发更多客户、销售更多产品和服务的内在经营动力，同时其对产品或服务的信息掌握得更加全面、深刻，相对于投资者来说处于优势地位。面对日益复

---

① 顾海峰：《基于金融混业视角的金融监管创新路径：功能监管论》，载《金融理论与实践》2010 年第 10 期。

② 《资管新规》第一条第（三）款规定："坚持宏观审慎管理与微观审慎监管相结合、机构监管与功能监管相结合的监管理念。实现对各类机构开展资产管理业务的全面、统一覆盖，采取有效监管措施，加强金融消费者权益保护。"

杂的金融市场和产品，投资者尤其是普通投资者处于明显的弱势地位，经营机构必须切实承担起"卖者有责"的义务，约束短期利益冲动，只有满足这一前提，才能要求投资者"买者自负、风险自担"。

此外，切实执行适当性制度，将相关适当性要求落在实处，也有利于经营机构有效管控风险，优化服务，提升其经营效率和竞争能力，有助于行业的健康发展。

2. 赋予经营机构一定自主权，建立投资者准入互认机制

在压实经营机构主体责任的前提下，建议赋予经营机构一定自主权，这有利于充分激发经营机构的活力，促进市场健康发展。建议不同投资者准入之间的互认机制可设计如下：

（1）纵向互认。对于同类投资品种，同一投资者如已符合较高风险等级和准入要求的产品或服务的标准的，无需额外准入程序即可开通较低准入要求的产品或服务。目前，各业务的准入标准的设置多围绕资产规模和投资经历两方面，某业务准入要求较低既包括准入标准较少的情形（如仅设置资产规模的要求，而不设置投资经历的要求），也包括准入标准较低的情形（如同时设置资产规模、投资经历的要求，但资产规模要求或投资经历时长要求较低）①。

（2）横向互认。在不同的经营机构之间（如不同证券公司之间、证券公司与期货公司之间等）、不同的市场之间（如股票市场与期货市场）建立不同准入标准的互认机制，能够购买较高准入要求的产品或服务的投资者如欲购买较低准入要求的产品或服务时，无需履行额外的准入程序。如因涉及不同的监管体系，直接横向互认存在障碍的话，亦可考虑通过互认程序简化准入工作，为投资者与经营机构提供便利。目前不同监管体系间不同产品或业务的准入标准构成要件存在差异，如需切实发挥横向互认机制的作用，需要在跨市场、跨品种的适当性法规制度层面对各投资品种、业务的风险等级、准入标准进行统一、明确。

需要注意的是，基于保护投资者、控制风险等方面考虑，在互认机制的推进过程

---

① 以股票市场为例，科创板、退市整理期股票、北交所股票对自然人投资者在资产方面的准入要求均为申请开通前20个交易日日均资产在人民币50万元以上（不含该投资者通过融资融券交易融入的证券和资金）；在投资经验方面均要求参与证券交易24个月以上。在开通科创板权限后，如投资者确有需求，那么其无需履行额外的准入程序即可获得准入要求不高于科创板的退市整理期股票、北交所股票的交易权限。此外，港股通在资产方面的准入要求与科创板一致，但港股通无投资经验方面的要求，因此港股通的准入要求低于科创板；创业板在资产方面的准入要求为申请权限开通前20个交易日证券账户及资金账户内的资产日均不低于人民币10万元（不包括该投资者通过融资融券融入的资金和证券），在投资经验方面要求参与证券交易24个月以上，其准入要求中的资产要求（10万元）低于科创板的准入要求（50万元）。因此，港股通、创业板的准入要求均低于科创板，已开通科创板权限的投资者如有需求，亦无需履行额外的准入程序即可获得港股通、创业板的交易权限。

中需注意如下问题：① 互认机制并不免除必要的风险揭示，经营机构在展业过程中仍需依据相关法律法规，针对特定业务或投资品种进行充分的风险揭示。此外，为避免引导投资者过度交易，放大投资者风险，建议由投资者自主决定是否通过互认机制取得其主动进行投资者准入的投资品种或业务以外的其他投资品种或业务的权限，而非默认给投资者开通相关权限。② 投资者的资产、现金流、风险承受能力等情况是动态变化的，在投资过程中发生历史信息与投资者真实情况不一致的可能性较大，建议不同投资品种及业务间准入标准的互认设置一定的期限限制，动态评估投资者的风险承受能力。③ 建议遵循循序渐进的原则，在满足相关前提条件的基础上，可考虑从专业投资者开始，逐步推进互认机制。此外，建议可择优选择部分实力雄厚、内控机制健全、风险承受能力较强的机构投资者先行先试，稳步推进。

3. 加强经营机构间的沟通交流，推广优秀的行业实践经验

随着数字化、智能化技术的迅速发展，各经营机构不断利用新技术加强对适当性匹配及员工展业的精细化管理，积极运用金融科技控制职业风险。各经营机构应加强沟通交流，推广优秀的行业实践经验，共同推进金融市场的健康发展。

国泰君安长期以来保持高强度的科技投入，不断加强系统建设，积极运用技术手段提高管理水平，积累了一些有益的实践经验。如引入企业微信平台，引导员工通过企业微信与客户交流，通过设置敏感词词库、对金融产品宣传推介材料进行路径控制、提供合规监测平台等技术手段，实现对员工展业行为的事前、事中、事后的全流程管控，降低职业风险。此外，国泰君安通过"百事通"平台的建设，加强金融科技的应用，提示员工、客户及时进行回访、重新测评等，实现对投资者适当性匹配的精细化管理。

在服务专业投资者，更大限度发挥专业投资者作用方面，国泰君安建立了专门的服务平台，针对产品投资者，设立以管理人为维度的材料管理体系，对于同一管理人发行的产品，在为其办理相关业务时，复用其中部分材料，避免管理人重复提供材料；针对专业投资者，优化了部分业务的办理流程，同时，考虑到专业投资者自身的专业能力，在相关法律法规未有禁止性规定的前提下，对部分业务办理步骤进行豁免。

4. 建立行业信息共享机制

由于经营机构自身具有一定的局限性，存在全面了解投资者信息的手段有限、无法有效核实投资者信息真实性等方面的问题。建议在主管机关或者行业协会的指导下，建立行业信息共享机制，推动各市场主体将投资者相关信息进行共享，以便经营机构落实核查义务，提升核查效率。

目前,经营机构可通过中登查询客户首次购买产品的时间,参考这一做法,建议如客户已在某家证券公司认定为合格投资者,则其他证券公司可直接通过信息共享机制获取该客户的合格投资者标签,避免客户重复进行合格投资者认定。此外,随着信息共享实践的推进,可考虑逐步将客户资产规模、不同标的的投资经验等其他更多信息纳入信息共享机制的范围。

为鼓励经营机构参与行业信息共享,建议可考虑将该事项纳入对行业机构的考核评价体系,奖励优秀行业实践,形成带头示范效应,实现行业信息共享机制的良性循环。投资者信息保护方面,各机构仅能基于落实法定核查义务相关的业务需求查询相关信息,不得将获取的信息用于其他用途。

(三)投资者适当性教育需要更负责任的经营机构、更广的受众、植入深入人心的投资理念

就近年来各地频发的适当性争议而言,其中大部分投资者损失确由于经营机构人员出于主观恶意或管理疏忽而未能依法依规行适当性义务所导致,另有少量属于投资者自身金融知识欠缺、风险意识不强或主观刻意隐瞒导致。尽管适当性管理以经营机构为主要义务主体,但就适当性管理体系完善之宏观目的而言,仍应从经营机构和投资者两大主体同时着力。一方面,监管机构应要求并督促经营机构不断提升自身法律合规意识,加强员工管理和制度建设,确保业务开展过程中合法合规履行适当性义务;另一方面,应同步加强投资者教育工作,促使投资者自身加强投资风险意识,从源头降低风险和纠纷发生的可能性。

1. 赏罚分明,鼓励经营机构积极履行社会责任

建议监管机构和金融行业自律组织进一步激发经营机构进行投资者教育的积极性,采取正向激励措施,鼓励各经营机构通过从普及金融知识、展示典型案例、强化合规宣导、细化风险提示、积极回应投资者疑问等多方面入手,提升投资者金融知识和风险意识,积极发挥经营机构对普通投资者的教育引导作用。

目前一些经营机构开展投资者教育的目的并不纯粹,所谓"投教"都是为其营销目的服务的"幌子"。监管机构应赏罚分明,对投资者教育和营销活动的边界进行进一步明确,对积极履行投资者教育并取得实效的经营机构进行奖励,同时对借着投资者教育名义实则违规宣传营销的行为予以打击。

2. 扩大受众,投资者教育需要"引流"

投资者适当性教育的受众面需要进一步扩大。建议监管机构和金融行业自律组

织通过打造有影响力的公域自媒体、在传统和新兴媒体发布公益广告或投资者教育类短视频、将金融消费者的权益保护与传统的"3·15"活动进一步融合等形式，扩大投资者适当性教育的受众面。

监管机构和金融行业自律组织也可通过各经营机构进行积极推广和宣导，而经营机构自制的优质投教内容也可以为经营机构带来迫切需要的正面流量。而更关键的是，更广的受众面有利于让更多普通投资者学会如何识别、判断并主动远离非法证券活动，避免上当受骗。

3. 高扬大旗，植入深入人心的投资理念

在投资者适当性教育的内容输出方面，需要培养普通投资者特别是个人投资者的正确投资理念与理性投资方式，让"长期价值投资"和"买者自负"的投资理念更深入人心。

作为专业机构投资者的经营机构，首先自身需要理性投资，其次应积极引导普通投资者树立正确的投资理念，增强风险识别能力，认清"投资"与"投机"的区别，捋清"风险"和"收益"的关系，认识到长期价值投资的优势，并以此为前提强化"买者自负"的理念贯彻。此举一方面可促使投资者诚信提供自身信息、审慎评估自身风险承受能力，另一方面可促使投资者了解、积累更多金融知识和产品信息，在提供自身信息以及对自身风险承受能力进行评估时更加理性、客观、准确，最大程度达到信息匹配效果，以达成适当性管理的最终目的。

（四）完善司法对投资者适当性的保障作用

1. 建议各地裁判机构进一步统一审判尺度，促进适当性争议妥善解决

鉴于各裁判机构对适当性争议中的诸多争议焦点问题仍然存在理解及裁判方面的差异，实践中适当性相关纠纷裁判结果相差较大，必然导致经营机构无法准确把握适当性义务履行的合理程度，经营机构不知如何履行义务方可为司法裁判所认可，投资者亦不知如何有效维护自身权益。为此，有必要呼吁各地裁判机构尽可能统一裁判思路，对适当性争议中的常见问题统一审查标准，以便经营机构和投资者均可了解适当性义务履行过程中自身行为的后果，及时予以纠正和完善，从根本上减少纠纷。

2. 应当进一步厘清投资者与经营机构在适当性管理过程中各自权利义务及责任边界，达到有效平衡

在适当性管理过程中，投资者和经营机构各自享受自身权利，履行自身义务，并

承担相关的责任或后果。基于立法的倾向性保护,经营机构在这一过程中承担主要的信息搜集、评估和匹配工作,履行适当性管理义务,投资者则承担相对有限的义务和责任,但并非只享有权利而不承担义务。如何将各项权利义务在投资者和经营机构之间进行合理分配很大程度上将决定适当性管理工作的有效性和公正性,并决定"卖者尽责、买者自负"的目标可否真正落实。对此,应结合适当性管理的逻辑原理、立法对投资者的保护理念及实践中各方对各项义务的执行能力等多方面对该问题进行综合评估及讨论。

第一,在经营机构权利义务方面,应敦促经营机构严格履行自身适当性管理义务。相应地,经营机构也应当在这一过程中承担主要的信息搜集、评估、匹配等义务。要求经营机构在适当性管理范畴内享有较少权利、承担较多义务无可厚非;如经营机构因故意或过失未能履行相关义务的,自应当承担不利后果及赔偿责任,这也是实现适当性管理制度目的的应有之义。

但是,即便是处于强势地位的经营机构,本身也是商业机构的主体身份,并不具备对投资者信息进行全面核验和审查以判断该等信息是否真实、准确的技术条件和能力;即使是金融产品相关信息,囿于法律关系限制、发行人诚信情况等客观因素,经营机构也未必能在任何情况下均全面了解产品的细节情况。因此,对于经营机构因客观原因而无法予以确认或核验的事项,不宜因该等事项或信息最终被证明为不真实、不准确或不完整而要求经营机构承担不利后果,以免导致对投资者的过度保护,反而失去适当性制度之设置初衷。

第二,在投资者权利义务方面,应在注重投资者权益保护的同时达到制度设计及履行中的有效平衡。立法更多赋予投资者各项保护措施,但并不意味着投资者可基于投资目的之主观意愿而在自身信息提供方面免予承担责任。因经营机构客观上较难对投资者所提供信息的真实性、准确性进行核验,该部分义务及其不利后果应由投资者承担,即:投资者应对因自身原因(不论是否存在主观故意)而提供的不真实、不准确或不完整的信息承担不利后果,并对基于自身明确的主观意愿而作出的决定(如经营机构履行告知说明义务后仍然坚持购买金融产品或服务)所产生的后果自行承担,以体现"卖者尽责"后"买者自负"的逻辑关联性。

3. 建议大力促进多元化纠纷解决机制在适当性争议中的运用

实践中,部分投资者单纯以适当性为由主张权利,亦有大量投资者将适当性问题与金融产品运作或金融服务提供过程中经营机构其他义务履行情况综合考量后一并

提出损害赔偿主张。为促进适当性相关争议高效、妥善得到解决,建议推进多元化纠纷解决机制在该类争议中的运用,具体理由如下:

首先,理论界对违反适当性义务民事责任的法律性质存在"合同责任说"和"侵权责任说"两大观点,如为后者,则应仅以法院为适当性争议管辖机构;如为前者,则仲裁等非诉讼纠纷解决方式存在适用可能性。就此而言,各方约定诉讼之外的纠纷解决方式并非毫无依据,亦不违背当事人主观意愿。

其次,选择诉讼之外的纠纷解决方式一定程度上有利于整体纠纷的统一、高效解决。适当性管理与其后的金融产品运作、金融服务质量等事项紧密关联,而鉴于金融纠纷自身的专业性、保密需求等因素,业内大量经营机构在其业务协议的争议解决条款中选择仲裁作为纠纷解决方式。如适当性问题无法通过仲裁解决,一方面必将导致投资者为同一产品纠纷而分别诉诸法院和仲裁机构,造成司法资源浪费;另一方面也较易导致法院与仲裁机构在部分案件事实认定方面的矛盾、在最终裁判结果上的重叠及双重受偿等,增加案件审判实质不公的风险。相反,如允许当事人通过协议约定的方式明确适当性争议管辖事宜,则有利于通过一次审判将案涉产品所有争议整体处理,既可提升纠纷解决效率,降低法院案件压力,又可避免不同裁判机构认定不同,最大程度保障裁判认定事实的唯一性和准确性。

最后,随着资本市场的不断发展,境外成熟市场大多建立了创新性纠纷解决机制以期解决日益复杂的金融产品及服务带来的频发纠纷,具有一定的借鉴意义。如美国金融业监管局设有专门的"纠纷解决机制",以仲裁和调解的方式解决行业内各种纠纷,英国金融服务管理局成立了专门的金融行业纠纷解决机构——具有法人组织性质的金融申诉专员中心,并设立了金融申诉专员有限公司以专门解决行业纠纷等,该等多元化纠纷解决机制有效减轻了司法机关的诉讼压力并在一定程度上提高了纠纷解决的效率。

在具体操作方面,一方面,建议允许或鼓励当事人自行约定适当性事宜的争议解决方式并认可其效力,允许当事人在金融业务办理过程中的各类协议、申请文件、承诺函、风险揭示书等法律文件中自行约定仲裁等多元化纠纷解决方式对适当性事宜予以处理,并认可该等约定的法律效力,避免因管辖事宜造成纠纷处理拖延;另一方面,建议鼓励将调解机制等创新性纠纷解决机制纳入适当性纠纷处理体系,作为诉讼和仲裁方式的有益补充,给投资者更多维权路径,也便于提高纠纷处理效率,降低当事人诉讼或仲裁的时间、金钱成本。

四、结　语

　　随着资本市场的不断发展,众多跨市场、跨品种、结构复杂的创新性金融产品不断涌现,导致投资者较难合理识别、判断各类金融产品的相应风险,可能造成较大的损失。为保护投资者利益,世界各国相继推行投资者适当性管理制度。对我国而言,资本市场建设虽然在不断完善中,但我国资本市场的个人投资者众多、风险识别和承受能力参差不齐,金融产品销售主体的不当销售、虚假宣传等乱象也屡禁不止,如何通过进一步优化完善投资者适当性管理制度,更好地通过投资者适当性制度规制资本市场参与者的行为,值得理论界和实务界进行思考。

全球证券交易所合并与联盟发展趋势及其启示

杨亚琴　张安然　倪　璇[*]

摘要：证券交易所是全球城市重要的金融基础设施，其合并与联盟很大程度上影响资本的全球流动格局，从而影响着全球资本市场资源配置。本文立足全球证券交易所功能作用，客观分析全球证券交易所合并和联盟发展历程，着眼当前全球政治经济和科技创新发展新背景，聚焦全球金融中心建设进程中的主要证券交易所发展新动向，观察全球资本市场发展新趋势，研究提出深入推进全球资本市场开放合作，加快证券交易所公司化改革，拓展与新兴经济体证券交易所合作空间，通过数字技术赋能促进交易所新型合作与联盟的应对之策，并针对增强我国全球资源配置能力提出相关建议。

关键词：全球证券交易所　合并与联盟　资本市场开放合作

纵观全球资本市场三十多年发展历史，尽管证券交易所合并与联盟的动因和产生效应不尽相同，但无论是为了争夺和整合全球金融资源，增强交易所竞争力，实现市场规模效应，还是为了顺应技术变革和金融创新与监管发展的需要，客观上促进了资本跨国流动、提高资本集聚效应，反映了全球资本市场开放合作的深化和结构性调整，显示全球城市金融资源配置功能强弱变化。当前新科技革命和产业变革浪潮汹涌，大国竞争博弈异常激烈，全球证券交易所合并与联盟出现一些新动向，新兴经济体、"一带一路"沿线国家资本市场之间的合作交流在加强，这对我国资本市场的改革开放发展带来了许多新的启示。

　　＊　上海市决策咨询委员会、上海全球城市研究院2022年招标课题。课题组组长：杨亚琴；成员：张安然、倪璇；执笔：张安然。

一、全球证券交易所合并与联盟的历史回溯

1602 年荷兰成立最早的阿姆斯特丹证券交易所,之后欧洲一些发达国家先后建立起各种证券交易所。20 世纪 90 年代以来,伴随发达国家证券交易所公司化改制和发展中国家证券交易所建立,全球证券交易所进入快速扩张阶段,特别是随着信息科技和互联网的发展,交易所垄断经营模式被打破,全球证券交易所竞争激烈,交易所之间的合并与联盟成为金融全球化发展主旋律。国际证监交易所联合会、世界交易所联合会(WFE)等国际组织是这一历史进程的见证者和推动者。

(一)第一波浪潮:国内合并(1990—1999 年)

20 世纪 90 年代开始发达国家证券交易所出现公司化改革趋势,交易所公司化有利于厘清内部资本结构,重塑权责组织架构,有效提升交易所行业竞争能力。1997 年亚洲金融危机爆发之后,为整合国内金融资源、激发本土经济活力,各国将证券交易所合并重组作为一个重要抓手。1998 年全球最大的电子化交易市场——Nasdaq 与美国第三大股票交易所——美国证券交易所合并为 Nasdaq‐Amex 集团公司。1999 年日本东京证券交易所合并广岛、新潟两家地方性证券交易所;巴西圣保罗股票交易所与里约热内卢股票交易所合并;加拿大四家证券交易所重组。

这一阶段全球证券交易所合并与联盟发端于交易所改制。美国证券交易委员会(SEC)于 1998 年出台《交易所和另类交易系统管理条例》,明确规定证券交易所可按营利性原则运作,这为美国各大证券交易所"公司化"改革提供制度依据。因此,伴随着交易所公司制改革和上市,证券交易所合并与联盟主要发生在欧美等发达国家国内各证券交易所之间,包括证券交易所与衍生品、结算所之间的股权合并。政府主导色彩较浓,在制度、技术方面阻力较小,合并速度较快。

(二)第二波浪潮:跨国并购(2000—2006 年)

以 1999 年欧元区诞生为代表的欧洲统一市场建立,出现市场主导下的欧洲国家交易所的跨国合并。2000 年,阿姆斯特丹、巴黎、布鲁塞尔证券交易所合并成泛欧交易所(Euronext),合并后其上市公司数量达到 1 360 家,市值规模达到 2.32 万亿美元。同年,伦敦、法兰克福证券交易所也联合组建新国际交易所(IX),市值达 4 万亿美元,汇集全欧 53% 股票交易。2003 年,斯德哥尔摩股票交易所、冰岛期货交易所的 OM 集团与包含芬兰赫尔辛基证券交易所的 HEX 集团合并,形成北欧证券交易集

团(OMX)。2007 年伦敦交易所与意大利交易所合并。伴随统一欧洲市场建立,欧洲逐步形成伦交所、德交所、泛欧交易所、北欧交易所、瑞士交易所鼎立格局。欧洲交易所合并与联盟的国际战略意义,旨在推动欧盟经济金融地位与美国形成双极平衡,改变世界经济金融市场格局。

这一阶段全球证券交易所是基于市场导向的交易所扩张和地缘关系开展的跨国合并,以股权收购兼并为主,通过共用电子交易系统驱动。伴随交易所公司化和上市步伐继续加快,全球交易所竞争亦越发明显。截至 2004 年底,世界交易所联合会(WFE)所有会员中,完成公司化和上市的交易所占到总数的 53%。以共用电子交易系统驱动,如泛欧交易所均采用 NSC 电子交易系统;新国际交易所采用 Xetra 电子交易系统;北欧证券交易集团开发 SAXESS 系统,之后各加入交易所都以迁入共同电子交易系统为前提。

同时,各国证券交易所之间积极建立战略联盟。2000 年,以纽约证券交易所为首,包含东京证交所、澳大利亚证交所、巴西圣保罗交易所等在内,占全球股票交易 60%的 10 家交易所宣布结成联盟,商谈建立"环球股本证券市场(Global Equity Market)(GEM)"。2006 年 7 月 7 日,东京证券交易所和韩国证券交易所宣布,以合并或者交叉持股形式加深双边合作,以增强双方在全球证券交易市场中的竞争力。2007 年东京证交所与纽约证交所正式进行全面合作。

(三) 第三波浪潮:跨洲际交叉合并(2007—2012 年)

受《萨班斯法案》限制,美国纽交所和纳斯达克交易所面临增长空间限制。两大证券交易所在同步并购本土交易所的同时,开启跨洲际并购以开辟新市场。2007 年纽交所并购泛欧证券交易所为纽约泛欧交易所,并于 2008 年并购美国证券交易所。2008 年,纳斯达克并购北欧证券交易集团(OMX),还并购了本土波士顿证券交易所和费城证券交易所。至此,欧洲除伦交所、德交所、瑞士交易所外,规模化的地区交易所背后均有美国交易所的身影。洲际所先后并购伦敦国际石油交易所、纽约期货交易所、温尼伯商品交易所等,于 2012 年并购纽约—泛欧证券交易所,形成股票市值最大、产品最完善、功能最齐全的综合证券交易所。

这一阶段证券交易所合并和联盟主要呈现欧美发达国家跨洲交叉重组并购特点,突出强强合并,并购金额庞大,并逐渐形成具市场垄断地位的证券交易所行业格局。纳斯达克以 126 亿瑞典克朗及 6 060 万份纳斯达克普通股为代价,通过交易对手 Borse Dubai 杠杆收购北欧证券交易集团(OMX)所有流通股,完成对 OMX 集团并购。

美国洲际交易所支付82亿美元并购纽约—泛欧交易所集团,其中67%以股票方式支付,33%以现金方式支付。全球两大巨无霸交易所垄断证券市场,并通过美元超发和加息周期影响全球资本。

(四)第四波浪潮:合作联盟主导(2013年之后)

经过前三轮的合并与联盟,全球证券交易所分布呈现以欧美主要证券交易所集团为首的寡头垄断格局,其他各国证券交易所纷纷尝试抱团取暖式合并。如2013年1月处于守势的日本东京证券交易所和大阪证券交易所合并为日本交易所集团;2014年1月BATS与Direct Edge合并,2016年3月17日伦敦证券交易所集团(London Stock Exchange Group PLC)与德意志交易所集团(Deutsche Boerse AG)宣布,双方同意进行全股票合并,共同成立一家新的证券交易公司。但随后不久,欧盟向伦敦证交所与德意志交易所间合并亮出红牌——宣布阻止这一并购。

新兴经济体证券交易所之间开展多种形式的合作联盟,一般为半开放状态,进程缓慢、规模较小,仅就某些特定产品互融互通。如香港交易及结算所有限公司、巴西证券期货交易所、俄罗斯莫斯科银行间外汇交易所(MICEX)和俄罗斯交易系统(RTS)、南非约翰内斯堡证券交易所于2011年签署合作联盟协议,允许各成员市场的基准股市指数衍生产品可以在其他交易所以当地货币挂牌买卖。金砖五国新兴经济体,如俄罗斯、印度、巴西、南非等整合本土证券交易平台;中国证券交易所积极尝试国际合作,上交所、深交所与港交所、伦敦交易所、瑞士交易所等合作推出沪深港通和沪伦通等。

图1梳理总结了1999—2019年间全球证券交易所合并与联盟中有代表性的重要事件和发展脉络,大体勾勒经过几轮合并与联盟后,当前全球证券交易所的分布版图和全球资本市场发展总体格局。表1比较分析了全球证券交易所合并与联盟四个不同发展阶段的情况,旨在客观展示全球证券交易所发展趋势特点。

总的来说,证券交易所作为资本市场的主要组织者和秩序维护者[①],通过制定交易规则、维护交易秩序、降低交易成本、提供交易信息等,为国内外投融资主体及其相关机构提供交易平台和各种功能服务,是保障资本市场安全高效运行的重要基础设施和组织载体。其核心功能在于链接资产端和资金端:丰富的交易资产(上市公司股票及其金融衍生品)能满足投资者需求以吸引更多资金,更多投资者和活跃的交易

---

① 刘贺元:《论证券交易所新股首发自律监管及完善》,载《法制与社会》,2015年第11期。

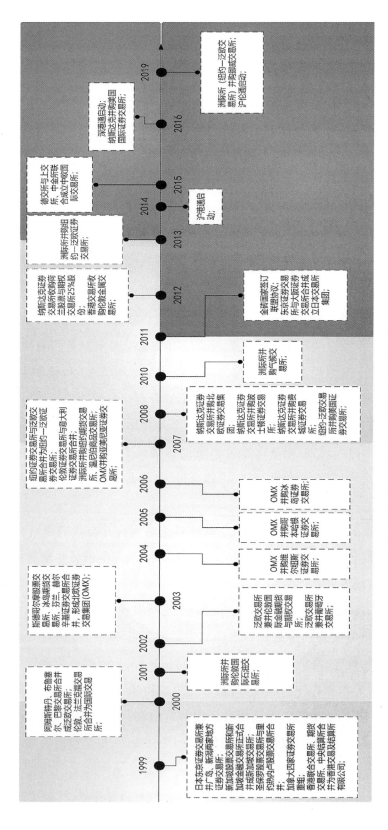

图 1 全球重要证券交易所合并与联盟的主要事件

表 1　全球证券交易所合并与联盟四次浪潮的发展趋势特点

四次浪潮	发展背景	主要特点	代表性案例	说　明
第一次浪潮 1990—1999	➤ 新兴经济体开始创建证券交易所 ➤ 发达国家推进证券交易所公司化改革 ➤ 金融危机后各国重新审视金融全球化	➤ 政府行政主导色彩较浓 ➤ 国内自上而下合并重组 ➤ 证券、衍生品、结算所等交易所横向合并为主	➤ 新加坡股票交易所、新加坡金融交易所合并成新加坡交易所 ➤ 圣保罗股票交易所与里约热内卢股票交易所合并成巴西证券交易所 ➤ 加拿大的四家交易所重组合并	证券交易所经历了本国内部合并使业务多元化、企业化改制、上市交易、横向竞争者合并与联盟、纵向收购能优化企业服务公司的过程
第二次浪潮 2000—2007	➤ 欧元区诞生后欧洲统一市场建立 ➤ 经济金融全球化发展速度加快	➤ 基于市场导向的交易所扩张 ➤ 基于地缘关系开展跨国合并 ➤ 股权收购兼并为主,共用电子交易系统驱动	➤ 阿姆斯特丹、布鲁塞尔、巴黎交易所合并为泛欧交易所,伦敦、法兰克福交易所合并组建新国际交易所 ➤ 斯德哥尔摩股票交易所,冰岛证券交易所,芬兰证券交易所,赫尔辛基欧证交易所合并为北欧证券交易所集团	
第三次浪潮 2007—2012	➤ 《萨班斯法案》限制美国证券交易所扩张 ➤ 信息科技加速发展 ➤ 全球资本市场竞争加剧	➤ 欧美跨国际重组并购 ➤ 强强合并,形成市场垄断 ➤ 新兴电子交易方式兴起	➤ 纽交所并购泛欧所形成纽交所泛欧交易所集团 ➤ 纳斯达克并购北欧证交所等,后又并购 洲际所并购伦敦石油交易所等,纽交—泛欧交易所,形成最大综合性交易所集团	
第四次浪潮 2013 年至今	➤ 新兴经济体崛起 ➤ 全球政治经济格局新动向 ➤ 信息科技、互联网深入发展	➤ 全球交易所垄断局面形成 ➤ 各国内交易所报团取暖式合并 ➤ 新兴经济体交易所合作加强	➤ 金砖国家推基准股市指数衍生产品异地挂牌 ➤ 上交所、中金所与德交所合建中欧国际交易所,伦敦交易所合作推出沪伦通、沪港通、深港通等	

增加了市场流动性,增加资产估值水平从而带来更多资产集聚,上市公司融资需求和投资者投资需求得到充分满足。因此,全球证券交易所合并与联盟,通过上市公司数量、发行的股权债权等证券资本市值、证券交易量等扩张直接体现资本市场的规模和结构变化。通过对上市公司准入审核、制定交易规则、加强市场监管等制度安排影响着全球资本市场开放合作的态势。

二、新形势下全球证券交易所合并与联盟新趋向

当前新科技革命和产业变革浪潮汹涌,新冠疫情大爆发和俄乌战争不断升级更使世界进入动荡不定期,全球经济结构及国际创新版图迎来重塑新机。伴随中美经贸冲突加强,全球证券交易所合并与联盟也出现一些新动向,发达资本市场与新兴资本市场之间出现分割苗头,而新兴经济体资本市场之间呈现开放合作新势头,金砖国家、"一带一路"沿线国家间资本市场交流不断加强,出现多种形式的证券交易所合作联盟,这无不给全球资本市场发展增添了一抹亮色。

(一) 全球证券交易所合并与联盟呈新区域化趋势

由于 WTO 功能弱化及区域贸易协定兴起,以跨国公司为主导的全球范围内配置资源发展模式正发生调整。未来一段时间内,国际经贸由全球化向区域化转变趋势特征越来越明显,区域价值链抑或会逐步代替现有全球价值链网络。反映到全球资本市场上,与前 30 年比较,全球证券交易所合并与联盟可能会出现新的区域化趋势,主导力量和核心因素都会发生变化。

1. 中美"脱钩"态势加剧全球资本市场割裂

2018 年中美贸易战开始,尤其是 2021 年拜登当选以后,中国与欧美在经贸领域冲突愈发激烈,美国试图与中国强制脱钩的目的越来越明显。除了在经贸领域对中国施压和制裁,在资本市场也动作频频。2020 年出台《外国公司问责法》,提出赴美上市公司连续三年不接受美国审计监督机构检查,美国可以禁止上市公司证券交易;颁布《上市公司披露信息法案》,一批中概股企业都在美国公布的预退市名单中,同年 5 月美国商务部将 33 家中国公司及机构列入"实体清单"进行制裁。根据美国《外国公司问责法》,目前已有 159 家中概股列入"预摘牌"名单中,这给中国在美上市公司带来较大冲击,中概股板块经历金融危机以来最严重跌幅。美国拉着西方盟友搞小圈子,企图边缘化中国,分割全球资本市场,这对全球证券交易所合并与联盟带来更

多障碍和壁垒。

港交所作为联结中国境内资本市场与全球资本市场的窗口，积极吸引境外投资者参与境内证券投资，促进中国与全球资本市场互联互通，在中美脱钩中发挥桥梁平台作用。2018年4月港交所修订《主板上市规则》生效，放开了对于采用同股不同权结构企业的限制，为面临退市窘境的中概股企业离美赴港上市减少制度障碍。2021年3月港交所发布放宽海外发行人上市门槛的文件，放宽二次上市和双重上市的资质要求，使得二次上市和双重上市成为中概股回归的路径选择。截至2022年7月，已有26家中概股公司完成赴港上市，合计募集资金超过3 400亿港币，公司市值超过5.3万亿港币，占香港市场总市值的14%。

2. "一带一路"沿线国家交易所合作联盟趋活跃

20世纪90年代基于地理位置形成的交易所联盟格局中，目前仅世界交易所联合会、伊比利亚美洲证券交易所联合会和欧洲证券交易所联合会相对活跃，而欧亚证券交易所联盟、非洲证券交易所协会等发展中国家间形成的联盟大多有名无实，尤其是欧亚证券交易所联盟几乎处于停摆状态。2013年，习近平总书记提出建设"新丝绸之路经济带"和"21世纪海上丝绸之路"合作倡议以来，中国已与150个国家、32个国际组织签署200多份共建"一带一路"合作文件，由此以中国为引领的"一带一路"沿线国家资本市场之间加强合作，各证券交易所之间合作联盟趋活跃。2017年1月，中金所、上交所、深交所完成对巴基斯坦证券交易所部分股权的联合收购，三家交易所合计持股30%，2018年5月，由深交所牵头与上交所组成的中方联合体成功竞得孟加拉国达卡证券交易所25%股权，推进双方在交易技术、市场培育、产品开发等重点领域的务实合作。以参股形式与境外交易所达成合作，但未实行控股。

近年来，上海证券交易所已与来自55个国家的境外交易所签署备忘录、合作协议，合作的境外交易所主要集中于东南亚、中亚、东欧、中东、非洲等"一带一路"及新兴市场国家。深交所与老挝证券交易所、莫斯科交易所、华沙证券交易所等签署合作谅解备忘录，以期在信息共享、人员交流、市场培育、产品研发和创新资本服务等方面展开深入合作。深交所基于科技2.0平台打造跨境资本服务平台，通过网上路演、网下对接，推动跨境投融资项目对接；与海通国际（印度）赴印度孟买联合举行投资项目网上路演活动，促进中印创新资本跨境对接，开展"一带一路"跨境资本服务。中柬签署《跨境金融服务合作协议》，通过信息展示、路演对接、互动交流等方式，促进中国资本与柬埔寨项目对接。

（二）全球证券交易所合并与联盟呈多元发展格局

21 世纪以来,国际主要证券交易所通过兼并收购实现全球扩张,促进了资本市场规模扩大和开放合作。随着信息技术发展,跨地区间的信息传播和电子化交易变得越来越便捷,投资者对跨地区、跨品种资产配置的需求不断提升。从全球范围来看,主要交易所通过横向、纵向等交叉收购细分领域交易平台,拓展投资品种,增强市场活跃度,提升核心竞争力,由此全球证券交易所呈多元发展格局。

1. 全球证券交易所在互联互通中实现横向扩张

受国际经贸区域化发展趋势影响,证券交易所扩张呈现与过去不同的特点,发达国家证券交易所合并联盟以整合国内交易所等资源为主,跨国合并重组步伐明显放缓。如 2017 年洲际所收购北美原油交易所 Natural Gas Exchange（NGX）,2017、2018 年北美外汇交易公司 Fast Match 分别收购固定收益产品电子交易平台 TMC bonds 和 Bond Point, 2019 年收购抵押服务公司 Simplifile 和金融借贷公司 Ellie Mae 等,拓展能源、固定收益、场外交易和抵押投资市场。日交所 2019 年收购东京商品交易所（TOCOM）,拓宽其商品市场。

以中国为代表的新兴经济体证券交易所,积极探索同欧洲、日本、新加坡等海外资本市场展开合作。2018 年沪伦通开始运行,2022 年证监会优化沪伦通存托凭证机制,放宽互联互通渠道,将德国和瑞士纳入境内外证券交易所互联互通存托凭证业务适用范围。交易所债券领域开放稳步实践,制定“一带一路”债券管理规范,境外优质企业到上交所、深交所债券市场发行熊猫债券。交易所期货期权特定品种开放范围持续扩大,已向境外投资者开放了原油期货、铁矿石期货共 7 个期货品种。新兴经济体交易所与发达经济体交易所,在证券、商品期货、债券、ETF 等不同产品等均有合作案例,但从交易量和品种而言,仍处于试水阶段。沪伦通仅有 12 家公司在伦敦、瑞士发行全球存托凭证（GDR）,累计融资 85 亿美元;熊猫债累计发行 78 只,规模 1182 亿元;中外 EFT 互通产品有 11 只中日 ETF 与 6 只香港 ETF。未来与其他国家证券交易所合作仍有较大空间。

2. 全球证券交易所在纵向扩张中延伸业务和功能

近年来,世界主要交易所通过外源并购,围绕交易业务主业持续拓展业务链条,发展上市服务、以数据及分析工具为主的信息与技术、市场技术等其他业务板块。这使得交易所收入趋于多元,传统交易业务收入占比逐步降低。如果将交易所上市服务、信息与技术、市场技术等其他业务板块收入归为解决方案板块,在全球前十大交易所中,洲际所解决方案板块实现收入36亿美元,在总营收中占比44%;纳斯达克解决方案板块实现收入18亿美元,在总营收中占比32%,伦交所解决方案板块实现收入15亿美元,在总营收中占比44%。图2和表2展示了全球主要证券交易所营收构成情况及相关排名。

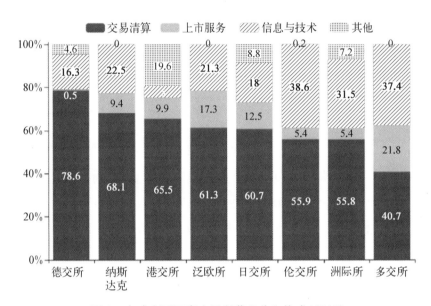

图2 全球主要证券交易所营业收入构成(2020)

表2 全球主要证券交易所的信息与技术业务收入(2020)

排名	交易所	绝对额	排名	交易所	相对额	排名	交易所	增长率
1	洲际所	26	1	伦交所	39%	1	德交所	51.70%
2	伦交所	12.9	2	多交所	37%	2	洲际所	17.60%
3	纳斯达克	12.7	3	洲际所	32%	3	泛欧所	13.30%
4	德交所	7.5	4	纳斯达克	22%	4	纳斯达克	13.20%
5	多交所	2.5	5	泛欧所	21%	5	日交所	9.80%
6	日交所	2.3	6	日交所	18%	6	多交所	8.00%
7	泛欧所	2.3	7	德交所	16%	7	港交所	3.70%
8	港交所	1.2	8	港交所	5%	8	伦交所	2.40%

数据来源:各交易所2020年年报、上交所资本市场研究所。

如纳斯克达交易所。2020 年提出最重要愿景——成为技术领先、分析工具好的基础设施提供商,围绕交易和上市主业加速纵向布局,聚焦企业平台、投资情报和市场技术三大领域。2012 年收购汤森路透旗下的 IR、PR 和多媒体服务部门;2017 年收购市场领先的投资数据平台 eVestment;2020 年收购 ESG 报告及解决方案提供商 OneReport;2021 年收购反金融犯罪解决方案提供商 Verafin。如伦交所,2015 年后加速数据分析领域布局,收购罗素指数公司,并与富时指数合并为富时罗素,进一步加强信息数据领域优势,2017 年以来,先后收购商业金融信息提供商 Mergent、固定收益分析平台 Yield Book、指数服务 Citi Fixed Income,2021 年完成数据分析行业巨头路福特的收购,成为金融数据及基础设施领域的全球领导者。

如洲际所于 2010 年、2016 年分别收购了 Interactive Data、SPSE 等数据运营商,2017 年收购美银美林债券指数(BofAML),并通过业务重整,为客户提供数据技术增值服务,图 3 展示了洲际所从 2000—2021 年间成立及收购兼并的发展历程。德交所紧跟市场发展潮流,大力投资数字化业务,2019 年收购风险管理解决方案的供应商 Axioma 合并为 Qontige,2020 年收购衍生品数据分析服务商 Quantitative Brokers,2021 年收购 ISS 与 Discover Data,2022 年收购 Kneip。泛欧所收购了软件服务供应商 Commcise,投资卢森堡的金融科技公司 Tokeny Solutions,加强区块链技术研究。多交所收购数据分析平台 Trayport。港交所收购金融科技公司港融科技(又称"融汇通金"),投资北京华控清交信息科技公司,提升数据市场竞争力。

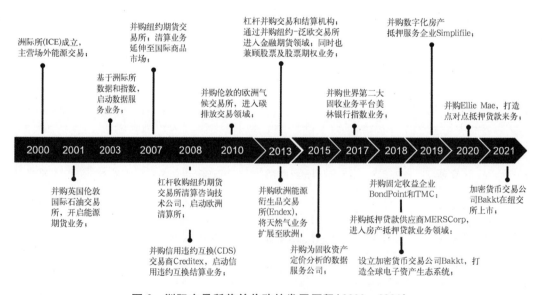

图 3　洲际交易所兼并收购的发展历程(2000—2021)

（三）全球证券交易所合并与联盟趋于协同创新监管

当前全球各大交易所均致力于推进数字化转型，借助新技术克服市场运行障碍，提高内部运营效率，强化数字科技对交易所的技术支撑。新形势下全球证券交易所合并与联盟发展更多强调技术、业务和监管模式方面的协同创新，在合并与联盟中特别强化监管科技运用路线，提高信息技术安全自主可控、加强数字赋能监管、促进科技与业务深度融合、推进行业技术共享共建共治。

1. 证券交易所合并与联盟强调科技赋能交易所功能

交易所通过外部并购、业务链纵向扩张，加大新技术平台投资，提升交易所运作效率。如纳斯达克与微软公司合作，借助微软 Azure 云平台向客户交付市场服务平台，并加大对新技术平台 NFF 的投资，统筹整合全交易周期环节，集成连接外部应用程序。港交所推出全新证券交易系统"领航星交易平台-证券市场"（OTP－C）、"新一代交易后平台"重点项目 Client Connect，采用开放技术结构，提高系统灵活性，支持更大的交易量。多交所建立证券代币服务（Security Token Offering），将区块链技术嵌入交易平台，突破企业融资规模限制，并推出全新加密货币经济平台，提供比特币和以太币交易。

2. 证券交易所合并与联盟实施跨境联合交易与监管

全球证券交易所合并与联盟重在加强双多边交流对话，推动跨境共同监管合作进一步深化。如中美积极推进审计监管合作，成功签署跨境上市公司审计和监管合作协议。中国已同 67 个国家（或地区）建立监管合作机制，担任国际证监会组织（IOSCO）常任理事，共同制定国际行业标准。在可持续和绿色金融领域，上交所牵头制定了世界交易所联合会的《可持续交易所原则》，参与制定全球发行人气候信息披露指南等事项。中国优先选择新加坡、泰国、印尼、马来西亚、伊朗、南非等证券交易所合作，优先解决跨时空交易技术问题，建立统一交易机制及联合监管机制。

3. 全球证券交易所合作共同探索发行上市模式创新

近年来，纽交所、纳斯达克等境外交易所通过调整上市制度，实行直接上市（DPO）、大力发展 SPAC 等举措积极抢夺"新经济"企业，上市融资活动大幅增加。2018 年纽交所成功申请直接上市新方案，规模较大的独角兽企业绕过传统流程直接上市，避免出售股票对原有股东权益稀释，降低上市费用。2020 年纳斯达克、纽交所修改新上市规则，鼓励 SPAC 公司转板至场内，目前 SPAC 上市数量、筹资额分别占美股 IPO 数量、IPO 筹资额的 52%、52%。SPAC 的火爆极大地震动了全球资本市场及各国交易所,2021 年以来,港交所、伦交所和新加坡交易所积极研究在本土市场推出 SPAC 的可行性,并积极推进实施。

三、全球证券交易所合并与联盟发展的动因与成效

全球证券交易所合并与联盟的快速发展是有其内在动因和发展逻辑的。一方面伴随经济全球化发展,国际证券市场竞争空前激烈,在"丛林法则"残酷较量中,并购成为交易所快速抢占市场、形成优势的绝佳路径。另一方面信息化及网络通信技术突飞猛进、全球投融资需求上升、资本市场规模扩张。因此,为应对竞争对手强势挤压、扩大市场有效控制以及角力全球金融产品定价权,证券交易所通过合并与联盟强化金融资源配置功能,推动全球资本市场一体化发展。

(一)全球证券交易所合并与联盟的主要原因

全球证券交易所的合并与联盟既是信息科技快速发展、资本市场竞争加剧等外部因素作用的结果,更是证券交易所自身内在驱动力的作用,证券交易所是天然的平台经济,具显著的双边网络效应。证券交易所合并与联盟,就是通过链接资产端和资金端,在双边网络效应作用下促进整体交易量螺旋式上升,迅速扩大资本市场规模,以增强平台经济载体功能,从而提升交易所核心竞争力。

1. 信息科技快速发展为交易所合并与联盟奠定基础

信息网络通信发展使得传统证券发行模式、交易模式、清算模式等都发生变化,破除了时空阻隔壁垒对各交易所合并与联盟的制约。互联网发展使得信息交换效率提升,基本实现全球信息共享。[1] 证券发行通过信息技术进步变得简化,并且提高了认购效率,各种发行费用得以降低;证券交易撮合效率、清算速度得以提高,这使全球范围内证券交易所的联合成为可能。从交易平台来看,统一的计算机逻辑基础、开源方式、平台软件等,使得具有不同交易流程的证券交易所有了统一的标准体例,进而共用一套交易基础设施,各交易所通过迁入共同电子交易系统以降低合并与联盟难度。

2. 应对市场竞争是交易所合并与联盟的必然选择

在证券市场日益全球化背景下,各证券交易所、期货交易所以及结算所等纷纷进行合并重组,以应对激烈的市场竞争,保住或提高其国际金融配置功能地位。随着国

---

① 桑榕:《全球证券交易所合并与联盟、原因、影响及障碍》,载《经济导刊》2001 年第 3 期。

际资本市场开放,资本国际流动愈发频繁,发行人可跨出国门融资、投资者可选择在全球多个交易所投资,这使得交易所对上市资源、投资者的争夺通常在国内外两个市场间同时展开。证券交易所合并与联盟就是通过同业合并、整合资源,将原来分割的市场合并成统一市场。① 交易方式、结算制度、资金管理的统一有利于证券交易所风险管理。如纽交所寻求与欧交所合并组建横跨大西洋的纽约—泛欧交易所集团,既可重新获得境外企业上市资源和交易费用,为投资者投资境外企业股票提供便利途径;还可利用欧交所在金融衍生品方面经验,为纽交所的证券提供风险对冲和信用保护,完善风险管理机制。②

3. 提升核心功能是交易所合并与联盟的内在要求

证券交易所实现公司化和上市之后,作为市场主体的利益诉求和创新发展需求越来越突出。信息技术发展为交易所业务创新提供了可能,世界主流交易所围绕交易业务主业持续拓展业务链条,发展上市服务、以数据及分析工具为主的信息与技术、市场技术等其他业务板块,收入来源由主要通过佣金获利发展到通过数字赋能,大幅提升营收和利润水平。为此,目前全球主要证券交易所合并与联盟,往往立足于发展战略目标,按照业务类拓展(横向合并)、产业链扩展(纵向合并)等路径来整合资源优势,提升其在全球资本市场中的战略优势和竞争力。

证券交易所是天然的平台经济,具有显著的双边网络效应特征。证券交易所合并与联盟,通过链接资产端和资金端,在双边网络效应作用下促进整体交易量螺旋式上升。根据双边网络效应模型,证券交易所合并与联盟从资产端来看属于供给侧,会拓宽产品交易品类;从资金端来看属于需求侧,会带来跨时区和多品种的交易标的,能更好地满足投资者需求,提高投资活跃度,吸引更多证券挂牌上市。如下页图 4 所示,证券交易所合并与联盟通过资源整合,实现不同交易场所的交易品类、企业和存量黏性客户的链接,使得资产端和资金端总量增长,从而进一步增强交易所的核心功能,并使之逐步实现循环式增长。

(二)全球证券交易所合并与联盟的积极效应

在经济全球化快速发展大背景下,全球交易所合并与联盟是资本市场发展的大势所趋,也是证券交易所公司化发展的内在需要,有利于布局新市场、实施新技术,有效提高全球资源配置能力。目前全球证券交易所经过多轮跨国并购,已实施全球布

---

① 李海龙:《全球并购背景下的证券交易所——以美国经验为重心》,载《清华法学》2014 年第 8 期。
② 《全球证券交易所竞争力报告(上)》,载《互联网资源》2019 年 9 月 16 日。

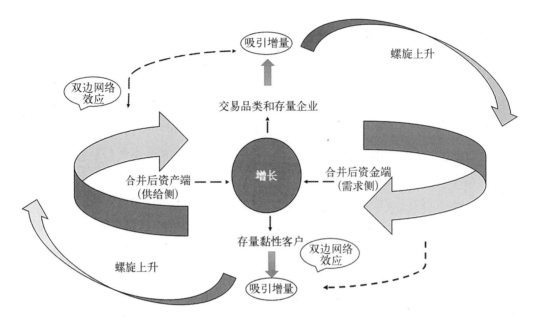

图 4 证券交易所合并和联盟的双边网络效应模型

局,形成证券资本市场垄断竞争的发展态势。全球证券交易所制度趋同性在加强,形成统一的交易规则、统一的交易平台、统一的结算系统,且打破了交易时间限制,提高互联性,促进资本市场规模和结构优化。

1. 证券交易所合并与联盟促进资本跨国流动

交易所并购后,不仅降低自身交易成本,还为客户节约成本和提高资金流动性。对投资者,资金跨国流动变得更加便利;对于融资方,上市公司在任意一间证券交易所上市,都可以获得证券交易所集团带来的融资便利。证券交易所集团旗下满足条件的投资者,可以购买联通系统上的所有股票,对上市融资企业,无疑是巨大利好;对证券市场方面,证券交易所合并推动信息流动,科技进步促进电子自动报价系统普及,全球报价信息几乎在一瞬间就可以同步,信息匹配度进一步提高。① 在信息披露方面,市场效率高的地区优于市场效率低的地区,证券交易所合并后,对信息披露不够完善的地区,将会对其信息披露制度进行相应改进,对市场效率具有正面促进作用。

2. 证券交易所合并与联盟提高全球资本集聚效应

证券交易所合并与联盟直接效应即是扩大资本市场规模。对投资者而言,可

---

① 徐东鹏、林德钦:《跨国证券交易所合并对证券市场效率影响研究》,载《中国市场》2022 年第 3 期。

选择股票债券等证券交易品种增加,可不再受时间、空间限制,无论出于投资或投机目的,选择长期优质标的或短期量化策略,机会更均等,这自然能吸引更多资金,表现为融资额加速上升。如纳斯达克,2000 年前为金融监管协会(FINRA)独资控股,2002 年股权分散化并成为上市公司。2004 年正式开启并购扩张战略,国内并购了保险公司、波士顿、费城证券交易所等直接竞争对手,以及能源信用清算公司和各类金融产品服务公司等产业链上下游;国外收购了英国伦交所近 30% 普通股,并购了 OMX 集团和清算业务公司,一系列并购措施促使纳斯达克成为全球增长最快,影响力最大的证券交易所。如洲际交易所,2013 年收购了纽约证券交易所之后,成为世界领先的综合性交易所集团,所有符合条件的投资者可以购买联通系统上的任何股票,高效地实现投融资国际化和多元化,提高了资产端和资金端匹配效率和整体运转效率。

3. 合并与联盟提升证券交易所吸引优质企业能级

证券交易所合并与联盟延伸了证券交易服务效能,促进了信息汇聚,通过提供系列金融信息、分析工具及研究服务,提高了信息时效性和全面性,增强了信息传递水平,吸引跨国公司总部及相关生产性服务者集聚。而且证券交易所合并与联盟能通过规模化、多元化,有效化解企业经营风险。交易所并购发生后,资本集中可以为待上市企业提供更高的估值,且通过打通内部壁垒,整合产品、技术和操作平台,为企业提供多种服务闭环。上市企业在关联平台内申请融资和购买抵抗风险类的衍生物,使得企业现金流处理更加便捷,提高企业经营和风险管理效率。另外,规模化效应带来了熟练度提高,创新性增强,专业化程度高,且规则统一,信息透明度高,这也成为吸引全球优质企业的原因。

4. 合并与联盟提升证券交易所的监管协调

证券交易所合并与联盟,促进跨国、跨洲际间交易所的监管协调。交易所并购发生后,跨境交易所在多个司法管辖区从事经营活动时,往往面临冲突性监管要求,监管协调通过化解监管标准的冲突,降低发行人和投资者的交易成本和行政成本,使得投资者和发行人受益,另外,监管者自身也将通过更加高效地分配调查和审计资源而受益。[①] 如纽交所与泛欧证券交易所的合并,促使美国证监会(SEC)将国际协议纳入其监管体制,从而确保欧盟证券法律和规定在很大程度上与美国的证券法律和规定

---

① 刘春彦:《世界交易所合并浪潮及其启示》,载《中国金融》2011 年第 5 期。

相匹配,从而进一步实现美国与欧盟之间的监管协调。

综上所述,证券交易所合并与联盟的效应是形成一个更强大的优质平台资源,企业和投资者的双向选择促使证券交易所强者恒强,其上市交易规则、监管要求及运营方式愈发灵活,竞争力愈发强。

四、全球证券交易所合并与联盟发展的启示及建议

纵观全球证交所合并与联盟发展历程可以发现,公司化改革与上市是交易所竞争力提升的可行路径。港交所、伦交所、纽交所、纳斯达克等上市证交所都通过激烈的市场竞争脱颖而出,其市值成为交易所合并的参考锚定价值。其发展路径呈现从国内资源整合重组到跨国跨境收购兼并,再发展到跨洲际合并;从同类交易所业务横向扩张,到证券、衍生品、结算所等不同业务类别的交叉合并,进而实现纵向产业链、全方位覆盖的交易所合并与联盟。这对我国正确认识证券交易所的发展定位、加强证券市场建设具有十分重要的启示。

(一)全球证券交易所合并与联盟发展的启示

1. 顺应全球资本市场开放创新发展的内在要求

在全球城市网络结构中,国际金融中心所在全球城市,是各种资源和能量高度集聚与释放的空间节点,具有最广泛、最密集的全球网络连通性,具有较强的控制权和影响力。全球证券交易所合并与联盟是全球城市资本流动网络和枢纽功能重塑的重要窗口期,要积极洞察全球证券交易所合并与联盟发展趋势,把握好其进程中的有利契机,借鉴全球证券交易所先进的营运经验和监管水平,适时对我国证券交易所进行公司化改革和上市,如筹划组建上海交易所集团并择机上市、逐步并购或重组国内外相关交易所,推进我国资本市场开放的节奏,有序提高资本市场国际化程度,以提升上海国际金融中心地位。

2. 提升我国国际金融资源配置优化的能级水平

证券交易所合并与联盟强化全球资本市场流动的规模和格局:增加资产端——上市公司的数量市值规模和交易量,并通过创新产品、交易规则和流程管理效率,提升市场流动性。增加资金端——投资者的吸引力,并通过叠加累积效应,巩固有实力的证券交易所垄断地位,并提升其所在城市的枢纽链接功能。目前境外企业能在港交所、台交所上市,但占比均不到10%,上海深圳等证交所境外企业挂牌凤毛麟角,上

交所 2 146 家上市公司中境外注册企业仅 8 家,占比 0.4%,深交所还没有实现零的突破。相比新加坡证交所上市企业 673 个中境外企业数 231 个,占比高达 34%。

3. 提高资本市场高效运行、健康发展的重要手段

证券交易所合并与联盟优化了交易平台功能,促进了资本市场各类业务的融合发展,如证券交易所与期货所、清算所是否能融合。目前,我国证券交易所 3 家,期货交易所 5 家,证券登记结算有限公司 1 家,交易所分割和壁垒导致资金流动速度低下,二级市场交易平台衍生品同质竞争严重,如在各类银行、支付软件、各类"钱包"的基金理财,所融资金实际也是通过机构去购买股票等标的,而机构所谓"交易策略",实际是类似的一套决策逻辑,结果是优势资金形成量化竞争,呈现零和博弈状态,投资机会不平等,劣币驱逐良币,脱离了最初设立时希望通过市场甄别优质企业并促进企业良性发展的目的,资金高效配置失效,普通投资者预期不明确,信心缺失。因此,调整市场资本力量对比,处理好垄断与竞争关系,塑造健康平等的市场,不断提高市场对投资者和优质企业吸引力。

4. 拓展新兴经济体证券交易所间合作的空间较大

尽管欧美证券交易所在全球处于垄断地位,但金砖国家和"一带一路"沿线国家的证券交易所正在快速崛起,尤其是中国、印度等新兴经济体的证券交易所最为活跃。面对中美竞争、俄乌冲突等地缘政治经济格局新变化,未来在"一带一路"、RCEP、金砖国家等框架下形成新的交易所合作与联盟,取代传统的基于地理位置形成的联盟,在国际交易所格局中达成新平衡。此外,金砖国家交易所间未来最有可能达成合作联盟,主要是因为金砖国家一直是全球经济增长的领跑者,交易所联盟能够拓展相互之间的新合作渠道,在对抗世界主要交易所无序扩张的同时,为内部资金自由流动提供便利,减轻汇率波动等风险。

5. 数字技术赋能未来交易所新型合作与联盟

区块链、人工智能等数字技术快速发展,在全面提升交易所结算等运行效率的同时,还能有效增强交易所的监管水平、降低合作和联盟中可能引发的金融市场风险。尤其是跨境数字平台为资金流动、信息共享等提供便利,将进一步激化证券交易所间的竞争,倒逼全球交易所走向新一轮的合作联盟。为了适应交易所的数字化转型与联通性增强等最新变化,全球交易所监管标准、规则制度等将会进一步趋同,这也将为新一轮的合作与联盟提供可能,如上交所将要实行的注册制,大数据等技术会为其信息披露、新股定价等方面提供技术支撑。

6. 多元化合作是未来交易所合作联盟新常态

交叉上市和互相持股依然是交易所合作联盟常态,其中"沪港通""沪伦通"等正在开辟发达国家和发展中国家交易所合作交叉上市的方向,其基本特征是通过为两地发行人和投资者提供进入对方市场进行投融资的便利渠道,开创了交易所互联互通新模式。此外,在合作内容上,交易所之间从简单的交叉上市模式,向股票、证券发行、交易、上市、清算、转让等全领域全面合作。在相互持股方面,新兴经济体交易所之间正通过相互持股来集体壮大,发展多层次股票市场、债券市场及衍生品市场,并提升技术水平。

(二) 增强我国金融资源配置功能的建议

观察全球证券交易所合并与联盟发展趋势特点,寻求国内外证券交易所合作的目标与路径,在加强资本开放和制度创新中寻找与全球重要交易所合作新模式,促进国内外资本市场联系,增强我国金融资源配置功能。

1. 深化互联互通合作机制,扩大我国与全球资本市场链接

"沪伦通""沪港通""深港通"等作为我国证券交易所对外合作的"王牌",是我国金融市场对外开放和人民币国际化重要抓手,截至 2022 年 9 月底,沪港通和深港通的资金累计净流入规模分别达到 1.12 万亿元和 0.97 万亿元,占各自交易所流通市值的 2.9% 和 3.9%。建议在深化"沪伦通""沪港通"基础上,进一步扩大金融市场开放,不断增强我国国际金融资源配置的竞争力。一是进一步扩大合作内容和相关规模,除了双向上市外,还应向债券、清算等领域进行合作。尤其是"沪港通",重点需要强化双方在外汇风险管理、国际付费模式等领域的合作,提升上海交易所的产品创新能力。二是进一步扩大合作范围。针对目前"沪伦通"放宽互联互通渠道,中资企业可赴瑞士、德国证券交易所上市发行存托凭证等新动向,加快与欧洲证券交易所合作。此外,进一步与 RCEP 区域国家的证券交易所进行合作扩展,特别是"一带一路"沿线国家的主要交易所建立联通机制,推进国际金融资产交易平台建设等,推动上交所"科创板"国际化市场化,探索"走出去"的路径。

2. 构建金砖经济体交易所联盟,提升新兴交易所国际竞争力

为应对来自美欧证券交易所垄断的挑战,我国应首倡和引领新兴经济体间交易所的合作联盟:一是基于区块链技术建立通用交易平台,建议采用集中式系统,即在保留成员国现有系统的基础上,重新设计新的交易系统,具体由各国代表组成的执行委员会运行管理。二是结合成员国金融发展水平,建立适应金砖经济体交易所的统

一规则、标准和程序,提高相互之间的联通性,为成员国交易所间的跨境交易提供便利。此外,还需要交易所的统计数据等进行及时交换,便于充分利用成员国内的金融资源,提升金砖经济体的金融市场的国际竞争力。三是在合作内容和合作伙伴上逐步扩大。在合作内容上,建议逐步邀请其他从事股票、证券发行、交易、上市、清算、转让等业务的金融机构参与。在合作伙伴上,逐步扩展到与"一带一路"和 RCEP 区域的交易所进行合作。

3. 借助自贸区金融开放,探索建立国内外资本市场联通新机制

充分利用上海自贸区临港新片区金融开放的政策优势,建立完善自贸区与国际证券市场接轨的证券法规体系,积极吸引境外机构投资者参与上交所"科创板"投资,包括海外 ETF、中国在海外上市的红筹股,"一带一路"沿线国家优秀科创企业到"科创板"上市等。考虑适时推进国际版建设,遴选优质境外企业上市,特别是大量业务在国内、以中国为重要市场并对人民币需求较大的外资跨国公司。还要考虑与欧洲、东南亚地区交易所开展更深层次合作,将国际版作为我国一带一路倡议的重要纽带和桥梁。

4. 加强交易监管制度创新,提高我国证券交易所国际影响力

一是为跨境金融数据流动提供便利。根据《数据安全管理办法(征求意见稿)》和《个人信息出境安全评估办法(征求意见稿)》等文件,目前我国金融数据出境监管规定和要求较为严格,未来会给交易所联盟等合作带来不便,建议参照欧盟《通用数据保护条例》,对成员国的数据保护能力进行评估,对符合我国数据安全保护要求的成员国,允许金融数据跨境有序流动。二是建立国际化监管制度。上海证券交易所的监管机制与纽约证券交易所等仍存在很多差异,注册制尚未真正落到实处。需要借助落地中美《审计监管合作协议》,不断提升上海交易所审计监管的国际化水平。三是加快建立数字生态系统。目前,伦敦证券交易所等均在推进数字化转型,以此来开发新产品和新服务,不断提升投资者的体验。上海证券交易所应重点推进区块链和人工智能等技术在数据开发和信息模型搭建中的应用,便于投资者更好进行资本管理,同时也可用来应对市场操作、欺诈等行为。

5. 推动国内证券交易所合作,探索分层发行上市新模式

伴随着上交所、深交所快速发展,以及北交所设立、中概股回归港股市场,国内各大交易所抢夺上市资源和投资者的竞争越来越激烈。为此,要学习借鉴美国纽交所、纳斯达克等境外交易所近年来的创新实践,通过调整上市制度,实行直接上市

（DPO）、大力发展 SPAC 等举措积极抢夺"新经济"企业,结合新经济新赛道企业特点,我国各交易所要积极探讨内部分层方式,针对不同企业特点设置灵活的上市财务标准和不同的流动性要求,向更多符合发展定位的企业敞开大门,提高融资效率,充分发挥我国资本市场对实体经济的支撑功能作用。

全球分红水平提升，红利指数投资规模增长

——2022 年全球分红与红利指数化投资报告

刘博睿*

摘要：本文基于全球 50 个发达与新兴市场上市公司分红数据，总结了 2022 年全球上市公司分红情况，系统梳理了全球不同市场上市公司在分红水平、分红质量、分红行为等方面的差异，最后分析了境内外红利指数化投资现状与发展趋势。研究发现，全球上市公司分红总额、分红数量占比、分红水平呈持续提升趋势；新兴市场分红增速较快，但分红持续性与发达市场存在较大差距；各市场股息率主要受估值因素影响，股利支付率则受区域经济发展状况及企业自身发展阶段等因素影响；企业生命周期显著影响上市公司分红政策，成长期上市公司倾向于采取红利增长分红政策，成熟期则倾向于采取高股息政策；不同市场分红政策差异显著，中国 A 股分红增速较快，央企、地方国企占主导地位，港股分红小幅增长，规模分化继续加深，美股分红政策保持高稳定性，"黏性股利"现象显著；境内外红利指数产品规模逆势增长，策略呈多元化趋势，考虑到长期资金占比提升以及上市公司分红行为改善，境内红利指数化投资仍有较大发展空间。

关键词：分红行为　企业生命周期　黏性股利　高股息　红利增长

一、全球上市公司现金分红概览

（一）全球市场整体现金分红水平持续提升

全球上市公司分红数量与金额稳步提升。2022 年，全球 50 个发达与新兴市场中

---

*　中证指数有限公司研究开发部。

有近 1.9 万家上市公司进行了现金分红,数量较 2021 年增加 7%,约占对应市场上市公司总数量的 48%[①],较上年增长 1.4 个百分点。全年实际分红总额[②]约为 2.5 万亿美元,较 2021 年增长 11.8%,全年分红总额占总市值百分比为 2.4%。

分红金额方面,美国市场以 7 780 亿美元稳居第一,占全球 50 个市场分红总额近 1/3,其次为中国境内市场,以 2 400 亿美元位列第二,紧随其后依次为日本、中国香港及澳大利亚,其中,在分红总额排名前 5 的市场中,亚太市场占据 4 席。分红增速方面,在 50 个主要市场中,有 38 个市场分红总额较上年实现增长,其中,印尼、巴西、阿联酋等新兴市场增速较快,分别为 56%、38%、36%。分红公司数量占比方面,日本以 80% 位列第一,其次为卡塔尔、智利等上游行业占比较高的市场,分别为 77%、75%。分红水平方面,受疫情后全球经济复苏影响,2021 年度全球市场整体净利润较 2020 年大幅增长,导致全球平均股利支付率[③]下降幅度较大,由 38% 下滑至 30.6%。股息率方面,因 2022 年全球市场整体震荡下行,估值水平有所下降,平均股息率约为 2.3%[④],较上年小幅增长。全球 50 个主要市场上市公司分红概况如表 1 所示。

表 1　全球 50 个主要市场上市公司分红概况

实际分红年度	2022 年分红总额（万亿美元）	分红总额增速	分红上市公司数量占比	平均股利支付率	平均股息率
2022 年	2.49	11.8%	47.9%	30.6%	2.3%
2021 年	2.23	—	46.5%	38.0%	1.9%

数据来源:中证指数,Refinitiv。

分区域来看,2022 年,北美市场依然是全球分红总额最高的市场,且分红增速较为稳定,紧随其后分别为亚洲市场及欧洲市场,三者合计占全球主要市场分红总额的 80% 以上。分红增速方面,拉美市场增速较高,约 35%,或与其丰富自然资源禀赋下的较高上游产业占比有关。股利支付率和股息率方面,股利支付率受区域产业结构影响较大,中东、拉美及大洋洲整体股息率与股利支付率均显著高于其他区域。分红

[①]　统计口径为 2022 年底之前上市的所有上市公司,并剔除存托凭证(Depositary Receipts),下同。

[②]　统计口径为除息日在 2022 年内的所有现金分红。为避免重复计算,对多重上市公司进行去重处理,同时针对 A+H 股仅统计各自单市场分红总额。

[③]　平均股利支付率=全部上市公司年度分红总额/全部上市公司年度净利润总额,同时剔除利润为负的上市公司,考虑到报告期匹配,在此使用的年度分红、年度净利润数据均来自上年财报。

[④]　平均股息率=全部上市公司年度分红总额/全部上市公司全年日均总市值。

持续性与增长性方面,亚洲市场在分红持续性方面已与北美市场较为接近,但在分红增长性方面仍存在较大差距。此外,从发展程度来看,发达市场分红总额占全球主要市场分红总额的68%。相较而言,新兴市场分红增速与分红公司数量占比更高,但在分红持续性方面仍与发达市场存在较大差距。不同区域分红概况、不同发展程度市场分红概况分别如表2、表3所示。

表2　不同区域分红概况

区　域	2022年分红总额（亿美元）	分红总额增速	区域内分红上市公司数量占比	平均股利支付率	平均股息率	连续5年分红占比	连续3年红利增长占比
北　美	8 088.7	12.8%	33.7%	27.4%	1.7%	40.5%	21.6%
亚　洲	7 226.0	9.0%	54.3%	28.5%	2.3%	43.8%	8.8%
欧　洲	5 573.2	13.9%	44.7%	33.7%	3.4%	30.5%	7.0%
中　东	1 320.1	8.7%	45.5%	51.2%	2.9%	24.7%	3.3%
拉丁美洲	1 279.5	34.9%	63.4%	37.2%	5.0%	46.9%	4.0%
大洋洲	1 200.4	−1.1%	24.4%	42.8%	6.2%	20.5%	4.4%
非　洲	235.6	2.0%	68.6%	34.0%	5.5%	41.2%	4.5%

数据来源:中证指数,Refinitiv。

表3　不同发展程度市场分红概况

市场分类	市场数量	2022年分红总额（万亿美元）	分红总额增速	市场内分红上市公司数量占比	平均股利支付率	平均股息率	连续5年分红占比	连续3年红利增长占比
发达市场	24	1.7	9.1%	45.6%	30.3%	2.2%	42.8%	12.2%
新兴市场	26	0.8	18.0%	50.5%	31.2%	2.6%	35.1%	6.7%

数据来源:中证指数,Refinitiv。

（二）全球上市公司分红特征分析

1. 股息率与估值水平呈负相关性,不同市场股息率行业分布一致性较高

理论上,股息率由股利支付率与估值水平决定,由于股利支付率较为稳定,估值

因素对股息率的短期影响更为显著。据统计,全球主要市场的股利支付率与市盈率①整体呈显著负相关关系,相关系数为-0.41。各市场平均股息率与平均市盈率相关性如图 1 所示。

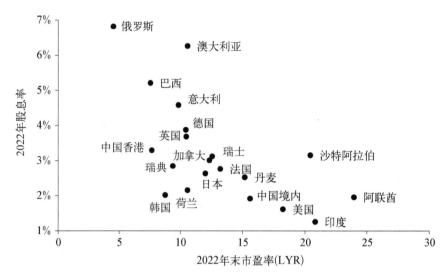

数据来源：中证指数,Refinitiv,该表仅展示规模相对较大的 20 个主要市场。

图 1　各市场平均股息率与平均市盈率相关性

不同市场股息率行业分布呈现较高一致性。股息率较高行业主要分布在上游能源、原材料、公用事业,以及金融、房地产等行业;消费、医药卫生、信息技术等行业股息率则相对较低。此外,部分市场中也有个别行业股息率与其他市场相应行业存在较大差异,这与行业发展程度以及内部结构密切相关,例如德国大型车企已进入成熟阶段,每年派息水平较高,因此可选消费行业股息率较高;丹麦工业行业股息率较高,则主要因其高分红航运产业在工业中占比较高。不同市场股息率行业分布情况如表 4 所示。

表 4　不同市场股息率行业分布情况

市　　场	整体平均	能源	原材料	公用事业	通信服务	金融	房地产	工业	可选消费	主要消费	医药卫生	信息技术
印　　度	1.3%	2.1%	1.6%	1.5%	0.9%	0.9%	1.2%	0.7%	0.7%	1.4%	0.9%	1.7%
美　　国	1.6%	4.2%	2.2%	2.9%	2.3%	2.6%	3.8%	1.8%	0.8%	2.0%	1.4%	0.7%

① 年末市盈率＝2022 年末全部公司总市值/全部公司上一个财报净利润总额。

续 表

市　　场	整体平均	能源	原材料	公用事业	通信服务	金融	房地产	工业	可选消费	主要消费	医药卫生	信息技术
中国境内	1.9%	6.1%	1.9%	1.9%	1.8%	4.3%	2.3%	1.0%	1.6%	1.5%	0.9%	0.8%
阿联酋	2.0%	4.9%	3.4%	3.0%	2.9%	2.9%	1.7%	0.6%	1.3%	0.1%	0.5%	—
韩　国	2.0%	3.7%	2.4%	2.1%	2.9%	5.3%	5.2%	1.0%	2.7%	2.2%	0.3%	1.6%
荷　兰	2.2%	—	3.5%	—	2.5%	6.2%	1.7%	3.6%	2.6%	2.2%	3.1%	0.8%
丹　麦	2.5%	—	1.3%	1.8%	3.9%	3.3%	0.7%	5.9%	2.6%	2.5%	1.3%	0.7%
日　本	2.6%	4.3%	3.4%	2.6%	2.8%	4.5%	3.2%	2.2%	2.9%	2.4%	1.9%	1.7%
法　国	2.8%	7.1%	2.2%	4.1%	3.8%	6.7%	5.9%	2.0%	1.8%	1.9%	2.5%	0.7%
瑞　典	2.8%	3.8%	3.1%	—	5.4%	4.0%	2.1%	2.7%	2.4%	2.2%	0.7%	0.7%
加拿大	3.0%	3.5%	2.1%	4.0%	4.4%	3.7%	3.6%	2.9%	1.8%	1.8%	0.6%	0.3%
瑞　士	3.1%	—	2.4%	2.3%	4.2%	4.2%	2.8%	3.0%	5.9%	2.7%	2.7%	1.3%
沙特阿拉伯	3.2%	3.5%	3.3%	1.6%	3.2%	1.9%	1.7%	1.0%	2.2%	2.1%	1.7%	1.2%
中国香港	3.3%	10.6%	4.2%	3.7%	1.8%	4.7%	4.3%	3.1%	0.7%	2.2%	0.6%	1.1%
英　国	3.7%	4.2%	7.3%	4.3%	4.5%	3.9%	3.6%	1.8%	2.3%	3.8%	2.5%	2.0%
德　国	3.9%	1.0%	4.3%	2.5%	3.7%	3.9%	3.4%	4.5%	7.9%	2.8%	1.8%	1.7%
意大利	4.6%	6.5%	2.3%	5.9%	2.5%	6.4%	3.5%	2.7%	4.8%	0.8%	1.4%	0.7%
巴　西	5.2%	2.7%	9.5%	6.2%	3.9%	5.6%	2.9%	2.3%	1.7%	4.2%	1.3%	0.9%
澳大利亚	6.3%	7.7%	10.5%	4.8%	5.3%	5.8%	4.4%	3.7%	4.1%	4.2%	1.6%	1.5%
俄罗斯	6.8%	11.0%	6.4%	5.5%	10.7%	0.3%	2.1%	0.4%	0.2%	0.9%	2.3%	2.1%

数据来源：中证指数，Refinitiv，上表仅展示规模相对较大20个主要市场，下同。

2. 股利支付率受经济发展阶段与产业结构影响

受区域经济发展阶段及产业结构影响，各市场股利支付率水平呈较大分化（见图2）。欧洲发达市场上市公司普遍形成较为稳定的分红政策，股利支付率普遍较高。其他市场则受产业结构影响较大，如沙特、澳大利亚等市场能源、原材料等传统行业占比较高,发展更为成熟,预期现金流较为稳定,股利支付水平整体偏高;美国、韩国等经济体下游科技、医药等产业占比较高,成长特征较好,分红意愿较传统上游产业公司有所减弱,平均股利支付率仍处于较低水平。

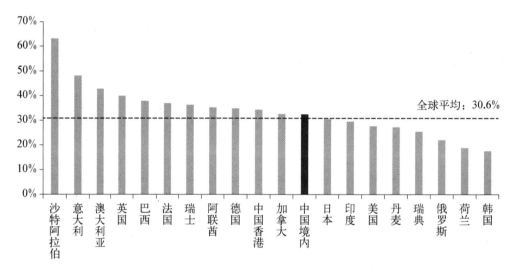

数据来源:中证指数,Refinitiv。

图 2　全球主要市场股利支付率比较

宏观经济产业结构不仅影响市场整体股利支付水平,也影响股利支付率的行业分布。不同市场股利支付率行业分布结构有所差异(见图 3)。例如,美国和日本房地产行业以存量资产运营的 REITs 为主,对分红比例有较高要求,故其平均股利支付率显著高于境内以地产开发业务为主的房地产行业上市公司;日本自然资源禀赋较弱,其能源行业上市公司业务以石油精炼及衍生化工产品为主,业务稳定性弱于上游采掘行业,故日本能源行业平均股利支付率显著低于其他市场;澳大利亚工业行业前三大上市公司均属交通运输及物流行业,业务稳定性较高,故其工业行业股利支付率高于其他工业细分行业。

3. 发达市场在分红持续性与增长性方面优势明显

股息率和股利支付率体现分红水平,分红持续性与增长性则更多体现为分红质量。发达市场在分红持续性与增长性方面优势明显:分红持续性方面,日本连续 5 年、连续 10 年分红的上市公司数量占比分别为 80%、76%,显著高于其他市场,美国、英国、加拿大等发达市场表现也较为稳定,除中国 A 股市场、巴西与发达市场较为接近外,其他新兴市场分红持续性均与发达市场存在较大差距;分红增长性方

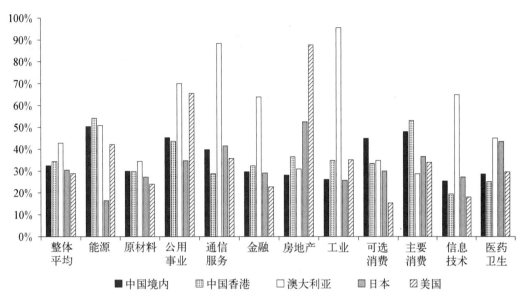

数据来源：中证指数，Refinitiv。

图3 现金分红前5大市场股利支付率行业分布情况

面，美国、加拿大市场较多上市公司已形成较为稳定的股利增长分红政策，分红长期
连续增长性显著优于其他市场。主要市场连续分红与连续红利增长公司数量与占比
如表5所示。

表5 主要市场连续分红与连续红利增长公司数量与占比

市 场 名 称	连续5年分红	连续10年分红	连续3年红利增长	连续5年红利增长
日 本	2 681(80%)	2 219(76%)	527(15%)	300(9%)
中国境内	**1 643(49%)**	**728(31%)**	**408(11%)**	**130(4%)**
美 国	1 483(42%)	1 163(44%)	801(20%)	645(18%)
韩 国	815(42%)	543(36%)	149(7%)	56(3%)
印 度	810(25%)	582(22%)	121(3%)	35(1%)
中国香港	595(31%)	359(27%)	135(6%)	68(4%)
英 国	574(41%)	418(39%)	164(11%)	95(7%)
澳大利亚	272(19%)	162(14%)	63(4%)	28(2%)

续　表

市　场　名　称	连续 5 年分红	连续 10 年分红	连续 3 年红利增长	连续 5 年红利增长
加拿大	263(41%)	207(39%)	151(22%)	81(13%)
德　国	182(38%)	141(34%)	28(5%)	10(2%)
法　国	142(23%)	127(25%)	13(2%)	6(1%)
巴　西	134(51%)	95(40%)	11(4%)	4(2%)
瑞　士	114(58%)	96(56%)	46(22%)	30(15%)
瑞　典	107(20%)	64(24%)	32(5%)	17(3%)
意大利	57(23%)	37(23%)	17(6%)	7(3%)
沙特阿拉伯	45(25%)	28(20%)	3(2%)	1(1%)
阿联酋	39(35%)	30(29%)	3(3%)	2(2%)
俄罗斯	37(20%)	19(12%)	5(3%)	1(1%)
丹　麦	36(30%)	24(22%)	6(4%)	4(3%)
荷　兰	31(38%)	15(23%)	5(6%)	5(6%)

数据来源：中证指数，Refinitiv，括号内为相对于上市满 N 年上市公司的数量占比。

4. 不同市场在分红频率与分红时间方面差异较大

不同市场的上市公司分红政策与市场惯例不同，分红频率与分红时间差异较大（见图 4）。美国市场多按季度分红，分红时间较为规律，派息时间集中于每季度末，其他市场分红频率多为一年一次，如中国境内市场、德国、法国等；或一年两次，如中国香港、日本、澳大利亚等。

5. 企业所处生命周期阶段显著影响上市公司分红政策

除宏观经济因素外，企业所处生命周期阶段亦与分红政策密切相关。成熟阶段的企业倾向采用更高股利支付水平及更稳定的分红政策；成长阶段的企业倾向采用偏中低股利支付率及逐年递增的分红政策；初创期或快速扩张期的企业所采用的分红政策则体现较大不确定性。以全球主要市场上市公司为考察样本，研究发现上市公司平均股利支付率随着营收增速与利润增速的上升逐步递减，呈现出较为显著的单调性（见图 5、图 6）。

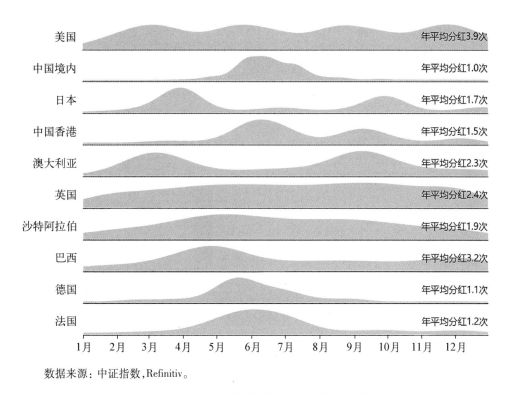

数据来源：中证指数，Refinitiv。

图4 各市场分红时间概率分布及每年分红频率

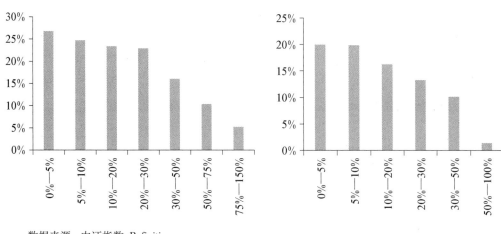

数据来源：中证指数，Refinitiv。

图5 净利润增速分组平均股利支付率 图6 营收增速分组平均股利支付率

根据 Dickinson(2007)提出的基于现金流的生命周期分类方法,将上市公司分为初创、成长、成熟、停滞及衰退等5个阶段。研究表明,在初创期,不分红的上市公司占比最高,成长期公司分红比例有所上升,20%—30%区间占比提高至12%左右,成熟期上市公司分红比例在30%以上的区间占比进一步提升,而停滞或衰退期公司的整体分红比例则有所下降，但股利支付率大于 100% 的高分红上市公司数量占比仍维持在 6% 左右。不同生命周期上市公司股利支付率分布情况如图 7 所示。

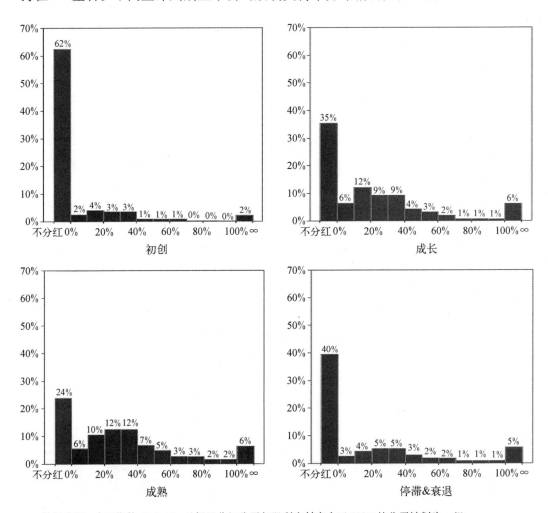

数据来源：中证指数，Refinitiv，亏损且分红公司与股利支付率大于 100% 的公司被划为一组。

图 7　不同生命周期上市公司股利支付率分布情况

二、全球重点市场分红情况分析

（一）境内 A 股市场分红总额保持较高增速，分红行为进一步改善

2022 年，境内市场分红总额约为 1.6 万亿元人民币，较 2021 年增长 23%，维持了较高增长速度，主要原因如下：一是基本面改善提升上市公司盈利水平，2021 财年 A 股净利润总额增长近 20%，与红利增长幅度基本吻合，尤其是能源、原材料等传统高分红行业,近年来受益于大宗商品价格的持续上涨,景气度回升,经营状况显著改善;二是受分红相关政策的鼓励及上市公司治理水平的提升,A股市场上市公司整体分红行为持续改善,平均股利支付率为32.5%,相较上年保持稳定;受市场整体震荡下行因素影响,上市公司平均股息率由1.5%提升至1.9%。

表6 2022年、2021年A股上市公司分红基本情况

实际分红年度	分红总额(万亿元)	分红总额增速	分红上市公司数量占比	平均股利支付率	平均股息率
2022年	1.62	22.9%	67.1%	32.5%	1.9%
2021年	1.32	—	67.0%	32.9%	1.5%

数据来源:中证指数。

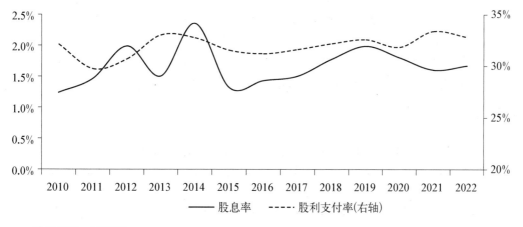

数据来源:中证指数。

图8 中证全指历史股息率、股利支付率情况

2022年,境内市场上市公司分红表现呈现如下特征:

一是随着治理水平的提升,境内市场上市公司分红持续性与增长性改善趋势显著。截至2022年底,中证全指样本公司中连续5年现金分红上市公司数量超过1 600家,占上市满5年上市公司数量比例近50%,连续3年红利增长上市公司数量已超过400家,数量占比超过10%,分红质量进一步改善。

二是央企和地方国企分红表现整体优于其他类型企业。第一,央企与地方国企2022年分红总额合计为1.09万亿元,占市场分红总额近三分之二,"压舱石"作用凸显;第二,央企与地方国企分红维持高位增长态势,2022年分红总额增速显著较高;第

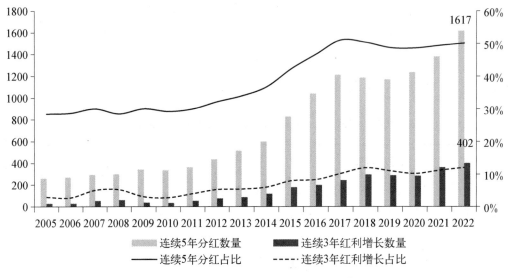

数据来源：中证指数。

图 9　中证全指样本公司分红持续性与增长性

三，央企与地方国企在分红连续性与增长性方面表现更为优秀，其中，央企表现格外"亮眼"，超过一半上市公司连续 5 年分红，五分之一上市公司连续 3 年红利增长，体现其较高的分红质量。

表 7　2022 年不同所有权结构特征上市公司分红概况

企业类型	2022 年分红总额（亿元）	分红总额增速	板块内分红公司数量占比	平均股利支付率	平均股息率	连续 5 年分红占比	连续 3 年红利增长占比
中央国有企业	6 798.4	29.1%	76.7%	33.5%	3.5%	56.9%	21.1%
地方国有企业	4 134.5	34.9%	67.1%	33.4%	2.4%	49.4%	11.1%
民营企业	3 217.3	11.1%	66.5%	28.2%	0.9%	46.5%	9.6%
其他类型企业	2 043.4	5.0%	62.0%	33.6%	2.0%	43.7%	13.4%

数据来源：中证指数。

三是上市公司整体分红表现较好，科创板公司表现尤为"亮眼"。2022 年，上海主板与科创板上市公司分红总额占境内 A 股市场的 75%以上，维持其境内 A 股市场分红的主导地位。此外，作为定位高成长特征的市场板块，科创板上市公司分红表现依然"强劲",尤其在分红连续性与增长性方面,连续 3 年分红公司数量占比(86%)及连续 2 年红利增长公司数量占比(34%)在所有板块中排名第一。

表8 2022年A股各板块分红概况

板　块	2022 年分红总额（亿元）	分红总额增速	板块内分红公司数量占比	平均股利支付率	平均股息率	连续 3 年分红占比	连续 2 年红利增长占比
上海主板	11 973.2	27.4%	73.9%	33.2%	2.8%	62.0%	24.7%
上海科创板	281.9	67.9%	66.5%	22.5%	0.6%	85.7%	34.3%
深圳主板	3 235.0	4.8%	59.4%	32.7%	1.5%	49.1%	17.9%
深圳创业板	703.7	35.9%	67.5%	24.6%	0.5%	51.4%	20.5%

数据来源:中证指数

四是分红总额的行业分布愈加均衡。历史上,A 股市场上市公司现金分红的行业集中度较高,能源、金融行业分红总额占比一度超过 60%。随着市场整体行业

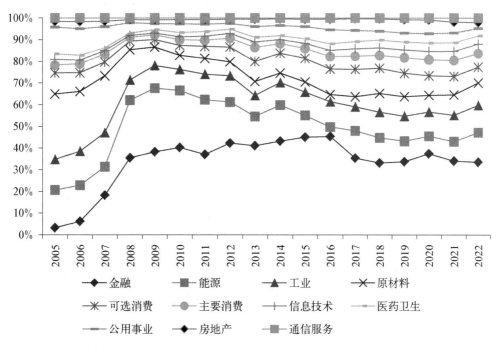

数据来源:中证指数。

图 10　行业分红总额变化历史趋势(基于中证全指)

结构持续优化,消费、医药、信息技术等行业的分红金额占比相应提升。2016 年至 2022 年,一级行业分红金额占比平方和从 25% 降低至 17%,反映出 A 股分红的行业分布愈加均衡。

五是境内上市公司分红行为受分红相关政策影响仍较为显著,分红水平的均衡性仍有待改善。受相关政策影响,2013 年后,股利支付率位于 30%—40% 区间的上市公司数量占比迅速提升,数值分布呈现一定"扭曲",且近年来未见明显改善。境内市场分红相关政策(如与再融资挂钩的"半强制"分红政策)的确在一定程度上改善了市场整体分红情况,对境内上市公司良好分红习惯的形成起到促进作用,但也会一定程度影响部分处于成长阶段上市公司的分红决策,使其股利支付率高于真实"分红意愿",或影响其未来的分红可持续性。

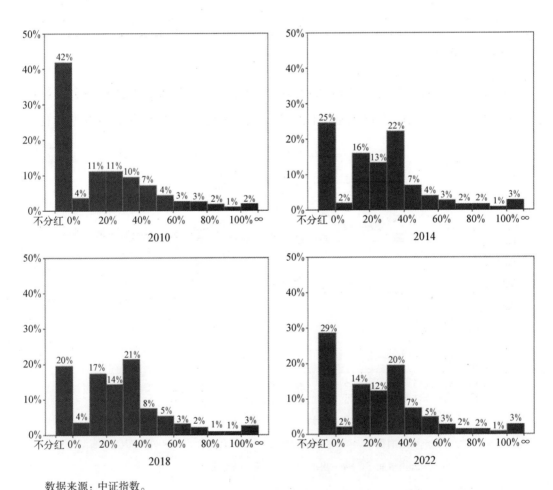

数据来源:中证指数。

图 11　中证全指样本公司历年股利支付率分布情况

（二）中国香港市场：现金分红水平分化程度进一步加大

2022 年,香港市场分红总额为 1.22 万亿港元,较 2021 年小幅增长 7%。平均股利支付率为 34.4%,相较去年无显著变化。过去一年,香港市场平均股息率有所上升,虽年末受估值反弹影响有所回落,但整体股息率水平仍处近年来高位。

表 9　2022 年、2021 年港股上市公司分红基本情况

实际分红年度	分红总额（万亿港元）	分红总额增速	分红上市公司数量占比	平均股利支付率	平均股息率
2022 年	1.22	7.0%	37.4%	34.4%	3.3%
2021 年	1.14	—	39.9%	33.9%	2.2%

数据来源：中证指数。

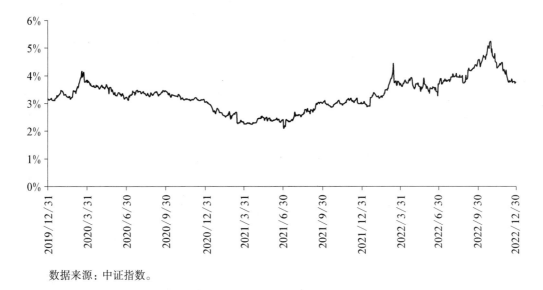

数据来源：中证指数。

图 12　香港 300 指数股息率近三年走势

2022 年中国香港市场上市公司分红表现呈现如下特征：

一是内地企业与香港本地企业分红政策差异较为显著。2022 年,内地企业仍是香港市场整体分红的重要支撑,以近一半的上市公司数量,贡献超过 75% 的分红总额,其中,内地国企更是重中之重,贡献超过 50%;香港本地公司分红总额约占全市场的 23%。此外,分红政策方面,内地企业倾向采取偏低的股利支付水平,但持续性与增长性均优于香港本地公司;香港本土企业则倾向采取较高的股利支付水平,但持续性尤其是增长性整体弱于内地企业。

表 10　不同注册地上市公司分红总额、分红概率、股利支付率指标比较

上市公司区域	分红总额（亿港元）	分红总额增速	分红上市公司数量占比	平均股利支付率	平均股息率	连续 5 年分红占比	连续 3 年红利增长占比
内地企业	8 676.4	6.2%	40.1%	32.5%	3.4%	33.7%	9.1%
其中：国有企业	6 224.0	26.6%	69.7%	34.7%	6.9%	56.1%	18.9%
其他企业	2 452.4	−17.0%	31.5%	26.1%	1.5%	25.2%	5.6%
香港本地企业	2 772.2	2.5%	35.4%	54.4%	3.6%	27.0%	2.9%
其他地区企业	763.4	41.3%	26.3%	33.0%	2.0%	25.0%	4.2%

数据来源：中证指数。

二是上市公司分红集中度较高。香港市场不同市值规模上市公司分红表现差异显著。在 2500 多家上市公司中，市值规模前 50 大上市公司分红总额占比超过 50%，港股通范围[①]内上市公司分红总额占全市场约 91%，可覆盖绝大多数高分红上市公司。香港市场上市公司市值规模与分红数量占比、股利支付率、分红连续性与增长性等指标均呈显著正相关关系，且单调性较为明显。

表 11　不同市值规模区间上市公司分红情况

分　　组	分红上市公司数量占比	平均股利支付率	连续 5 年分红占比	连续 3 年红利增长占比
1 000 亿以上	81.7%	33.6%	91.1%	36.2%
100 亿到 1 000 亿	70.9%	37.4%	68.2%	21.1%
50 亿到 100 亿	57.0%	28.7%	62.9%	13.4%
10 亿到 50 亿	49.0%	28.8%	43.5%	6.0%
10 亿以下	21.6%	18.4%	12.5%	1.7%

数据来源：中证指数。

（三）美国市场：投资需求与上市公司分红政策良性互促

2022 年，美国市场现金分红总额 7 780 亿美元，较上年增长 12.5%。美国上市公

---

① 暂不包括外国公司。

司多采用固定每股股利而非固定股利支付率的分红政策,受2021年财报净利润大幅提升影响,股利支付率较上年显著下降,平均股利支付率27.7%,处于近10年来低位,平均股息率为1.6%,较上年有所增长。

表12 2022年、2021年美股上市公司分红基本情况

实际分红年度	分红总额(亿美元)	分红总额增速	分红上市公司数量占比	平均股利支付率	平均股息率
2022年	7 780.8	12.5%	33.3%	27.7%	1.6%
2021年	6 917.2	—	32.9%	37.6%	1.3%

数据来源:中证指数,Refinitiv。

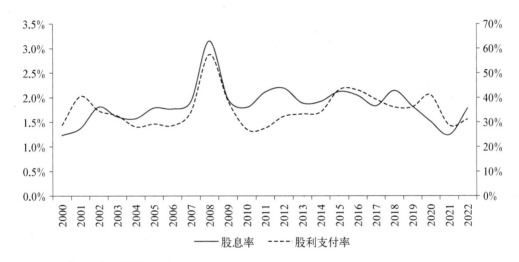

数据来源:中证指数,Bloomberg。

图13 标普500指数股息率变化走势

2022年美国市场上市公司分红表现呈现如下特征:

一是不同板块上市公司分红表现差异较大。因定位差异,纽交所上市公司多处于生命周期成熟阶段,不仅分红总额占全市场近80%,在分红家数占比、平均股利支付率、分红连续性与增长性方面均显著高于纳斯达克交易所。此外,纳斯达克虽然不分红公司占比较高,分红数量占比与平均股息率较低,但若仅考虑分红上市公司,可发现分红水平与纽交所上市公司类似,股利支付率中枢在30%至40%区间内。

表 13　纽交所、纳斯达克分红总额、分红概率、股利支付率比较

市　　场	分红总额 (亿美元)	分红 总额 增速	板块内分红 上市公司 数量占比	平均股 利支 付率	平均股 息率	连续 5 年 分红占比	连续 3 年 红利增长 占比
纳斯达克	1 689.3	12.9%	20.7%	17.3%	0.8%	26.8%	15.2%
纽交所	6 091.5	12.4%	56.1%	33.0%	2.2%	63.3%	33.0%

数据来源:中证指数,Refinitiv。

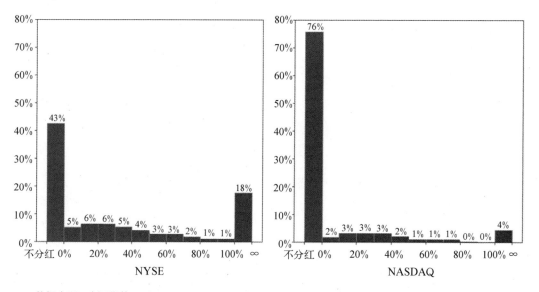

数据来源:中证指数,Refinitiv。

图 14　纽交所、纳斯达克上市公司股利支付率分布对比

二是市场投资理念与上市公司分红行为相互促进,"黏性股利"现象较为明显。John Lintner(1956)[①]根据实证研究提出股利局部调整模型(partial adjustment model of dividend policy),认为保持稳定的股利政策有利于向市场传达良好的盈利预期,突然削减股利往往会付出较大代价。为避免向市场传达错误信号,上市公司倾向设置一个稳定的长期分红水平,每年审慎上调该分红水平,避免削减或大幅提升,以确保分红政策的可持续性,该现象又称为"黏性股利"(Sticky Dividends)。同时,投资者通过关注上市公司每股股利的变化情况,对削减股利的上市公司进行规避。该机制经过

① Lintner J. Distribution of Incomes of Corporations among Dividends, Retained Earnings, and Taxes[J]. The American Economic Review, 1956, 46(2): 97-113.

长期发展,已在美国市场形成了一批分红政策具有鲜明"黏性股利"特征的上市公司。

通过不同情景下的分红方案选择可侧面反映出美国上市公司与我国A股上市公司在分红政策方面的较大差异。A股上市公司倾向保持固定的股利支付率,对于分红水平的跨期波动较不敏感,分红水平往往随着盈利情况的变化而波动,在利润下降情形下,A股有75%的上市公司会选择削减股利,仅14%的上市公司继续提升股利;美国上市公司则倾向采取稳定的每股股利水平,较少受短期盈利波动影响,在利润下降的情形下,仍有63%的美国上市公司选择继续提高股利,与利润增长情形下的选择无显著差异。相较短期盈利情况,美国上市公司分红政策主要受长期发展阶段的影响,成长阶段上市公司较难削减股利,而停滞或衰退的上市公司更易削减股利。

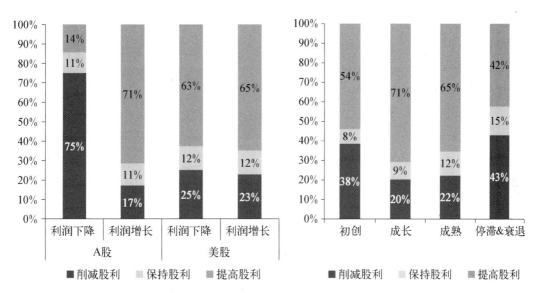

数据来源:中证指数,Refinitiv,仅统计T−1年进行现金分红的公司,为降低分类误差,对削减或提高股利的判定采取±1%的缓冲区间。

图15　美国上市公司分红政策受短期　　　图16　美国上市公司分红政策
利润增减影响相对较小　　　　　　　　　主要受生命周期影响

三、全球红利指数化投资现状及展望

(一)全球红利指数产品规模再上新台阶,高股息策略占优

截至2022年底,全球红利策略指数产品规模超过4 000亿美元,是除风格指数外跟踪规模最大的策略指数类型。2022年,全球宏观经济环境不确定性增加,市场波动

加剧,红利策略尤其是高股息策略作为防御属性较强的资产受到更多投资者青睐。以美国 ETF 市场为例,截至 2022 年底,红利 ETF 产品规模较去年逆势增长 18.9%,全年资金净流入超 700 亿美元。

表14　高股息策略与红利增长策略对比

策略类型	高 股 息	股 利 增 长
选样条件	连续分红、股息率、股利支付率	连续分红增长、盈利能力、成长性等
加权方式	股息率	市值、等权、其他因子
市盈率	低	适中
股息率	大于 3%	1%—3%
行业分布	能源、金融、房地产、原材料、公用事业等	工业、原材料、金融、主要消费、医疗、工业、信息技术等

数据来源:中证指数。

从细分策略类型来看,境外红利策略可大致分为高股息策略和红利增长策略两种细分策略类型。高股息策略即传统红利策略,以提高股息率因子暴露为目标,主要选取股息率较高的证券作为投资组合;红利增长策略则更侧重考察上市公司分红水平的连续性和增长的稳定性,并不过度追求股息率因子暴露,多采用等权加权或分红总额加权,相较高股息策略,成长性更强。早期红利指数产品多以高股息策略为主,2006 年以来,红利增长产品开始涌现,起初资产规模相对较小,但金融危机后全球证券市场成长风格持续走强,红利增长策略规模随之扩大,目前在红利指数产品中占据了约 1/3 的市场份额,目前全球规模最大的红利 ETF 即 Vanguard 发行的股利增长ETF(VIG)。

高股息策略凭借其低估值属性在市场波动下显现出更强的风险抵御能力,产品规模占比有所回升。2022 年,前 15 大红利 ETF 中,高股息策略产品规模占比 61%,红利增长策略产品占比 39%。近两年,全球加息周期背景下,成长风格相对承压,传统高股息策略产品重回投资者视野。以美国 ETF 市场为例,在 2022 年美国市场资金净流入前 10 的红利 ETF 中,8 只为高股息策略产品,红利增长策略产品仅占 2 席。

(二)境内红利指数化投资规模快速增长,策略日趋多元化

与全球发展情况一致,境内红利指数化投资近两年亦呈较快发展态势。截至

2022年底,境内红利指数基金总规模①约365.8亿元,过去两年年化增速约20%。从细分策略来看,境内规模排名靠前的红利指数产品仍以较早成立的高股息策略产品为主,但策略多样化程度有所提升。近年来,红利多因子、行业红利等细分类型产品积累了一定市场需求,传统高股息策略产品规模占比由去年的86%小幅降至83%,境内红利指数化投资生态逐步朝着多元化方向发展。

展望未来,随着长期资金占比提升,上市公司分红水平与分红质量持续改善,长期投资、价值投资及理性投资理念不断深入人心,境内市场红利指数及指数化投资创新发展依然可期。以中证指数公司为例,截至2022年底,中证指数公司共管理逾70条红利指数,体系较为完善,除传统高股息指数系列外,还提供红利增长、红利低波、红利质量、高股息ESG等多种细分策略红利指数,区域覆盖沪深港三地市场。此外,在2022年,一方面,为强化指数分红持续性特征,提高投资容量,与时俱进地修订了上证红利与中证红利指数系列;另一方面,为丰富价值投资生态,创新研发了红利增长指数系列,为不同风险偏好投资者提供差异化投资与分析工具,助力境内红利指数与指数化投资创新发展。

---

① 不包括 ETF 联接产品。

投教园地

从"信"开始　用心陪您

——努力打造投资者信得过的投教品牌

中信证券股份有限公司财富管理委员会运营管理部

摘要： 资本市场是一个多元共生的生态系统，投资者作为维系整个生态运行的基石，对资本市场的长远健康发展具有不可替代的地位和作用。中信证券始终坚持以投资者为中心，完善内部投教工作考核体系，秉承匠心精神丰富多元投教产品，引入金融科技助力投教服务升级，用心打造具有中信特色的、投资者信得过的投资者教育品牌。

关键词： 投资者教育与保护　国民教育　金融科技　适老化　匠心精神

近年来，我国证券市场改革日新月异，随着全面注册制改革的落地，对投资者的投资能力和风险承受能力提出了更高的要求。投资者作为资本市场的立市之本，加强投资者教育工作，保护投资者合法权益，是践行资本市场"人民性"的具体实践，也是助力新时代资本市场长远发展的战略性举措。中信证券不忘资本市场初心使命，多方位持续加强对投资者教育工作的管理，加大对投资者教育资源的投入力度，努力打造投资者信得过的投资者教育与保护平台。

一、忆往昔：筚路蓝缕，峥嵘岁月稠

从起初的筚路蓝缕、拓荒筑路，到今天的蓬勃发展、奋楫笃行，中国资本市场在这短短三十余年的时间里实现了历史性突破和跨越式发展。与此同时，我国资本市场投资者规模也日益增长，截至2022年11月底，我国资本市场个人投资者已突破2亿，个人投资者交易占比约60%。与发达国家资本市场相比，我国资本市场仍以个人投资者为主。但是，因个人投资者在面对变化复杂的市场环境时，缺乏理性意识和必要专业知识,常常无法规避资本市场波动而带来的损失。为使广大投资者能更好地共享资本市场改革红利,进一步夯实证券市场制度基础,大力推进投资者教育工作迫在眉睫。

中信证券在投资者教育实践中,从制度、组织、人员、流程、经费等方面持续加强对投资者教育工作的管理,形成了由总部统筹管理,分支机构协同推进的全方位、多层次的投教管理体系。同时,中信证券持续加大对投资者教育资源的投入力度,创新投资者教育形式,扩大投资者教育工作覆盖面,形成了线上与线下相结合的投教服务体系。中信证券财富管理委员会将投资者教育与保护工作作为公司积极履行企业社会责任的重要抓手,在开展投资者教育过程中,坚持投教公益属性,面向所有公众投资者和其他社会群体开展公益投教活动。

二、看今朝：推陈出新,奋进谱新篇

（一）建立母子公司协同驱动,打造总部与分支机构联动的一体化服务体系

投教工作存在点多面广的特点,为更好地提升投教服务水平和质量,中信证券不断完善投教工作管理架构,优化投教服务体系,建立了母子公司协同驱动、总部与分支机构联动的一体化服务体系。

1. 母子公司协同驱动形成投教合力,全力提升投教服务水平

为更好地发挥母子公司优势资源,中信证券母公司与中信证券(山东)、中信证券华南子公司协同发力,合力打造具有中信特色的投教品牌。中信证券有效整合母子公司优势资源,发挥各自区域优势和资源优势,全力提升投教服务水平。中信证券、中信证券(山东)与中信证券(华南)有序开展各项投教活动,拓宽投教服务深度。2022 年,中信证券母公司与中信证券(山东)、中信证券(华南)共同开展了九场"拥抱注册制 共享高质量"上交所年度会员合作投教活动,覆盖人数达 6.75 万人次,投资者反响热烈。中信证券(山东)开展了"北交所走近投资者"专项投资者服务活动,覆盖人数达 1.92 万人次。中信证券华南积极配合中国证券业协会开展了"跑遍中国·中国证券业防非宣传线上健康跑"公益活动,活动覆盖了全国 30 个省、自治区、直辖市,向广大投资者宣传了防范非法证券活动知识。

2. 完善投教考核制度,打造总部与分支机构联动的一体化服务体系

中信证券建立了完善的投资者教育工作管理体系,建立了"总部—分公司—营业

部"三级联动的投教服务体系,确保投教工作触达公司各级员工,提升全体员工的投教服务能力,引导员工形成投教宣传工作主人翁意识。公司总部端由财富管理委员会运营管理部负责统筹公司投资者教育工作,制定完善的投资者教育工作制度、工作流程、工作计划及年度预算,牵头并推动金融科技部、零售客户部等相关部门策划、组织及开展投资者教育活动,考核评估分支机构投资者教育工作情况。全国各分公司、营业部分别指定一位投教联络人,建立完善的投教联络人制度,实现投资者教育工作信息的有效传达,确保各项投教工作的具体落实。同时,中信证券强化责任、严格管理,将投教工作完成情况纳入分支机构平衡计分卡考核,督导分支机构积极开展投资者教育工作。

(二)创新投教产品形式,搭建线上线下相结合的投教服务平台

互联网信息技术的发展,为投资者教育工作带来了新的业态,投教工作逐渐从线下发展到线上,投教覆盖面迅速扩大。中信证券紧跟时代步伐,积极布局线上投教平台,形成了官网、信e投 APP、微信公众号、视频号和抖音号并驾齐驱的线上投教服务平台,为客户提供全方位的投教知识。

1. 工作下沉强基筑本,提升投教服务能力

营业部一线员工作为公司与客户沟通交流的第一人,是宣传投教知识最有力的抓手之一。因此,中信证券积极扩充投教产品制作团队,组建由分支机构员工构成的投教产品制作队伍,引导一线员工树立投教主人翁意识,提升员工自主学习能力。一方面,由总部牵头,整合分支机构人力资源优势,从分支机构选拔了 100 余名热衷投教工作的一线员工,组建电子投教产品制作团队。该电子投教产品制作团队成立半年内,共制作了三百余个投教产品,内容形式多样,涵盖微信软文、短视频、长图、宣传手册等。另一方面,中信证券总部开展"萤火计划",鼓励分支机构前台员工参加短视频制作计划,择优选择入围视频在线上平台进行投放。通过组织分支机构员工参与制作投教产品,既丰富了投教产品种类,也加深了员工对金融知识的理解,提升了一线员工的职业技能。

2. 开拓线上投教新渠道,继续扩大投教服务覆盖面

近年来,中信证券从投资者需求出发,不断创新投教工作形式,积极布局主流自媒体平台(微信公众号、视频号、抖音号),开拓线上投教新渠道。中信证券于 2022 年"5·15 全国投资者保护宣传日"期间,开通"中信证券投教基地"微信公众号和视频号,为投资者提供寓教于乐、通俗易懂的投资知识。

随着越来越多的年轻人进入投资市场,如何制作出迎合年轻人需求的投教产品成为当下的投教新课题。中信证券不断创新线上投教活动形式,出品"心动的投资""麦子店观察""财经视频达人培养计划"等多档创新投教节目。"心动的投资"由中信证券联合上投摩根基金出品,作为国内首档实景交互式投教节目,将综艺元素引入投教活动,在投教新形式的探索中取得了不俗的效果,节目首播当晚全网收看人数超200 万人次。"麦子店观察"为中信证券原创投资专栏,栏目中邀请不同年龄、类型和风格的嘉宾,通过轻松、愉快、坦诚、真心的谈话交流方式,紧扣当下热点话题,为投资者讲述追寻幸福路上的财富故事,全网超 30 家平台同步直播,单期全网收看人数超200 万人次。此外,中信证券开设"信·课堂"投资者教育与保护系列公益讲座,常态化开展投教直播活动,持续为投资者提供财商基础知识介绍。

3. 布局实体投教基地建设,全面提升投教服务质量

在创新投教服务形式的同时,中信证券努力提升线下服务质量,稳扎稳打推进投教工作。一方面,财富委运营管理部专职投教人员负责跟踪市场动态,及时编纂、制作各类实物投教物料。随着证券市场改革的深入推进,投教工作也紧锣密鼓地展开,而投教物料作为投资者快速学习投资知识的重要渠道,其对时效性和准确性的要求逐步提高。中信证券逐步加强对投教物料创作的管理,整合投教知识,强化审核,制作多用途、个性化的投教产品。另一方面,中信证券积极筹建实体投教基地,在已有一家省级投教基地的基础上,在江苏、湖北、天津、广东四地分别筹建四家实体投教基地,2023 年将投入使用。实体投教基地作为我国资本市场创新的基础投教设施,对服务广大中小投资者具有不可替代的作用。中信证券积极布局实体投教基地,结合党建工作要求和当地历史文化特色,将投教与文化相融合,依托前沿科技优势,加强投教工作的互动性与娱乐性,形成以点带面的投教辐射群。

4. 金融科技助力服务升级,适老化改造托起夕阳暖人心

中信证券信 e 投 APP 分层次构建了具有中信特色的数字化内容生态闭环,为投资者获取信息提供有力支持。搭建中信证券特色内容体系,建设内容运营生态,为用户提供全品类、多媒体、场景化、个性化的陪伴式内容服务,满足客户投资以及情感需求,提升客户投资效率,陪伴客户投资全过程。上线基业新闻、投研大咖、基金动态、国际市场、行业动态等 5 大频道的 18 个栏目资讯内容,同时推出了多个精品专栏,包括"基金早班车""基金经理投资笔记""基金看市"等,为广大投资者提供了更及时、准确、专业的理财特色栏目。创建"基础投教+中级投教+高阶投教"的投教体系,覆

盖基金工具、理财热点、海外市场、基金经理、业务介绍等题材,及北交所、两融、期权等 11 类业务,为广大投资者提供了投教服务。同时,中信证券信 e 投定制上市公司视频,开展新媒体用户运营,拓展交互形式,客户访问近百万人次。

随着网络和智能手机的普及,老年人使用智能化技术的需求越来越大,但在实际操作这些交易软件时,老年人却感到束手束脚。为使老年人适应信息技术时代的发展,中信证券一直致力追求为老年人提供便利的证券基金服务,打造"解决老年人运用智能技术困难问题"的新生态。中信证券信 e 投面向老年人特定的操作习惯,充分考虑老年人的智能手机需求,坚持传统金融服务与智能化的服务创新相结合,通过加强技术创新、提供适老化服务,为老年人提供更周全、更贴心、更直接的便利化服务。为了便于老年人阅读,支持行情 K 线放大功能,支持手机屏幕横屏展示。同时,财经要闻也支持字体放大,以方便老年人查看资讯内容。对于资讯公告等老年人阅读较为困难的长段文字内容,资讯、公告中的关键内容文字将支持语音播报,老年人可以通过播放语音的形式了解信息资讯。此外,为了解决老年人打字困难问题,提供智能客户服务,支持老年人通过语音输入,进行问题咨询,减少误操作发生的可能性,提升服务效率。

(三)持续推进投资者教育纳入国民教育体系,落实以"人民为中心"的发展理念

将投资者教育纳入国民教育体系,可以从源头上提高投资者素质,培养理性投资意识,树立维权意识。资本市场的长远健康发展,离不开广大投资者的参与。在投资者教育中"抓早、抓小",有利于为资本市场培育理性投资者,提高投资者对市场的认可度、理解度和容忍度,理性参与市场,从而共享社会经济发展成果。中信证券始终致力于推进投资者教育纳入国民教育体系,线上线下同步开展投资者教育进校园活动,向在校大学生传播财商基础知识。

1. 因材施教,制作特色投教课件,开展投资者教育进校园线上直播活动

为迎合年轻大学生的认知能力和喜好,中信证券因材施教,制作一系列面向广大在校大学生的线上直播课件,采用通俗易懂的语言,深入浅出地向在校大学生讲解金融知识,培养大学生树立正确理财观,学会辨别和防范金融风险。骐骥千里,非一日之功。投资者教育纳入国民教育体系是一场润物细无声的持久战,稳定理财观的形成需要几代人的共同努力,因此中信证券常态化开设了"投资者教育进校园"线上直播栏目,通过与合作院校沟通协商,每个交易日持续向在校大学生定向投放线上直播活动。

2. 创新形式,开展新媒体投教活动,激发学习主观能动性

2022 年,中信证券联合新华财经组织开展"财经视频达人培养计划",该活动是中国证券投资基金业协会主导下"一司一省一高校"项目中的重点工作内容,旨在进一步落实中国证监会关于投资者教育纳入国民教育体系工作部署,提升校园青年群体金融素养,为高校在读学生与金融机构搭建桥梁。在本届活动中,中信证券使用大学生喜闻乐见的新媒体手段传播金融投教知识,通过拍摄短视频的形式,为同学们提供了展示自我的平台,也搭建了高校与金融行业沟通交流的平台,增加了同学们学习金融知识的主观能动性。

3. 稳扎稳打,签订高校合作协议,开展投资者教育线下投教活动

中信证券(山东)子公司、天津分公司、浙江分公司分别与青岛大学、南开大学和浙江工业大学签署合作协议,开设选修课程,丰富高校人才培养方式。通过选派公司优秀员工担任校外讲师,结合金融实务向在校大学生介绍金融知识,能有效提升教育的针对性、实效性,培养高素质的专业人才,培育合格理性的投资者,以金融赋能高等教育。

(四)加强与公益组织战略合作,推进投资者保护工作向纵深发展

中信证券始终坚持以客户为中心,长期重视投资者权益保护和投资者教育工作,构建了以公司总部为核心,全国分支机构为支点的多层次投教工作管理架构。中信证券与投服中心签署了投资者联络与服务战略合作协议,双方将在投资者联络、持股行权、维权诉讼、纠纷调解、投资者教育和调查研究等方面开展合作。投服中心在中信证券投教基地设立了投资者联络点并聘任 5 名联络员,积极开展投资者维权工作。该协议的签署进一步夯实了公司投保工作基础,提升了公司投保工作质效。

为进一步贯彻落实最高人民法院、中国证监会《关于全面推进证券期货纠纷多元化解机制建设的意见》精神,推动资本市场建设,提升投保工作质效,切实保障投资者合法权益,中信证券与中证资本市场法律服务中心签署了《关于开展证券期货纠纷多元化解工作合作备忘录》,就开展证券期货纠纷多元化解工作达成多项共识,共同建立有效衔接、协调联动、高效便捷的证券期货纠纷多元化解机制,维护公开、公平、公正的资本市场秩序。中信证券将引导投资者优先选择调解的方式化解纠纷,并指导其向法律服务中心寻求调解服务。这一机制的建立,将有效地帮助投资者降低解决纠纷的成本,提高投资者维权的便利程度,把"为投资者办实事"的要求落到实处。

三、展未来：任重道远，扬帆再启航

随着我国资本市场改革的深入推进，投资者教育作为一项系统而长期的工作，也面临着更高的要求和挑战。总体来看，中小投资者整体金融素养不高，投资经验相对缺乏，信息获取和处理能力相对较弱，存在"羊群效应"、追涨杀跌等盲目投资行为。因此，切实做好投资者教育工作成为当下资本市场长远健康发展的重要命题。但是，我国绝大多数的投资者缺乏长期接受投教的意识，投资者教育工作任重而道远。证券公司作为与投资者关系紧密的一方，是我国开展投资者教育最重要的平台。中信证券也将持续发挥专业优势，深耕投资者教育与保护工作，用心服务每一位中小投资者。

（一）传承"工匠精神"，积极鼓励员工参与制作原创投教产品

投资者教育工作是一项系统而长期的工作，自投资者开户始，就应当持续面向投资者开展有针对性的投资者教育工作。分支机构一线员工，作为公司与客户沟通交流的第一人，能够深入触达投资者的投教需求，从而能够更好地向投资者介绍金融知识。因此，分支机构一线员工应当具备一定的投教能力，方能更好地服务客户，满足客户的投教需求。中信证券始终秉持"工匠精神"，通过组建电子投教产品制作团队的形式，鼓励分支机构一线员工积极参与公司电子投教产品制作。在制作产品的过程中，总部将着力开展投教产品制作培训，加强对投教产品制作专业性和合规性审核。在鼓励员工参与原创投教产品制作的过程中，既向分支机构一线员工解读了最新金融知识，又激发了员工学习的主观能动性，从而能够加深一线员工对投教知识的理解，更好地服务投资者。此外，分支机构一线员工更能了解投资者对投教产品的需求，从而能够创造出更多通俗易懂、生动形象的投教产品，有效解决投资者教育晦涩难懂、难以理解的问题。

（二）结合地区差异，开展有针对性的投资者教育工作

根据中国社会科学院《国民财商教育白皮书（2022年版）》数据显示，我国财商教育存在教育资源匮乏、城市间差异大、重视程度不够高等问题。鉴于不同地区之间经济发展程度不同，以及投资者教育纳入国民教育体系的程度不同，中信证券在开展投教工作时将结合当地实际情况，因地制宜，有针对性地开展投资者教育工作。一方面，在建设实体投教基地的过程中，中信证券将结合当地特色历史文化，建设具有地

域特色的实体投教基地。例如,在建设江苏投教基地的过程中,将结合宿迁当地新四军发展历史,建设具有红色金融特色的投教基地。另一方面,始终秉持投教公益性,深入推进投资者教育进校园活动,加大对资本市场欠发达地区投资者教育活动的支持力度,传播金融知识,阻断贫困代际传递,实现金融扶贫。

(三)开展校企合作,让学生"走出去"与公司"走进来"相结合

正所谓,少年强则中国强,少年智则中国智。中信证券将加强与高校的合作,鼓励分支机构积极落实中国证券业协会推出的"四合一"投教合作机制,推动投资者教育纳入国民教育体系。中信证券将继续创新投资者教育进校园活动形式,通过举办形式多样的投教活动,向高校学生传播金融知识。同时,中信证券将凭借专业优势,联合合作院校继续开设金融选修课程,并及时更新优化课程内容,将金融实务知识带入课堂,丰富高校课程结构。在公司"走进来"的同时,中信证券将积极邀请学生"走出去",通过开展人才训练营的形式,为合作院校学生提供实习机会,共建完善的人才培养体系。

(四)细分受众群体,制作多层次、多样化的投资者教育产品

由于投资者在不同的投资生命周期,对于不同的金融知识有个性化的投教需求。因此,中信证券将着力提高投教产品内容输出与投资者需求的匹配度。目前,我公司已制作了面向高校学生、中青年和老年人的各类投教产品,为进一步覆盖不同年龄层次人群的投教需求,中信证券将布局面向中小学生的投教产品。中信证券将以趣味轶事为线索,结合中国传统文化和西方经济学知识,着手撰写面向中小学生的少儿读本,提升投教产品的趣味性。另外,中信证券将不断提升投教产品创新能力,利用大数据、人工智能等科技手段,制作"看得懂""记得住""有文化"的投教产品,使理财知识入脑入心,真正转化成理性投资理念和能力,提高投资者教育的覆盖面和影响力。

投资之路,道阻且长,然行则将至。中信证券将秉承守正创新、崇尚专业的精神,竭诚服务每位投资者,丰富投教形式,细化投教内容,持续为广大投资者传播寓教于乐、通俗易懂的投资知识。"从'信'开始,用心陪您",是中信证券每一位投教人熟稔于心的投教理念,我们将始终坚持资本市场人民性,用匠心精神守护广大投资者,打造具有中信特色的投资者教育品牌!

为什么巴菲特让太太只买一只指数基金投资养老

刘建位[*]

刘建位[*]

摘要： 个人养老投资有三条路：买房养老，买股票养老，买基金养老。事实证明效果都不理想。买房养老门槛太高，很难快速变现。个人选股投资，多年下来往往并不赚钱，十个人炒股七赔二平一赚，不算夸张。而选择基金经理买基金，从一些基金公司客户十年长期收益率统计数据来看，还跑不赢定期存款。其实美国早就出现过类似情况。从美国股市最近一百年整体来看，发生历史未有之大变局，前五十年交易量以散户为主，基金经理可以轻松战胜散户主导的市场，而最近五十年交易量变成以机构为主，基金经理很难战胜机构主导的市场。美国 CFA 协会主席查尔斯·埃利斯将此比喻为：从制胜赢分多少定胜负最终更强者胜的专业比赛，变成失误送分多少定胜负最终更稳者胜的业余比赛。而投资失误相对较少的就是市场本身。所以最稳的策略就是完全复制市场的指数基金。巴菲特早在二十年前就说过：绝大多数投资者的最佳投资策略就是买入并长期持有指数基金。巴菲特在遗嘱里给太太的建议也是如此：只买一只标普 500 指数基金，一直持有，不要动。

关键字： 养老投资　股票　基金　指数基金

一、引言：养老三十年是刚需，养老三十年要花上百万

今年我都五十多岁了，再过几年就到传统的六十岁退休年龄了，退休养老问题近在眼前。

可是退休养老需要多少钱呢？

———————————

　* 作者工作单位为汇添富基金管理公司，本文仅代表个人观点，并不代表所在机构立场，也并非任何投资建议或劝诱。

我平时住在上海,我大致一算,我个人养老需要三个一百万。

一算养老需要养上三十年。我的上一代人,现在普遍八十多岁,大多数身体相当健康,现在周围老人活到九十多岁的也很常见。正常来看我也会活到九十多岁。按六十来岁退休计算,至少要准备三十年的养老钱。

二算养老一年平均需要花费多少钱。生活水平越高,自然花销越大。首先,要保证温饱,按照目前上海最低工资标准 2 590 块钱推算,我一个月吃饭还有水电费交通费手机费,起码需要三千多块。其次,按照目前的小康生活水平,吃的好一点,有时出来转转,自然消费就多了,支出至少要翻一番,这样每月就有 6 千多块。最后,不是追求富裕,而是追求健康,这才是老年人最大的需要。这个真不好估计,不过看病钱估计不少于吃饭钱吧,也按最低工资水平来推算看病和护理费用,一个月又得三千多。三合一,温饱,加小康,加看病和护理,一个月平均得有一万块。

三算三十年养老需要多少钱。一个月维持温饱需要三千块,一年需要三万多,三年需要十万,三十年需要一百万。要维持小康生活水平,支出至少要翻一番,那就是三十年两百万。如果再考虑年老肯定多病,人生最后几年需要找人护理,支付给护工的工资相当高,最后几个月住院可能做手术特别花钱,预计起码要再准备个一百万。为了简单,只从我这个上海人的个人情况来看,养老三十年,需要三百万。

这就是我们很多城市居民要面对的问题:养老三十年,需要三百万:温饱一百万,小康再加一百万,护理和大病再加一百万。

如果你的退休金一个月有三千多,那么你恭喜你。你温饱问题解决了。

如果你的退休金一个月有六千多块,恭喜你,你初步达到小康生活水平了。

如果你退休前,或者退休前后,能多攒一百万,相当于一个月给自己能多发三千块的退休工资,让你从温饱达到中等小康水平,或者从小康上升到富裕水平,这样能让你晚年消费有更多选择,晚年需要找人护理,或者万一有了大病需要更多医疗费用,就有了更多的治疗方案选择余地。

简而言之,好好工作,有一份稳定的退休金,保证温饱无忧,甚至小康无忧。如果年轻时,能及早规划,做些投资,多赚个一两百万,晚年生活水平就更加安稳无忧了。

养老至少需要三百万,如何攒这么多钱?

可能有的人说,我就养儿防老了,我靠儿子、女儿来给我养老。看看你年迈的祖父母,看看你的父母,看看自己,你觉得如果你祖父母和你父母都靠你来养老,你能养得起吗?

我只有一个孩子,我一想,算了,还是自己靠自己,自己给自己攒钱养老吧。再说了,向孩子要钱,不如自己有钱自己花那么爽气,那么方便,是吧?

所以养老投资是刚需,退休之后虽然你可以什么都不做,但前提是你必须能养活自己。因此现在我可以别的事都不考虑,但是我必须自己考虑解决自己的养老问题。

传统的方法是有钱就存银行。只靠少吃少花多存款,存款利息未必能赶得上物价上涨。存钱养老肯定不可行。我既要多攒钱作为本金,还要多赚钱,就得考虑投资养老了。

那么我们如何投资养老积攒更多养老金呢?

看看周围的朋友,投资养老主要有三条路:买房养老,买股票养老,买基金养老。

这三种路走得通吗,好走吗?

我们来看看这三条投资养老路。

二、养老投资三条路

(一)买房养老最难走

1.人人有个买房投资养老梦

我现在已经五十多了,看看我周围的朋友,不管年纪跟我差不多大的,还是比我年轻一些的,人到四十之后,都有一个买房投资养老梦。

养老投资是刚需。我自己买了一套房,已经够住了,现在孩子也上中学了,估计上大学也没问题了。我下面就要考虑我的退休养老问题,就想除了自己住的这套房子外,再买一套房来进行投资养老。

我和很多朋友一样,觉得买房养老投资有三大好处。

第一个好处是:买房养老投资长期升值更多。比银行存款和买理财产品更合算。现在物价在上涨,只是存银行,或者买理财产品,勉强保值,升值不大。而买房从历史来看,长期升值的年化收益率更高。

第二个好处是:买房养老投资,租金收益率和一年定期存款差不多。买房投资养老,平时出租,有个租金收入,有个活钱,大致相当于一年期定期存款利率。

第三个好处是:买房养老投资,可以卖房救急。以后老了,万一有大病了,有大事了,需要花大钱,可以把房子卖出去。

2. 买房投资养老计划梦难成真的三大障碍

买房投资养老计划梦难成真,在实施操作上,主要是有三大障碍:

第一个障碍是投资门槛太高。我现在住在上海,如果在内环内买一套一百平方米的房子,得一千多万。即便我在外地,在其他省会城市买房,一般也得几百万。就是贷款,也得首付一半。投资门槛这么高,可见买房养老投资并不是大家普遍可以做到的养老投资方式。

第二障碍是平时房子维护保养麻烦。我年轻时也租过房子,隔段时间就这有问题了,那有问题了,就需要找房东来维修保养。因为房子经常使用,难免有大大小小的问题,本来就需要定期维修保养,而且人家租我们的房子,不像我们自己住的那么爱惜,那就更容易发生损坏。

第三障碍是急需花大钱时很难快速卖房变现。要是我老了,生大病了,需要做一个大手术,需要好几十万,甚至上百万,我就要马上把房子卖掉。这个房子假如有一百平方米,值一千万,我只卖掉十个平方米就够了,但是这样不行,我必须要整个卖掉。而且我要找到买家不容易,买家一般要申请贷款,等批下来才能把钱给你,又得等上一段时间。真正急需用钱的时候,你反而很难快速卖掉。即便去抵押贷款,也需要一个审批的流程。

投资养老三条路,第一条路买房养老,由于在上海买房门槛太高,需要上千万,而且平时维护保养又麻烦,需要花钱时又难变现,因此对普通人来说不是一个十分理想的投资养老途径。

(二)买股票养老

投资养老三条路第二条路,自己选股投资养老,但这也有较高风险,如果走错路,可能连本金都亏光了。

很多人甚至想自己买股票发大财,还想赚了钱提前退休呢。结果买股票,多年下来,别说赚钱,本金都快没了,还得延迟退休呢。

牛市以来,股市大涨,就有很多人禁不住诱惑,冲进股市,结果尝到一点甜头之后,觉得股市赚钱太容易了,就把更多的本金投入股市,结果往往是高位套牢。好不容易熬上好几年,回本了,赶紧卖出,发誓再也不进股市一步。结果后来牛市又来了,又控制不住了……

这样一两个来回之后,才认清现实,原来股票投资和开飞机一样,表面看起来很简单,后面的道道复杂着呢。

再看看你周围,那些炒股的人,有几个人靠着炒股买车买房了呢?

咱不会开车,咱就老老实实坐车吧。

(三)选基金投资养老

最近十年开始流行买基金,让银行理财经理帮我选基金,让基金经理帮我选股票,相当于我们买票上大巴,请专业的司机开车。

那么买基金赚钱吗,能靠买基金投资养老吗?

投资养老三条路第三条路自己选基投资养老走不通,十年下来跑不赢定期存款。

现在中国基民超过 7 亿,14 亿中国人,一半是基民,却有个非常普遍的问题:买了好几年基金,很用心也很努力,想要选到战胜市场的牛基,结果好几年下来一算,发现自己却是大幅跑输市场指数,还不如定期存款,几年折腾猛如虎,一看收益原地踏步,平均每年收益率还不如定期存款,有不少人还是负收益率。

你并不孤独,基金赚钱基民不赚钱,是基金行业的普遍现象。

2021 年 10 月 20 日,中国证券报联合多家知名基金公司正式发布《公募权益类基金投资者盈利洞察报告》,其对基金客户真实数据的分析表明,1996 年到 2020 年主动股票方向基金业绩指数累计涨幅 1 101%,15 年 12 倍,1997 年到 2021 累计涨幅 911%,15 年 10 倍。而同期历史全部个人客户的平均收益率分别仅 15.44%、8.85%。你再用 15 年一除,整体来看还跑不过一年定期存款利率。

截至 2021 年一季度末历史全部个人客户的收益率情况类似于正态分布:61.73% 的客户盈亏集中在 ±10% 之间,只有 11.17% 的客户获得了 30% 以上的收益,能够获得翻倍以上收益的客户仅占 2.32%。即使是 15 年翻一倍,年化收益率也不到 5%,和买十年期国债收益率差不多。也就是说,平均 100 个基金客户里只有 4 个人达到了十年国债收益率水平。

为什么基民选基金普遍并不赚钱,股市赚钱,基金赚钱,基民却不赚钱呢?

说来话长。

太通俗的解释,我们虽然看得懂,但是不严密,不可靠。

太学术的研究分析,有大量的数据,我们业余投资者看着累,看不明白。

终于,我找到了一位高人,融合通俗与专业,说明白了基金赚钱基民不赚钱的根本原因。

三、基民选基金普遍不赚钱是正常现象：
股票市场五十年大变局

正好我最近翻译了查尔斯·埃利斯 *Winning the Loser's Game* 的第 8 版，这本书就是专门给基民写的，而且专门回答每个基民内心最痛的问题：为什么基金赚钱基民不赚钱？告诉你这是为什么，告诉你如何做，教你一个简单易懂易行的基金投资办法，大幅提高你实际拿到手的长期收益率，为你实实在在积攒更多退休养老金。

先说原因，我们来看看，为什么基民普遍没有基金赚钱。之所以如此，最根本原因是，过去这一百年股票投资比赛发生了前所未有之大变局，从前 50 年散户绝对主导，到后 50 年机构绝对主导，以前是 the winner's game，现在却转变成了 the loser's game。其实质意思是现在股票投资类似于业余网球比赛，业余乒乓球比赛，业余羽毛球比赛，都是失误送分多少决定胜负，你失误一多，就会让你输掉比赛。

一是由于基金经理选股选时容易出现失误，美国 90% 的基金经理十年长期业绩反而跑输市场，也就是说，你只要买指数基金长期持有十年，就能轻松长期跑赢 90% 的基金经理。

二是同时由于大多数基民不断选择更换基金经理，不断进进出出，选基容易出现失误，导致基民长期实际业绩更是远远不如代表市场的指数基金。

（一）股市投资比赛大局观：the winner's game 和 the loser's game

这本书讲的一切股票基金投资策略，都建立在这一点上，所以正确理解 the loser's game 这个词对正确理解这本书至关重要，所以很有必要在这里先讲讲。

我打了二十多年网球，多少有些资格讲网球，这里解释一下，winner 和 loser 这两个词，其常用的意思是赢家和输家，你想啊，已经知道谁是赢家输家了，这比赛还打什么呢？

其实，我也是后来才明白，winner 这个词是网球得分统计的专业术语"制胜球"，你击球过去，在球第一次落地之后到第二次落地之前，对手的球拍根本没有触碰到球，你就一击制胜而赢得一分，这种对手根本没有接到的球，就是你打出的制胜球，这一分就是你的制胜球赢分，简称制胜分。

其实你看网球比赛电视转播，乒乓球和羽毛球比赛也一样，经常会看到比赛双方得分统计中出现这 winner 这个术语。

winner 的反义词是 loser,但是在网球得分统计中,与制胜球赢分相反的是失误球送分,这个术语是非受迫性失误(unforced error),我称为失误送分。你本来完全能打回去,却由于种种原因失误了,没能打回去,送了一分给对手。反过来,对手失误了,就是送分给你。这种得分跟你打得好坏没有关系,是对手失误送给你的分数。如果说一击制胜的制胜球得分是 winner,那么非受迫性失误的失误球送分就是 loser。

西蒙·拉莫博士分别统计对比网球比赛中的制胜球赢分(winner)和失误球送分(loser)在获胜球手总得分中所占的比例,结果发现,可以据此把网球比赛分成完全相反的两大类:

第一类网球比赛是 the winner's game,就是制胜球赢分多少定胜负的比赛,就像电视里转播的专业高手网球比赛一样,获胜球手的得分大部分都是制胜球赢分(winner point),你能成为赢家是因为你打得更好,从对手身上赢来的分数更多。

相反,第二类网球比赛是 the loser's game,就是失误球送分多少定胜负的比赛,像你我这样的业余网球爱好者打的比赛一样,获胜球手的得分大部分都是对手失误球送分,你能成为赢家并不是因为你打得更好,而是对手打得更差失误送分更多,你打得更稳失误送分更少。

为了更好理解,也符合作者本意,我把 the winner's game 和 the loser's game 统一翻译成"制胜球赢分定胜负的比赛"和"失误球送分定胜负的比赛",为了简单,有时简称为"制胜赢分的比赛"和"失误送分的比赛"。

我比较笨,用了十来年才想明白,我相信各位比我明白多了,一读就明白了。

(二)股市投资比赛发生五十年之前所未有大变局,从制胜赢分的比赛,变成失误送分的比赛

现在美国股市投资比赛发生五十年之前所未有大变局,从制胜赢分的比赛,变成失误送分的比赛。其根本原因是,前五十年,从 1920 年代到 1960 年代,美国股市是散户交易量占九成,散户整体就代表市场,基金经理作为投资高手,水平要比散户高得多,可以轻松胜出,前五十年的投资比赛就是制胜球赢分定胜负的比赛。

后五十年,从 1970 年代到现在 2020 年代,机构交易量超过九成,机构整体就代表市场。过去股票交易多数情况下是少数机构对大多数散户,基金经理作为投资做得更好的专业人士,自然能战胜散户主导的市场。但是现在股票交易多数情况下是机构对机构,专业对专业,谁也不比谁差,基金经理个人的投资见识很难超过所有基

金经理形成的投资共识即整个市场,但是基金经理个人稍有失误,整个市场上所有其他基金经理就会纷纷过来利用你的失误获利。结果即使基金经理做得非常好,也只是追平市场,稍有失误就会明显跑输市场。

我打个简单的比方。1991年我从华南农业大学本科毕业的时候,大学生还相当少,国家还包分配工作。1997年我从复旦大学研究生毕业的时候,研究生还相当少,我可以进入一流的证券公司。当时大学生和研究生是少数,明显比大部分对手强,找工作就是 the winner's game,就是制胜球赢分定胜负的比赛,关键是我能力强、发挥好就行了。现在我一看我亲戚家的孩子基本上个个都考上研究生了。我们基金公司一招聘,国际名校海归占比超过一半。现在大学生和研究生是多数,谁也不比大部分对手强,找工作就是 the loser's game,就是失误球送分定胜负的比赛,关键是不失误。大家都是大学生,大家都是研究生,谁也不比谁强,找工作关键是不失误,不出差错,才能找到一个和大多数人差不多的工作。

因此,由于现在的股票投资比赛变成失误送分定胜负的比赛,相应最佳的策略是从进攻为主转向以防守为主,尽量求稳以减少失误送分,在投资上就是从追求战胜市场转向追踪复制整个市场只求追平市场,主动拥抱代表所有专业投资人共识的市场,因为不再积极主动选股时,你主动投资失误送分最少,结果稳赢积极选股选时容易失误的基金经理,长期坚持就能轻松赢得失误送分定胜负的股票投资比赛。可以简单地说:指数基金长期必胜,指数基金长期必胜,还是指数基金必胜。

因为你的股票基金投资根本目标,是长期投资积攒更多养老金,一般会长达三十年甚至五十年,跟你长期供房子和长期供孩子读书的期限有一比,你要有非常坚定的信心才能坚定执行你的指数基金投资计划,所以你首先要相信这个关键点才行:现在的股票市场是 the loser's game,是失误送分定胜负的比赛,你要赢得比赛,最关键的是少失误,最好是不失误。

因为投资是个非常专业的事情,其实大多数基金投资人没有时间和精力来深入研究投资这个事。你千万不要觉得,the loser's game,失误送分的比赛,这个概念非常简单非常好懂,也没有什么了不起的。

我想跟你说,就连麦尔吉尔这位著名投资学教授也在给本书写的推荐序中说,埃利斯在1975年提出的 the loser's game,即失误送分的比赛,这个比喻在投资界的影响力,不亚于亚当·斯密"看不见的手"在经济界的影响力。

我从十来年前第一次读到埃利斯讲到投资股票投资比赛这个概念时,简直就像刻到脑子里一样,想忘都忘不掉。我也在投资行业工作了二十五年,先在证券行业工作了十年,又在基金行业工作了十五年,加上这二十来年也断断续续打网球,算是多少有些投资比赛和网球比赛的经验了,越来越相信,股票投资越来越发展转向失误送分的比赛。

(三)基金投资者如何赢得失误送分定胜负的投资比赛:买入持有指数基金,让你投资零失误

埃利斯1975年提出,投资比赛成了失误送分的比赛,那么我们如何赢得失误送分的投资比赛呢?

打过业余比赛的人都知道,赢得比赛的关键是尽量减少失误。我们打球是业余水平,投资水平更业余,为什么不用同样的取胜秘诀呢?

反过来想:既然自己选股跑不过市场指数,自己选基金也跑不过市场指数,要是我干脆只买市场指数,不就能和市场指数一样赚钱了吗?

埃利斯用了五十来年时间思考如何解决这个问题,后来他发现,想要让基民的基金投资长期业绩更好,答案非常简单:指数基金,指数基金,还是指数基金。

买指数基金,就是复制代表整个股票市场的指数,你选股相当于复制整个市场,追踪整个市场,你就不选股,就不会出现任何选股的失误,买入后长期持有十年、二十年,甚至三十年,不根据市场波动选时调仓就不会出现选时的失误,让你稳稳获得与市场持平的长期业绩。这样长期投资指数基金,让你能战胜绝大多数选择基金经理的基民,让你成为长期投资的大赢家,为自己积攒到更多养老金,让你退休后有更多资本享有更好的生活。

埃利斯在投资工作实践中不断检验自己提出的办法,实践证明他在书中讲的指数基金投资道理和做法非常专业也非常有效,美国规模最大的专业投资机构之一耶鲁基金,美国股票投资能力最强的专业投资人巴菲特,都非常赞同他的说法。

巴菲特给大多数业余投资者的建议是:最好的投资选择是指数基金。如果你定期买入指数基金,长期业绩就会胜过大多数基金经理。

巴菲特真的是这么说的吗?

是的,有巴菲特在伯克希尔公司年报中致股东的信为证。

巴菲特是选股高手,他的家人却和你我一样,是业余投资者。那么巴菲特真的指导他的家人这么做的吗?

是的!巴菲特就让他太太这么做。

四、巴菲特建议个人投资者长期持有指数基金投资养老——巴菲特让他太太也这么做

巴菲特给大部分业余投资者的建议只有一个：买指数基金。

巴菲特一直这样给别人建议，也让他太太只买一只指数基金投资养老。

我们来听听世界最有名的投资大师巴菲特如何说，如何做。

（一）巴菲特过去二十年多次公开推荐，长期投资指数基金是个人投资者最佳投资选择

巴菲特在 1993 年致股东的信中就说过，通过定期投资指数基金，一个什么都不懂的业余投资者竟然往往能够战胜大部分专业投资者："如果投资人对任何行业和企业都一无所知，但对美国整体经济前景很有信心，愿意长期投资，这种情况下这类投资人应该进行广泛的分散投资。这类投资人应该分散持有大量不同行业的公司股份，并且分期分批购买。例如，通过定期投资指数基金，一个什么都不懂的业余投资者竟然往往能够战胜大部分专业投资者。一个非常奇怪的现象是，当'愚笨'的金钱了解到自己的缺陷之后，就再也不愚笨了。"

巴菲特在 1996 年致股东的信中更是明确说："我给大家提一个投资建议：大部分投资者，包括机构投资者和个人投资者，早晚会发现，股票投资的最好方法是购买成本费率很低的指数基金。通过投资成本费率很低的指数基金，在扣除管理费和其他费用之后所获得的净投资收益率，肯定能够超过绝大多数投资专家。"

巴菲特在 2003 年致股东的信中说："那些收费非常低的指数基金，自然而然是对投资者特别友好的基金，对于大多数想要持有股票的投资者来说，也是最好的投资选择。"

但大家就是不相信，还是一问再问。

2008 年 5 月 3 日，在伯克希尔股东大会上，蒂莫里·费里斯(Tim Ferriss)提问："巴菲特先生，芒格先生，如果你们只有 30 来岁，没有什么其他经济来源，只能靠一份全日制的工作来谋生，根本无法每天进行投资，假设你们已经有些储蓄足够维持你们一年半的生活开支，那么你们攒的第一个 100 万美元将会如何投资？请告诉我们具体投资的资产种类和配置比例。"

巴菲特哈哈一笑回答："我会把所有的钱都投资到一只成本费率低的跟踪标准普

尔 500 指数的指数基金上,然后继续努力工作……把所有的钱都投资到像先锋 500 指数基金那样的成本费率低的指数基金上。"

巴菲特是股票投资专家,但是巴菲特的太太根本不懂投资。巴菲特给别人这么建议的,那么他给自己的太太也是这么说的吗?

(二)巴菲特给太太的投资指令:买指数基金投资养老

巴菲特在给他太太的遗嘱中说:以后我走了,留你一笔钱,你什么基金也不用选,只管投资标准普尔 500 指数基金就行了。

这是巴菲特在 2013 年度致股东的信中公开说的:

"大多数个人投资者,当然在自己一生之中没有像我这样把研究企业未来发展前景放在第一位,如果他们足够明智的话,他们将会得出结论,他们对于具体的企业研究了解得不够细,不够多,不足以预测出来企业未来的盈利能力。"

"但是我有个好消息要告诉这些并非专业的个人投资者:一般来说,个人投资者并不需要这种投资选股的研究分析专业技能。总的来说,美国上市公司过去很多年来表现非常好,未来长期还会如此。那当然了,可以非常肯定的是,绝对不会平稳上涨,只会是你根本预测不到的波动起伏,时而大跌,又时而大涨,在大幅震荡中不断上涨。在 20 世纪这一百年,道琼斯指数尽管多次大涨大中和,但从期初 66 点上涨到期末的 11 497 点,一百年累计上涨了 173 倍,此外每年还有现金分红,相当于是发红包了。展望 21 世纪,我们肯定会见证到未来一百年股市会涨得更多,几乎可以肯定涨幅会高得多。对于非专业投资者来说,股票投资目标要现实一些,不应该是挑选大牛股,成为大牛人,原因非常现实客观,因为不管是业余投资者自己还是他们请到的那些帮手,包括投资顾问,包括基金经理,整体而言都根本无法战胜市场。业余投资者不应该追求战胜市场,而应该追求追平市场,分散持有横跨众多行业板块的上市公司股票,总体而言长期业绩肯定会相当好。持有一个低成本的追踪标准普尔 500 的指数基金,就可以轻松达成追平市场的这个目标。

"这就解决了业余投资者的第一个投资问题:买什么。另外一个问题,什么时候买,也非常重要,嗯。对于一个投资生手来说,最大的危险就是在股市最火爆的时候冲进股市,结果后来股市反转大跌,一看账面巨亏损,就吓傻了,吓昏了,吓得在股市底部割肉卖出,从此股票投资幻想破灭,再也不敢踏入股市一步。有个解药专治这种错误时机入市,就是长期持续不断买入,逐步积累更多持股,一直持有不动,不管消息多么糟糕股市跌得多么惨也不卖出,不管股票涨得多么高赚多么多也不卖出,就是一直持有不动。按照以上这些指数基金长期投资的基本原则，那些什么都不懂的业余投资者，就能够做到既多元化高度分散投资，也能够把投资成本降到最低，这样几十年下来几乎肯定可以得到满意的长期投资业绩。其实，对于这些根本不太懂行的个人投资者，只需要一直买入并持有指数基金，其长期业绩要胜过那些对股票投资很懂行却连自己身上一个缺点都看不到而过度自大的专业投资者。"

"要是那些所谓的投资者，疯狂地买进又卖出农场土地，他们农场土地种植的粮食，收益率和价格都不会因此而得到提高。这些频繁的交易行为，唯一的后果就是导致这些拥有农场土地的农场主整体而言投资收益减少，因为这些交易会发生巨大的交易成本，因为去寻找投资专家建议，将这些财产转让过户，都是要花钱的。"

"尽管如此，那些证券投资机构及其专家，还是会一再劝说激励个人投资者和机构投资者频繁交易买进卖出，因为这些机构和专家就是靠给出建议和促成交易发生来赚钱谋生的。这样频繁交易产生的摩擦成本是很大的，对于投资者总体而言就因此损失了很大一块投资收益。所以根本别理那些证券投资机构和专家在你耳边的唠里唠叨啰里啰嗦吧，只是购买追踪整个市场的指数基金，把你的成本降到最低，然后像你投资只有一家农场土地一样一直持有不动吧。"

"我要说明一下，我是怎么说的，我也是怎么做的，我的嘴在哪里，我的钱也在哪里。我在这里给出的股票投资建议，可以说跟我在遗嘱里给我太太的投资建议完全一模一样的。"

"我给我太太留下一笔遗产，是现金，会移交给一个信托，其受益人是我太太。（我只能用现金来分配我的遗产，因为我持有的伯克希尔公司股票，在我去世之后十年之内，必须全部分配给我指定的慈善机构。）我给这个信托机构的投资建议再简单不过了：百分之十的现金放在美国短期国债上，百分之九十的现金放在费率非常低的标准普尔 500 指数基金上。（我的建议是先锋集团的标准普尔 500 指数基金。）我相信这个信托机构按照我制定的这个投资方针来管理我给我太太留下的这笔钱，只是投资持有指数基金，其长期业绩将会超过大多数投资者投资业绩，不管是养老金，机构投资者，还是个人投资者，只要他们买的管理费相当高的基金经理管理的主动基金，肯定不如我这样只买指数基金。"

巴菲特是投资大师里的投资大师，他现在个人资产超过一千亿美元，他给太太留下的资产至少是好几亿美元，他太太绝对请得起最高级的投资顾问。

但是巴菲特只告诉太太这一句话：你只要买入标准普尔 500 指数基金，相当于买入整个股市所有股票,就行了。

巴菲特一没有告诉太太去买房养老,年纪大了,买好几套房子,经常带人看房谈租约,也不能保证有时间精力。巴菲特是最懂股票长期投资的人,他也是最了解他太太的人,他肯定会考虑到这种指数基金投资策略的可操作性,也考虑到长期的增值能力,综合起来最后给出的最简便可行的投资养老办法。

你可以不信我的话,但是巴菲特在遗嘱里告诉他太太的投资养老办法,值得你听一听。

一、不用选股。巴菲特一没有让太太去自己选股买股票。巴菲特太太连财务报表也看不懂。

二、不用选基。巴菲特二没有让太太去买基金经理管理的主动基金。巴菲特太太没有能力搞明白基金经理的投资策略,也没有办法预测准确未来十年哪个基金经理会做得特别好。

三、只用买一只指数基金。巴菲特让太太只是满仓买入代表美国整个股市的指数基金:标准普尔500指数基金。简单地说,就是同时买入美国股票市场价值规模排名前500家上市公司的股票,代表美国股市3 500多家上市公司三分之二以上的市值。我们经常说,投资就是赌国运。可以简单地说,这样相当于是买入了整个美国经济。

五、结语:中国中小投资者能买指数基金投资养老吗

我们中国业余中小投资者能模仿复制巴菲特给他太太的这个指数基金投资养老计划吗?能!

巴菲特太太原来也是在餐厅打工的,根本不懂投资,也根本没有学过投资。她能做到,我们人人都能做到。

这就是指数基金的好处。

你不用懂投资,不用懂股票,不用懂基金,只要买指数基金就行了。

这类似于我不会开地铁,我也不懂地铁系统是怎么运行的,但是我只要花几块钱买张地铁票,就可以坐上地铁,享受大城市里最便捷又最便宜的公共交通系统,速度不亚于开车的平均速度,特别是在高峰期。

那么我们具体在中国股市如何选择指数基金来投资养老呢?

且听下回分解。

案例探析

虚假陈述所引发的投保机构派生诉讼案件的疑难问题与解决

李国楚* 朱 静** 熊 枫***

摘要： 全国首例投保机构提起的派生诉讼已经结案，公司实控股东全额赔付损失、原告投服中心诉请实现、案件撤诉处理。本文从该案代理律师的视角出发，分析虚假陈述案件发生后，投保机构维护公司利益提起派生诉讼的疑难问题与解决思路，并从本案出发探索未来同类案件的处理思路。具体而言，本文认为此类案件中不宜过多约束投保机构的起诉资格；且审计机构应承担之责任并非不真正连带责任，而应与公司内部人员按照过错承担终局责任。

关键词： 虚假陈述　股东派生诉讼　投资者保护　连带责任

2023 年 2 月 21 日，上海金融法院作出（2021）沪 74 民初 3158 号民事裁定书，历时近一年半，中证中小投资者服务中心有限责任公司（下称"投服中心"）代表大智慧股份有限公司（下称"大智慧"）诉公司董、监、高等四被告损害公司利益责任纠纷一案，以大智慧实控股东全额赔付公司损失、原告诉讼请求全部兑现、案件撤诉处理，为本案划上句号。

本案系全国首例投资者保护机构依据新《证券法》第 94 条提起的股东派生诉讼，也是上市公司因证券市场虚假陈述被判令承担民事赔偿责任后，全国首例由投资者保护机构提起的向公司董、监、高追偿的案件。本案充分体现了投服中心在投资者保护和证券市场公益工作中的重要价值，案件一出，上海金融法院及《中国证

---

* 上海贤思律师事务所主任律师。
** 上海贤思律师事务所合伙人律师。
*** 上海贤思律师事务所律师。

券报》等纷纷报道,从不同角度阐述了本案的里程碑意义。本文拟从代理律师的视角出发,剖析案件疑难点、挖掘代理经验,并立足于现有法律规范展望未来类案研究与司法实践。

一、案件缘起:虚假陈述致公司赔付数亿元,
投服中心诉请追偿董监高

大智慧系于上海市证券交易所上市的一家股份有限公司,2016 年 7 月,证监会作出(2016)88 号行政处罚决定书,大智慧公司及其董、监、高、财务部经理等 15 名责任人员,因大智慧 2013 年年度报告虚假陈述而被处以警告、罚款等行政处罚。同日,证监会作出(2016)89 号行政处罚决定书,对大智慧 2013 年财务报表审计机构及主办会计师处以行政处罚。根据证监会行政处罚决定书,大智慧公司虚增 2013 年度利润 120 666 086.37 元,占当年对外披露的合并利润总额的 281%。

大智慧虚假陈述事实经证监会认定后,广大投资者提起证券虚假陈述责任纠纷诉讼,要求大智慧承担投资损失,并要求大智慧公司董、监、高及审计机构对之承担连带赔偿责任。

截至 2023 年 2 月 16 日,大智慧已根据生效民事判决向投资者支付赔偿款共计 3.35 亿元。根据证监会处罚决定书及法院民事判决书,除大智慧公司外,涉及虚假陈述的责任人还包括会计师事务所,公司董、监、高,以及直接责任人员,但所有赔偿款均由大智慧公司支付,公司并未就相关损失向其他责任人追偿。

投服中心合法持有大智慧 100 股股份,为维护投资者合法权益,投服中心向大智慧送达《股东质询建议函》,要求大智慧向人民法院起诉已确认公司实际控制人作为连带责任人的份额,但截至投服中心起诉之日,大智慧未向人民法院提起诉讼。投服中心遂选取了一位投资者起诉大智慧、审计机构等虚假陈述纠纷赔偿民事案件①为追偿起点,就大智慧赔偿投资者的损失提起派生诉讼,就虚假陈述所引发的公司损失向公司董、监、高追偿。

---

① 详见:上海市第一中级人民法院(2017)沪 01 民初 675 号民事判决书、上海市高级人民法院(2019)沪民终 41 号民事判决书。

二、虚假陈述案发后投保机构提起
派生诉讼的疑难问题

（一）起诉资格与追责对象范围的认定疑难

根据现代公司法规定,在公司利益遭受损害时,如公司怠于起诉追责,股东可以为公司利益、以自己名义向法院提起诉讼,要求造成公司损失的人员承担责任。此类诉讼虽由股东作为原告提起,但从利益关系看,公司才应该是诉讼的原告,股东的诉权乃是从公司的诉权派生出来的,因此,此类诉讼被称为股东派生诉讼[①],又因该等诉讼为股东代表公司提起、最终利益归属于公司,因此,我国有学者将其称为股东代表诉讼[②],股东代表诉讼的提法也为我国立法所认同,沿用于《最高人民法院关于适用〈公司法〉若干问题的规定(四)》以及《全国法院民商事审判工作会议纪要》等司法解释。

从股东派生诉讼的原理分析,投服中心作为大智慧的股东,在大智慧怠于起诉时,有权以自己名义提起派生诉讼,但根据我国关于股东派生诉讼的法律规定,本案中投服中心的起诉资格是否满足、投服中心的可追责对象如何确定存在一定争议。

1. 起诉资格

我国法律中股东派生诉讼的请求权基础规定可见于《公司法》第151条与《证券法》第94条,但二条规定略有不同。《公司法》第151条对股东提起派生诉讼的起诉资格要求包括:① 持股期限和持股比例要求:连续一百八十日以上单独或者合计持有公司百分之一以上股份的股东;② 前置程序要求:向公司监督机构(监事会/监事)或执行机构(董事会/执行董事)提起书面请求,但被拒绝或被公司相关机构收到请求之日起三十日内未提起诉讼。同时《公司法》还规定了紧急情况下对于前置程序的豁免,即"情况紧急、不立即提起诉讼将会使公司利益受到难以弥补的损害的",符合持股期限和持股比例要求的股东可以直接起诉。

《证券法》第94条则针对投资者保护机构提起股东派生诉讼特别规定,明确投资者保护机构持有发行人公司股份的,就公司董、监、高、控股股东、实际控制人等侵犯公司合法权益给公司造成损失,以自己名义向人民法院提起诉讼的,持股比例和持股

---

① 朱锦清:《公司法学》,清华大学出版社2019年版,第742页。
② 王亮:《股东代表诉讼的权利属性阐明——以前置程序重构为中心》,载《学术探索》2015年第12期。

期限不受《公司法》规定的限制。

就本案而言,投服中心虽然不满足《公司法》关于持股比例和期限的规定,但可以依据《证券法》的特别约定提起诉讼,不过投服中心是否完全满足起诉资格还存在障碍:投服中心作为投资者保护机构提起诉讼是否仍然需要满足《公司法》关于股东派生诉讼前置程序的规定,如是,本案中投服中心是否已经履行了前置程序。

对此问题存有较为明显的争议:一种观点认为,投保机构作为上市公司股东提起的特别股东代表诉讼,与《公司法》规定的一般股东代表诉讼应当相同,《证券法》仅豁免了持股比例和期限,对于前置程序部分,既然《证券法》没有明确豁免,依据"特殊法优于一般法"原则,既然特殊法无特别规定,则仍然应当遵守《公司法》的一般要求。另一种观点则认为,对于本案,《证券法》作为特殊法应当优先适用,关于起诉资格的问题,《证券法》第94条既有规定,则在该问题上,《证券法》第94条的适用排除了《公司法》第151条的适用,前者既无关于前置程序的要求,则不应当再依据后者增加该等要求。

2. 追责对象范围

关于投保机构提起派生诉讼的追责对象范围,虽然《公司法》第151条所规定的股东派生诉讼对象包括董、监、高以及"他人",但《证券法》第94条将投资者保护机构提起派生诉讼的追责对象限定为发行人董、监、高、实控人和控股股东五类主体。

而从大智慧虚假陈述案件的实际情况看,涉及的责任人远不止前述五类主体:根据证监会(2016)88号、(2016)89号行政处罚决定书,大智慧虚假陈述的责任人包括公司、公司董事、监事、高级管理人员、公司财务部经理、为公司进行年报审计的会计师事务所。

同时,如前所述,对于本案的追责对象范围,还有观点认为追责对象范围应受股东派生诉讼前置程序中发送的书面请求的范围限制,即本案投服中心仅能向其《股东质询函》列明的一名追责对象提起派生诉讼,而不能向其他人员追责。

(二)虚假陈述终局责任划分层级与内部责任比例的争议

法律对审计机构与大智慧及董、监、高对投资者的损失承担连带责任十分明确,也得到了多则法院判决书的确认,但是赔付投资者损失之后,各责任人内部责任划分层级如何确定却无明确标准。实务中,有限可查的各地高级人民法院判决案例的划分方式大不相同。就本案而言,连带责任内部的责任划分问题具体表现在责任层级和大智慧内部人员责任比例两个方面。

1. 责任层级

责任层级是指划分本案责任承担比例时,是否需要划分各主体之间的责任层次的问题,具体到本案,即是一步到位分清审计机构以及大智慧内部各人员的具体责任份额,还是在第一层次先分清审计机构与大智慧之间的责任比例(包括判断审计机构是否需要承担部分责任的问题),而后在第二层次划分大智慧各责任人之间的内部比例的问题。对此,法律和司法实践经验均未给出划分标准。

2022 年 1 月,在本案审判过程中,最高人民法院公布《最高人民法院关于审理证券市场虚假陈述侵权民事赔偿案件的若干规定》(法释〔2022〕2 号)(下称"虚假陈述新司法解释"),全面总结了证券市场虚假民事赔偿案件的疑难问题,进一步细化和明确了虚假陈述侵权民事赔偿责任的构成要件及追究机制等各项内容,不过略显遗憾的是,该项司法解释仍然没有解决如何划分责任人内部责任层级的问题。

在理论探讨中,有观点主张证券市场虚假陈述案件中,在证券中介机构与发行人的责任划分问题上,应当明确证券中介机构对外所承担的是不真正连带责任,发行人无权对证券中介机构进行追偿。本案中,审计机构的抗辩也主张其所承担的责任属于不真正连带责任,并以从未积极伪造虚假陈述材料为由主张不承担案件的终局赔偿责任。

2. 大智慧内部人员责任比例

大智慧内部人员责任比例问题则包括大智慧能否就承担的损失全额对内追偿的问题,以及内部人员的责任比例如何确定的问题。如前所述,现有法律及司法解释未对证券虚假陈述民事赔偿案件各连带责任人内部的责任层级进行划分,就公司董、监、高的责任比例划分而言,也未有相关规定。2022 年 1 月出台的虚假陈述新司法解释虽对董、监、高的过错判断进行了细化规定,也明确了独立董事、外部监事、职工监事过错判断的特殊性,当仍未对均存在过错的情况下如何进行内部责任划分进行规定。

案件审理过程中,除在本案的起诉时列明的 4 位被告、3 位第三人之外,法院为了查明责任并划分追偿比例,依职权将其他合计 9 位董事、独立董事及监事依法追加为第三人,因此,本案责任比例划分问题则关系到:对 16 位当事人是否承担责任、承担多大责任进行判断。大智慧公司的 14 位内部人员均主张其已经履行了信义义务,不应当承担任何责任,同时从虚假陈述案发时段的各种内部沟通会议纪要、邮件中摘出各种从外观上"貌似"能够说明其履行了义务的证据。此种情况下,责任比例如何划分存在探讨空间。

三、虚假陈述案发后投保机构派生诉讼疑难问题的成因分析

(一)投保机构派生诉讼追责对象有待扩充

从虚假陈述案件发生后的追责角度分析,《证券法》第 94 条就投资者保护机构提起派生诉讼的范围限定在发行人董、监、高、实控人和控股股东五类主体是有待扩充的。

一方面,从法律的协调性观察,《证券法》第 94 条关于追责对象的限定与《公司法》和《最高人民法院关于审理证券市场虚假陈述侵权民事赔偿案件的若干规定》的规定均不一致。《公司法》第 151 条所规定的一般性股东派生诉讼的可追责范围包括一切损害公司利益的对象,既包括公司内部人员,也包括外部人员。《最高人民法院关于审理证券市场虚假陈述侵权民事赔偿案件的若干规定》第五部分所明确的责任主体除发行人的控股股东、实际控制人之外,还包括:公司重大资产重组的交易对方,发行人的供应商、客户,保荐机构,承销机构。

另一方面,从司法实践的需要观察,《证券法》第 94 条对追责对象的限定也并不合理。虚假陈述案件发生后,各责任人内部如何确定终局责任比例有赖于法院的判决,如果将投保机构的诉讼追责对象仅限制在公司内部人员之中,则无法满足各责任过错的查明和最终分割比例的确定。

(二)虚假陈述案件连带责任人内部责任划分标准存在法律空白

现行法律以及司法解释对于虚假陈述的责任人范围进行了较为明确的规定,也明确了各责任人应当承担连带责任,但是虚假陈述案件连带责任人内部责任划分标准的规定上仍然存在法律空白,对之仅有《民法典》第 178 条关于连带责任内部划分的一般性规定,即各连带责任人的责任份额根据各自责任大小确定,难以确定的,平均承担责任。而在证券市场虚假陈述案件的高度技术性特征的背景之下,认定其连带责任人的过错大小和责任比例并非易事。

四、虚假陈述后投保机构派生诉讼疑难问题的法解释学方案

（一）法解释学方案的核心逻辑：将一切论证建构于现行法之上

法学被誉为一门施展才华、满足自尊、唤起激情、伸张正义的学科①。私以为，在法律规定存在部分空白时，法学留给实务人员，尤其是代理律师所施展才华和激情的空间更大。无论是庭辩中的慷慨陈词，还是洋洋洒洒的代理意见，当具体案件无具体法律或判例可依时，代理律师得以从法理入手，将其对案件的看法充分地表达。必须承认，代理律师站在维护委托人利益的角度，合法合理地发表意见，是司法正义实现过程中不可或缺且生动形象的部分，我们或许很难在法院判决书中读出事实和法律适用之外的内容，但在律师书写的各项文书中，往往是理性推理和人文关怀并存，在一份律师递交的代理意见中我们往往能轻易地发现法条规定之外关于立法目的的阐述、关于人文和社会的关怀，能读出社会价值的冲突与衡量。

但是，如代理意见仅从法学理论入手而不借助具体的规范，或许能够引发当事人及听众的强烈共情，但从律师这一角色在司法实践中应当具备的功能性而言，这样的代理尚有不足。法律职业共同体在案件分析和法律适用中应当保持充分的理性，而此种理性则表现为对法律规定的充分尊重，表现为在个人价值判断和法条价值选择中永远尊重后者。从律师代理的角度观察，则应从现行法律规定出发构建代理意见，具体而言，律师应当从法解释学的思维逻辑出发对案件问题发表观点。所谓法解释学的思维，乃是运用法律自身的原理，遵循法律逻辑与法律体系，运用适当的解释方法进行法律适用的思维方式。律师对实现审判正义的作用，不在于引发当事人和听众共情，而是通过建构于现行法之上的论证说服法官。

同时，对于疑难案件的类案解决，法解释学方案也是更为有效、更为快捷的，因其所倡导的从现行法所提炼的方案不需要通过繁复的立法程序实现，基于对已有规定的适当解释即能解决问题。

---

① 张明楷：《刑法学》，法律出版社 2016 年版，第 1 页。

（二）起诉资格与追偿对象范围认定疑难问题的解决方案

1. 通过合理的解释方法认定投保机构起诉资格

（1）投保机构提起派生诉讼无需满足《公司法》要求的前置程序。

虽然《公司法》第151条规定了股东以自己名义提起诉讼的前置程序,但是《证券法》第94条的规定并未做出前置程序的要求,即使有观点认为《证券法》第九十四条仅豁免了持股比例和期限,未豁免前置程序,但基于"特殊法优于一般法"的法律原则和对法条的目的性解释,可以得出"投保机构提起派生诉讼无需满足《公司法》要求的前置程序"的结论:

其一,按照特殊规定优于一般规定的原则,本案应适用《证券法》规定,在《证券法》第94条未就起诉资格作出过多限制时,不应当根据《公司法》第151条的规定设置限制,具体而言:

根据《证券法》第二条第一款规定,在境内,股票、公司债券、存托凭证和国务院依法认定的其他证券的发行和交易,适用本法;本法未规定的,适用《公司法》和其他法律、行政法规的规定。可见《证券法》是证券交易行为的特别法,其与《公司法》虽属同一位阶的法律,但对于证券市场内发生的侵权行为,《证券法》应当按照特殊规定优于一般规定优先适用。

根据《证券法》第94条,董监高执行职务违反法律规定给公司造成损失,公司控股股东、实际控制人损害公司利益,投资者保护机构持有该公司股份的,可以为公司利益以自己的名义向人民法院提起诉讼。《证券法》第94条对投资者保护机构提起诉讼设置的唯一条件是"持有该公司股份",而未设置其他条件,该条文中明确不受《公司法》持股比例和持股期限的限制仅是一种强调和提示性规定,该规定并不意味着相关起诉行为受到《公司法》前置程序的约束。更不可以该提示性规定的存在而模糊《证券法》在证券市场侵权行为适用中的优先性。

其二,从目的性解释的视角看,也不应该在《证券法》第94条之上再给投资者保护机构行使诉讼权利加诸《公司法》规定的限制。《证券法》赋予投资者保护机构诉讼权利旨在发挥投资者保护机构的作用、维护公司及中小股东权利,在《证券法》没有进行前置程序限制规定的前提下援引《公司法》规定强行加以限制,有悖于《证券法》的立法目的。

其三,就本案所涉事宜而言,相关证券市场虚假陈述行为的涉事行为人涵盖:公司控股股东,公司全体董事、监事及高级管理人员,此时《公司法》前置程序的要求并不能达到维护公司的目的,因为《公司法》第 151 条的规定对前置程序所采取的立法技术处理是通过董事会和监事会的互相监督实现公司权益保障,但当证券市场中董事、监事共同违反法律规定侵犯公司利益时,《公司法》的规定已不能满足维护公司利益的要求。因此,就本案具体情况而言,投服中心提起诉讼无需按照前置程序书面请求公司内部机构。

(2) 仅指明公司实控人的书面请求完全符合公司法前置的要求。

本案中,原告投服中心曾向大智慧送达《股东质询建议函》,要求大智慧向人民法院起诉已确认公司实际控制人作为连带责任人的份额,此操作足以说明投服中心事实上已经完全履行了《公司法》要求的前置程序。

但在案件办理中仍然存在一种观点认为:投服中心此前提交公司的书面请求仅列明向公司实控人追偿,而未要求公司向其他方起诉,因此投服中心提起此次派生诉讼不可将其他人列为被告。我们认为不应当对投保机构提起派生诉讼加以如此严格的限制,这不仅违背了法律的原本规定,更会限制投资者保护工作的开展,对于前置程序要求的书面请求,仅说明事件和有代表性的责任人即可,不可要求将此后起诉的追责对象限定在前置程序的书面请求范围中。

2. 追偿对象范围确定的技术处理

从《证券法》第 94 条的规定看,确实暂未对投保机构提起派生诉讼的案件范围扩大到一切主体侵犯公司利益的范围,但未保障公司利益、促进责任追偿在本案中一并解决,我们认为将审计机构以及行政处罚决定书中列明的主要人员列为第三人的技术处理是符合现行法规定且最有利于实现诉讼目的的方案。

(三) 虚假陈述终局责任划分方式与划分标准争议的解决方案

1. 虚假陈述终局责任的层级划分思路

虚假陈述案件的责任人既包括发行人内部责任人,由包括外部的证券中介机构,根据新虚假陈述司法解释,未来还可能出现发行人的供应商等。

虽然《民法典》第 178 条仅对连带责任人内部按过错划分责任比例、无法划分则平均承担进行了规定,但是根据证券市场虚假陈述发生过程中各责任主体的行为,应当建立一种层级划分的思路:即在划分具体个体责任人之前,进行发行人、证券中介机构、其他责任人之间的责任份额划分,此种责任份额应当按照各主体在虚假陈述中的过错进行认定,如无法区分过错,则在其中平均分配。第一层级的责任分配后,在责任人内部根据具体个体的过错程度进行划分,如在第一层级中发行人的责任比例为 60%,那么发行人内部责任划分则是对全部责任的 60%进行再次划分。

层级划分的思路在过错大小无法区分时能够最大程度上保证公平正义。以本案为例,假设不对连带责任设置层级,而采取一种平面思路,在过错无法区分的情况下(当然本案事实并非如此),则由会计师事务所以及其 2 名主办会计师、发行人以及发行人内部 14 名责任人进行责任分配,各自承担 1/23 的责任份额。细究则会发现,这种划分首先忽视了证券市场信息披露的实际流程和责任分工,就年报信息披露而言,应当是发行人制作财务会计报表,而后经证券审计机构所审计,审计机构并非直接参与信息制作过程,而是对已经生成的信息进行审核。其次,这种划分思路令发行人承担责任还无法解决公司内部人员操纵公司进行虚假陈述的行为,在这种情况之下,发行人不应当承担责任。最后,此种划分思路会出现责任和义务不匹配的情形,中介机构在信息披露中所承担的是审计义务,而按因虚假陈述行为获利大小分析,中介机构所获得的收益要远低于发行人。

2. 证券中介机构责任性质与过错认定

(1)证券中介机构承担的责任并非不真正连带责任。

案件办理过程中,有意见指出证券中介机构承担的乃是不真正连带责任,但从法律规定出发,可以发现此种论断并不符合现行法规定。在《证券法》明确证券服务机构与发行人对虚假陈述承担连带责任的前提下,应当按照《民法典》第 178 条规定,按照各自责任大小确定责任份额,难以确定责任大小的,平均承担责任。"不真正连带责任"相关理论实际上否定了"连带责任"所要求的各责任人内部的责任分担,如无法律特别规定,不可擅自适用。反观实际发生的"不真正连带责任"的案例,均有明确的法律规定作为依据,如在产品存在缺陷造成损害的情况下,被侵权人可以向产品的生产者请求赔偿,也可以向产品的销售者请求赔偿。产品缺陷由生产者造成的,销售者赔偿后,有权向生产者追偿。因销售者的过错使产品存在缺陷的,生产者赔偿后,有权向销售者追偿。该种情况常被认为是不真正连带责任,但是对之有法律的明确规定,此种处理方式在《民法典》第 1203 条、《消费者权益保护法》第 40 条等条文中均有明确的规定。

查阅关于虚假陈述审计机构的责任规定,不仅未有前述例外于普通连带责任的规定,还存有部门法规细化审计机构的义务:根据《上市公司信息披露管理办法(2007)》第 53 条,亦即《上市公司信息披露管理办法(2021)》第 46 条的规定,会计师事务所应严格执行注册会计师执业准则、职业道德守则及相关规定,完善鉴证程序,科学选用鉴证方法和技术,充分了解被鉴证单位及其环境,审慎关注重大错报风险,获取充分、适当的证据,合理发表鉴证结论。《上市公司信息披露管理办法(2021)》还规定"会计师事务所应当建立并保持有效的质量控制体系、独立性管理和投资者保护机制",更加重了会计师事务所的法定义务,不得为虚假陈述背书。根据上述《上市公司信息披露管理办法》,审计机构有义务科学选用鉴证方法和技术、充分了解大智慧公司的情况,但在大智慧公司连续两年报表亏损、当年前三季度报表亏损的情况下,针对其第四季度报表盈利的现象,审计机构并非充分关注、未选取核实的鉴证方法和技术,从而未尽到勤勉义务,应当对虚假陈述承担责任。

(2)证券中介机构过错认定中引入专家证人。

本案中,因相关法律条文对证券中介结构的责任未有明确规定,理论上还存在不真正责任说的相关争议,经审慎考虑,投服中心引入了在会计金融领域具有审核专业背景和研究成果的专家证人,聘请了中国人民大学商学院与中央财经大学会计学院的两位教授作为专家证人,对上市公司年报审计中的行业标准、案件中会计师事务所在审计过程中是否遵从了相关行业标准,以及案涉损失是否可以避免等问题发表专业意见。

两位专家证人的意见对于本案衡量会计师事务所的责任提供了重要参照。证券市场虚假陈述案件作为与金融领域联系较为紧密的案件,本身即涉及大量的金融专业问题,此类案件引入专家证人,有利于促进对案件事实的深入剖析,从而实现更合理的责任认定。

3. 从现有法律确定董、监、高过错认定

法理和逻辑上的证成具有局限,从现有规定中提炼有效规则才最有利于说理。虽然现有法律和司法解释中没有对发行人董、监、高的过错认定和责任比例进行划分,但经过细致耐心的检索,代理律师在本案办理过程中找到了《上市公司信息披露管理办法》作为参照依据:

在董、监、高责任承担方面,代理律师找到了明确规定上市公司董事长、经理、财务负责人承担主要责任的依据。根据《上市公司信息披露管理办法(2021)》第51条[即《上市公司信息披露管理办法(2007年)》第58条],上市公司董事、监事、高级管理人员应当对公司信息披露的真实性、准确性、完整性、及时性、公平性负责,但有充分证据表明其已经履行勤勉尽责义务的除外。上市公司董事长、经理、财务负责人应当对公司财务会计报告的真实性、准确性、完整性、及时性、公平性承担主要责任。

五、余论：落实有关主体责任分配、
促进证券市场良性发展

本案因大智慧实际控制人赔付大智慧公司全部损失而撤诉处理，公司利益得到维护，投服中心积极履行投资者保护职能，推动案件的社会效果圆满实现。

但展望未来，就证券市场虚假陈述行为的规制和责任落实而言，从案件的专业探讨角度而言，本案未能以判决明确认定各方责任比例的方式结案，仍然给未来相关立法和类案司法实践留下了极大的研究和关注空间。例如，关于投资者保护机构就虚假陈述行为为维护公司利益、以自身名义提起诉讼是否可以将公司董监高之外的他人列为被告，是否需要按照《公司法》规定的前置程序履行义务，是否需要满足持股比例和持股期限的要求，证券虚假陈述案件发行人及证券中介机构的责任承担层级和比例符合划分等问题，本案没有给出具体的答复，仍然需要未来法律或判例提供更确定的答案，也需要审判实务人员和理论研究人员更加深入的研究。

独立董事虚假陈述责任判定的司法检视与完善

洪一帆[*]

摘要： 为合理限定独立董事责任，亟须从裁判论方面完善独立董事的责任判定机制。在对327件案例统计分析后，发现相关规范存在冲突、行民责任认定机制混同、免责事由实操性不足、责任范围缺乏计算标准等问题，实有必要进行完善。从裁判依据来看，应当明确独立董事法律地位与归责原则，并科学妥善处理法律之间的适用关系。从法院与证监会的关系来看，应遵循法院主导、证监会协同的联动模式。从抗辩事由来看，宜进一步具体化免责事由，审慎综合考虑多种因素。从损害赔偿的计算来看，建议以过错状态合理区分责任方式，并借鉴门槛与深度理论精细化厘定赔偿数额。

关键词： 虚假陈述　独立董事　免责事由　责任判定

一、问题的提出

2020年11月2日，中央全面深化改革委员会审议通过《关于依法从严打击证券违法活动的若干意见》，要求进一步加大对欺诈发行、财务造假等恶性违法行为打击力度。2022年1月21日，为进一步落实党中央方针政策，最高人民法院发布《最高人民法院关于审理证券市场虚假陈述侵权民事赔偿案件的若干规定》（简称新《虚假陈述司法解释》），有力推进了我国证券法律体系的完善。随着证券市场相关主体责任的强化，独立董事面临诉讼概率增加以及巨额赔偿的风险。在上市公司虚假陈述案件中，由于职责身份的定位，独立董事没有动机去故意参与虚假陈述行为，却仍然要

---

[*]　贵州大学法学院硕士研究生。

和故意实施虚假陈述的上市公司及主要责任人共同承担连带责任。独立董事作为公司外部监督人,[①]不应成为上市公司责任的承重墙。如何压实独立董事责任同时又合理地限定其责任,这困扰着司法实务工作者。

究其缘故,与传统责任判定方式难以回应责任严厉态势下的精准打击需求有着密切关系。随着行政前置程序的取消,"行政认定+相反证据"的过错认定模式的效能就显得格外有限。法院需要综合考虑职责、身份、地位、履职能力等多种因素,审判难度系数加大。同时,对于责任数额"酌定"的做法,其合理性也值得商榷。在证券集团诉讼的推行下,赔偿数额通常随着原告的数量累计达到一个极高的程度,这会容易导致"酌定"中固有的"主观性"体现在责任数额上,并放大到社会公众不能接受的程度。

严厉的责任与传统责任判定方式结合所造成的后果就是容易误伤独立董事。典型案例如康美药业案,该案判决5名独立董事承担的连带赔偿金额共约3.69亿元,单个独立董事的赔偿金额将高达1.23亿元或2.46亿元。根据康美药业独立董事每年税前平均薪酬约8万元来计算,[②]最大者相差近3 000倍。权益与责任如此严重不符的判决自然引发了独立董事的"辞职潮"。如何公平合理地认定独立董事的证券虚假陈述责任,兼顾投资者保护与市场归责的平衡是当前证券市场亟待解决的难题。目前学界多从立法论、监管论、控制论、履职论等方面来讨论如何完善独立董事制度,极少进行实证方面的案例研究。是故,从裁判论的角度探究证券市场虚假陈述中的独立董事民事责任认定问题具有一定的意义。

二、独立董事虚假陈述责任判定的司法检视

本文将对2014—2022年的司法案例进行两个步骤的考察,一是分析案件数量的整体趋势。二是对其中的典型案例进行具体分析,并分别从裁判路径、抗辩情况、责任比例等多方面做出统计和比较。

(一)2014—2022年司法判例整体分析

笔者以"独立董事"为关键词,证券虚假陈述责任纠纷为案由,在北大法宝裁判网

---

① 参见曾洋:《重构上市公司独董制度》,载《清华法学》2021年第4期。
② 参见郭富青:《我国独立董事的制度悖论、缺陷与解决途径——对"康美药业案"引发的独立董事辞职潮的思考》,载《学术论坛》2022年第1期。

进行检索,剔除重复、案件不详、无关等文书,筛选出有效判决文书共 327 例,案件审级包括中级人民法院、高级人民法院和专门人民法院,地域分布各地、时间跨度为 2014—2022 年,结果如图 1 所示。

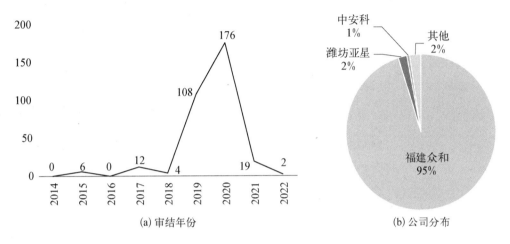

图 1　2014—2022 年司法判例整体分析

宏观而言,自 2014 年起案件数量变化不大。但 2018 年从 4 件增加至 2019 年的 108 件,随后继续增加到 176 件,在经过激烈增加后数量又回落到 19 件,近似于 2019 年之前的水平,到 2022 年只有 2 件。这体现了独立董事民事责任案件数量的突发性和集中性特征。证券虚假陈述案件一般会形成群体性证券纠纷,其中福建众和股份有限公司引发的诉讼案件最多,达 311 件,占比约 95%。这也在一定程度上解释了案件数量为何呈现突发性和集中性的特征。

自 2021 年伊始,案件数量锐减,原因可能在于福建众和公司群体性证券纠纷案的陆续审结。经过三年(2019—2021)时间,福建众和股份有限公司的三百多例股民索赔案终于落下帷幕,但"一案一审"的模式浪费了大量人力财力。随着证券特别代表人诉讼制度的逐步落实,这种传统的诉讼模式将得到一定程度上的改变。① 证券特别代表人诉讼制度中"默示参加,明示退出"的模式大大增加了原告的人数,汇集了广大投资者的力量,使原来的多个平行诉讼分别审理变为一个案件集中审理。不难预见,未来此类诉讼将呈现"量少质优"的特点。案件数量的减少节约了司法资源,同时加大了对广大中小投资者的保护力度。但是,从另一个角度来看,这也意味着独立董

---

① 徐文鸣:《民事责任能威慑证券市场违法行为吗——基于证券代表人诉讼判决的准自然实验》,载《广东财经大学学报》2022 年第 2 期。

事的民事责任被强化了。强化责任更需准确定责,如何在严厉惩处"首恶"的同时保护那些真正无辜的独立董事是需要思考的问题。

(二) 2014—2022 年典型案例的具体分析

微观视之,在证券纠纷示范判决机制的实行下,①法院对群体性证券纠纷的判决高度一致,因此本文从每个群体性证券纠纷中选取 1 个,对选取后的总共 10 件案例进行实质性研究。② 笔者发现独立董事民事责任司法判例具有以下特征:

1. 司法裁判中裁判路径有所差异

人民法院审理独立董事虚假陈述责任案件可以大致分为三种裁判路径:义务违反型、签字即罚型、③行政依附型。具体而言,一是引用《公司法》和《关于在上市公司建立独立董事制度的指导意见》对独立董事负有忠诚与勤勉义务进行论证,然后依据行政处罚决定书认定独立董事存在一定过失。在责任承担上,法院认为《证券法》第85 条,④其法律基础源于《侵权责任法》第 8 条(现为《民法典》第 1168 条)中关于二人以上共同实施侵权行为,由各侵权人承担连带责任的规定,但共同侵权需以共同的意思联络为前提,而对于独立董事而言,其往往与公司不存在侵权的共同故意,因此不宜适用《证券法》第 85 条,应承担补充赔偿责任。⑤ 二是直接适用《证券法》第 85条。法院首先以独立董事是否在相关年报、半年报上签字认定其过错,并按照签字的文件份数决定过错程度的大小,然后对独立董事的连带责任施加一定比例的限制,最后判决独立董事承担比例连带责任。⑥ 三是依据《最高人民法院关于审理证券市场

① 示范判决机制是指法院在处理群体性证券纠纷中,选举具有代表性的案件先行审理、先行判决,通过发挥示范案件的引领作用,妥善化解平行案件的纠纷解决机制。参见《上海金融法院关于证券纠纷示范判决机制的规定》,载微信公众号"上海金融法院",2022 年 1 月 12 号。

② 山东省济南市中级人民法院民事判决书,(2019)鲁 01 民初 3766 号;山东省济南市中级人民法院民事判决书,(2013)济商初字第 251 号;山东省高级人民法院民事判决书,(2020)鲁民终 3132 号;山东省济南市中级人民法院,(2021)鲁 01 民初 1694 号;上海金融法院民事判决书,(2019)沪 74 民初 2509 号;广东省深圳市中级人民法院民事判决书,(2021)粤 03 民初 3259 号;福建省福州市中级人民法院民事判决书,(2021)闽 01 民初 1024 号;广东省广州市中级人民法院民事判决书,(2020)粤 01 民初 2171 号;江苏省南京市中级人民法院民事判决书,(2016)苏 01 民初 2071 号;江苏省南京市中级人民法院民事判决书,(2016)苏 01 民初 539 号。

③ 参见赵旭东:《论虚假陈述董事责任的过错推定——兼〈虚假陈述侵权赔偿若干规定〉评析》,载《国家检察官学院学报》,2022 年第 2 期。

④ 《证券法》第 85 条规定:"信息披露义务人未按照规定披露信息,或者公告的证券发行文件、定期报告、临时报告及其他信息披露资料存在虚假记载、误导性陈述或者重大遗漏,致使投资者在证券交易中遭受损失的,信息披露义务人应当承担赔偿责任;发行人的控股股东、实际控制人、董事、监事、高级管理人员和其他直接责任人员和保荐人、承销的证券公司及其直接责任人员,应当与发行人承担连带赔偿责任,但是能够证明自己没有过错的除外。"

⑤ 福建省福州市中级人民法院民事判决书,(2021)闽 01 民初 1024 号;江苏省南京市中级人民法院民事判决书,(2016)苏 01 民初 2071 号;江苏省南京市中级人民法院民事判决书,(2016)苏 01 民初 539 号。

⑥ 广东省广州市中级人民法院民事判决书,(2020)粤 01 民初 2171 号。

因虚假陈述引发的民事赔偿案件的若干规定》(2003年1月9日法释〔2003〕2号)第21条第2款作为追责依据,①主要以行政处罚决定书认定过错,最后得出独立董事应当承担连带责任的结论。②

出现三种判法的情况,除各法官职业水平各有高低外,主要是因为不同层次的法律规范,因各自调整的对象不同、适用的标准差异、逻辑建构的不统一等,造成难以调和的法理冲突,给司法活动造成相当的困扰。③ 判法多样性将增加司法的不确定性,严重影响司法权威及公信力。

2. 法院倾向于"尊重"证监会的认定结果

案件审理中裁判者通常将行政处罚中的过错作为民事过错的认定依据。法院与证监会判定一致的案例有7例,占比70%,统计如表1所示。

表1 法院判定与行政处罚决定书判定比较

	是	否	总数
法院是否判定有过错	8	2	10
是否与行政处罚决定书判定一致	7	3	10

根据图表可知,法院对独立董事过错的判定与证监会的判定具有趋同性。行政处罚决定书中对独立董事是否勤勉尽责的认定很大程度上影响了裁判者的裁量。④ 因此,通过对证监会的认定逻辑进行归纳分析,指出其与民事诉讼中认定标准的不同,有助于矫正司法裁判中依赖行政处罚认定独立董事过错的乱象。⑤ 从证监会处罚情况看,独立董事大多是因上市公司违法披露信息而被行政处罚,虚假记载和重大遗漏是违法信息披露的常见形式。独立董事被认定未勤勉尽责均是因为在相关文件上签署书面确认意见。从申辩意见看,除证监会〔2020〕79号处罚决定中的独立董事外,⑥其他

---

① 《最高人民法院关于审理证券市场因虚假陈述引发的民事赔偿案件的若干规定》(2003年1月9日法释〔2003〕2号)第21条第2款规定:"发行人、上市公司负有责任的董事、监事和经理等高级管理人员对前款的损失承担连带赔偿责任。但有证据证明无过错的,应予免责。"

② 山东省济南市中级人民法院民事判决书,(2019)鲁01民初3766号。

③ 参见陈洁:《证券虚假陈述中审验机构连带责任的厘清与修正》,载《中国法学》2021年第6期。

④ 参见曹兴权,洪喜琪:《证券虚假陈述中监事民事责任研究——兼论〈证券法〉第85条的适用》,载《北方法学》2021年第5期。

⑤ 笔者以"独立董事"为关键词检索了2020年1月至2022年1月中国证监会公告的行政处罚决定书,共计11件,其中签字独立董事被认定为有责的占11件,处罚率100%。

⑥ 《中国证监会行政处罚决定书(辅仁药业)》(〔2020〕79号)。

独立董事均进行了申辩，但申辩意见无一被采纳，未出现被免除责任或者减轻处罚的结果。从处罚结果看，处罚的形式一般是警告加罚款，罚款的幅度区间在 3 万元至 60 万元，大部分是在 10 万元以下。由此可见，证监会存在"披露即担责，违规必受罚"的处罚倾向，但处罚幅度不高也使得这种处罚模式的副作用并不明显，[①]罚款的低额度大体也能做到罪责相适应。然而，在证券集团诉讼制度实施的今天，赔偿金额动辄上亿元，"宁抓错，不放过"的过错认定思维所造成的不利后果很可能会被巨额赔偿责任极度放大。

3. 独立董事抗辩被采纳率低

独立董事的主要辩解事由大致分为四种，一是主张其主观上没有过错，具体理由包括不知情和未参与。二是主张其已经勤勉尽责，具体体现在多次催促改正、已实地调查。三是主张其收入与义务不匹配，有违公平原则。四是主张行政处罚不是民事定责的依据。对上述辩解事由，法院大都未采纳，而是将其作为责任减轻的因素进行对待。从分析的判例来看，结果如表 2 所示。

表 2　独立董事抗辩情况统计

	是	否	总数
独立董事免责抗辩是否被采纳	2	8	10
是否对独立董事责任进行单独考虑	8	2	10

从统计结果来看，在独立董事为被告的案件中，抗辩被采纳率仅 20%，除 1 例由于损失因果关系不符而未赔偿外，有 7 例案件最后以独立董事承担赔偿责任结案，占比 70%。如山东省济南市中级人民法院认为，"根据证监会行政处罚决定书中的认定，无证据表明董事、监事、高级管理人员在涉案事项中尽到勤勉尽责义务"。[②] 不同点在于有无对独立董事的责任进行单独考虑。大多数法院认为独立董事的责任认定应当区别于一般董事，占比 80%。如江苏省南京市中级人民法院认为，"综合考虑独立董事的职能定位、工作方式、知情程度和主观态度的基础上，按照过错与责任相适应的公平原则，以独立董事过失大小确定其责任"。[③] 上述法院对独立董事责任考虑

---

① 参见张婷婷：《独立董事勤勉义务的边界与追责标准——基于 15 件独立董事未尽勤勉义务行政处罚案的分析》，载《法律适用》2020 年第 2 期。
② 山东省济南市中级人民法院（2019）鲁 01 民初 3765 号民事判决书。
③ 江苏省南京市中级人民法院（2016）苏 01 民初 2066 号民事判决书。

虽有不同,但皆建立在独立董事责任成立的前提下。与之不同的是,上海金融法院通过分析外部董事和内部董事在公司中的职责、作用等,对外部董事和内部董事是否尽到勤勉义务分别做出认定,从而免除了独立董事的责任。[①]

4. 判罚责任方式不一,赔偿数额差异大

在责任的承担方面,责任方式不一、判罚幅度差异大等现象已成常态。笔者对案件的责任承担方式进行了数量统计,结果如表3所示。

表3　案件的责任承担方式

责任承担	补充赔偿责任	比例连带责任	连带责任	免责	总数
数量	3	3	1	3	10

从案例样本来看,在总共10件案例中,独立董事免责的案例有3件,判决承担补充赔偿责任的和比例连带责任的各3件,承担连带责任的1件。对于责任方式,有些法院依据《证券法》第85条判以连带责任或比例连带责任,另一些法院则另辟蹊径,采取法律上的公平责任原则科以补充赔偿责任,给出的理由是只有主观故意才能适用连带责任。如南京市中级人民法院认为,“证券侵权责任的判定应当兼顾保护投资者合法权益与公平课予加害人责任的平衡,对陶明要求谢文杰对其全部投资损失承担连带赔偿责任的主张不予支持”。[②] 虽然这种判罚在某种意义上并未严格遵循独立董事承担连带责任的法律规定,但也反映了法院既要压实独立董事责任又想进行限定的艰难抉择。[③]

赔偿数额方面,不同案件中独立董事承担的赔偿数额大相径庭,少者仅663.70元,多者高达2.46亿元,具体统计结果如表4所示。

表4　独立董事赔偿金额统计

案　名	协鑫集成案	海润光伏案	中安科案	同德普惠案	康美药业案	福建众和案	张某与F公司案
赔偿金额(元)	663	762	181 064	140 000	246 000 000	81 068	15 398

---

① 参见《上海金融法院发布证券期货投资者权益保护十大典型案例》,载微信公众号“上海金融法院”,2022年5月15日。

② 江苏省南京市中级人民法院(2016)苏01民初2066号民事判决书。

③ 参见袁康:《独立董事的责任承担与制度重构——从康美药业案说开去》,载《荆楚法学》2022年第2期。

从统计结果来看,即使个案中的独立董事过错程度不同,但几何倍数的赔偿数额的差距也过于巨大。从独立董事的权益与责任比较来看,独立董事年薪一般仅 8 万元左右,[①]动辄十几万甚至上亿元的赔偿责任,独立董事根本无力承担。法院应当适当考虑独立董事的责任能力,避免其权益和责任不一致。

三、独立董事虚假陈述责任判定之反思

对案例进行多角度考察后,我们发现司法实践中独立董事虚假陈述责任的判定存在诸多不足,下面将从裁判依据、过错认定、抗辩事由、侵权赔偿的范围及计算四个方面进行反思。

(一) 立法过于原则化,相关规范存在法理冲突

首先,不同判例的裁判思路存在差异,其背后原因在于立法过于原则化、相关规范存在法理冲突。历次《证券法》修改,都未对独立董事的法律地位、归责原则进行明确。司法判决中,独立董事通常归位于其他责任人员,这使得独立董事的法律地位具有一定的模糊性。立法的模糊性造成司法判决结果的差异化,如山东省济南市中级人民法院将独立董事认定为公司内部人的决策者,从而承担连带赔偿责任。[②] 相反,江苏省南京市中级人民法院则认为,考虑到谢文杰的身份角色系独立董事,不参与公司的具体业务,对于不实报告存在轻微过失,酌定在限额内承担补充赔偿责任。[③]《证券法》第 85 条的原则性规定也使得司法裁判中法官自由裁量权过大,被告的举证是否符合"能够证明自己没有过错",大部分取决于法官的价值判断。

其次,相关法律法规及司法解释存在冲突。独立董事过失侵权与上市公司实际控制人故意虚假陈述相结合造成投资者损害时,独立董事应当承担按份责任还是连带责任,依据的法律不同所得出的结论也不同。在《民法典》的逻辑建构下,上述行为属于无意思联络的数人侵权,又因为独立董事的过失行为通常并不足以造成虚假陈述案件的全部损害,所以宜认定为分别实施非充足原因的数人侵权行为。[④] 由此,独立董事应当适用

---

① 参见郭富青:《我国独立董事的制度悖论、缺陷与解决途径——对"康美药业案"引发的独立董事辞职潮的思考》,载《学术论坛》2022 年第 1 期。

② 山东省济南市中级人民法院(2019)鲁 01 民初 3765 号民事判决书。

③ 江苏省南京市中级人民法院(2016)苏 01 民初 2066 号民事判决书。

④ 参见陈洁:《证券虚假陈述中审验机构连带责任的厘清与修正》,载《中国法学》2021 年第 6 期。

《民法典》第1172条承担按份责任。① 然而,以《证券法》第85条来看,结果又有所不同,即使独立董事的过错状态为过失,也要承担连带责任。新《虚假陈述司法解释》将《证券法》第85条的"过错"内涵明确解释为故意与重大过失。② 虽然限定了"过错"内涵,有利于平衡各方权益,但一定意义上仍未化解不同层次不同领域立法所存在的法理冲突。③

（二）行政处罚与民事追责认定机制混同

以往证券虚假陈述案件司法判决中,独立董事的责任认定直接依据行政处罚决定书进行判决,这一方面是因为行政前置程序的存在,另一方面则是因为忽视了民事追责机制与行政处罚机制的差异性。虚假陈述的行政责任与民事责任在目的、法律后果、配套措施等方面存在诸多不同,证监会行政处罚决定书对独立董事过错认定不应作为民事裁判中的依据。

首先,证监会行政处罚与民事损害赔偿的目的不同。行政处罚的目的倾向于惩处,因此以结果为导向,以签字为标准,一旦上市公司被认定为虚假陈述,上市公司的董事、监事及高管常常被"一锅端"。④ 相对而言,民事损害赔偿责任的主要功能是填补损害而非惩罚。所以,民事赔偿责任的认定更应注重原因力大小与过错程度。通过对比新《虚假陈述司法解释》与《信息披露违法行为行政责任认定规则》也能看出。其次,行政罚款是一次性的,而多个平行诉讼将累计民事赔偿的数额,数额的差距也给独立董事带来不同程度的责任负担。最后,《中华人民共和国民事诉讼法》第72条规定,只有经过法定程序公证证明的法律事实和文书才能作为免证事实。⑤《最高人民法院关于适用〈中华人民共和国民事诉讼法〉的解释》第93条所规定的当事人无须举证证明的事实也不包括行政处罚决定书中的事实。⑥ 行政处罚决定书中的内容并

---

① 《民法典》第1172条:"二人以上分别实施侵权行为造成同一损害,能够确定责任大小的,各自承担相应的责任;难以确定责任大小的,平均承担责任。"

② 参见林文学、付金联、周伦军:《〈关于审理证券市场虚假陈述侵权民事赔偿案件的若干规定〉的理解与适用》,载《人民司法》2022年第7期。

③ 实际上,最高院在新《虚假陈述司法解释》修订过程中曾尝试规定相关责任主体主观过失情况下适用《民法典》第1172条,但如此规定有直接冲撞《证券法》之嫌而放弃。具体参见郭雳、吴韵凯:《虚假陈述案件中证券服务机构民事责任承担再审视》,载《法律适用》2022年第8期。

④ 参见邢会强:《上市公司虚假陈述行政处罚内部责任人认定逻辑之改进》,载《中国法学》2022年第1期。

⑤ 《中华人民共和国民事诉讼法》(2021年修订)第72条规定:"经过法定程序公证证明的法律事实和文书,人民法院应当作为认定事实的根据,但有相反证据足以推翻公证证明的除外。"

⑥ 《最高人民法院关于适用〈中华人民共和国民事诉讼法〉的解释》(2022年修正)第93条规定:"下列事实,当事人无须举证证明:(一)自然规律以及定理、定律;(二)众所周知的事实;(三)根据法律规定推定的事实;(四)根据已知的事实和日常生活经验法则推定出的另一事实;(五)已为人民法院发生法律效力的裁判所确认的基本事实;(六)已为仲裁机构生效裁决所确认的事实;(七)已为有效公证文书所证明的事实。前款第二至第四项规定的事实,当事人有相反证据足以反驳的除外;第五项至第七项规定的事实,当事人有相反证据足以推翻的除外。"

不属于免证事实,然而司法实践中却并非如此。可以说,新《虚假陈述司法解释》的出现只是解决了取消行政前置程序的法律适用问题,并未根治司法实践中行政处罚决定书广泛引用在民事判决书中作为免证事实的弊病。

(三)免责事由实操性不足

《证券法》第 85 条规定了独立董事的免责事由,即"发行人的控股股东、实际控制人、董事、监事、高级管理人员和其他直接责任人员以及保荐人、承销的证券公司及其直接责任人员,应当与发行人承担连带赔偿责任,但是能够证明自己没有过错的除外"。"能够证明自己没有过错"是独立董事免责的唯一法定事由,但是要求何种证明,是否只限于纸质证明(如工作底稿、工作笔录),要达到何种程度的证明才能够免责,法律中皆未规定。如此缺乏实操性的免责事由,难免造就独立董事抗辩被采纳率低的局面,毕竟案涉独立董事通常已被行政处罚,法院面对证监会的"专业判断",独立董事的辩解多少显得有些惨白无力。

2022 年 1 月 21 日最高人民法院发布的新《虚假陈述司法解释》第 16 条列举了独立董事的五项免责事由,可谓开创性的突破。免责事由的实操性得到增强,但仍然存在一定的完善空间。例如该条第一款规定的"不属于自身专业领域的相关具体问题,借助会计、法律等专门职业的帮助仍然未能发现问题的"中的"自身专业领域"如何界定?"借助专门职业的帮助"是否包含公司内部的法律、会计部门? 诸如此类的疑问还有很多,免责事由的精细化设计仍需要立法者、学者及司法实务人员的探索与努力。

(四)责任方式、比例及数额缺乏统一标准

《证券法》只规定了连带责任这一种责任承担方式,而法院判决的责任方式目前有补充赔偿责任、比例连带责任以及连带责任,其原因在于责任方式缺乏类型化标准。法院在确定独立董事责任比例及数额时也无依据法律或者某种明确的计算标准,而是采取"酌定"的方式。5% 和 10% 的责任比例经常出现,但是为何是这两种比例不得而知。责任数额更是悬殊,最高上亿元,最低仅为数百元。值得注意的是,群体性证券诉讼下,平行案件众多,即使是补充赔偿责任,在责任累加之后的数额也不容小觑。在证券集团诉讼中独立董事要承担的责任又要更加重。若不统一标准,容易滋生不公。例如,5% 与 10% 看似差距不大,但在赔偿责任基数为上亿元甚至数十亿元的情况下,两者就是亿元的差距,殊不知裁判者一念之差就可能使独立董事多背负上亿元的巨额债务。可见,证券市场中独立董事责任比例及数额的计算标准等问题亟须相关法规予以明确。

四、完善独立董事虚假陈述责任判定的对策建议

独立董事民事责任制度在上市公司信息披露中具有不可替代的作用与价值,[1]信息披露中未勤勉尽责的独立董事理应承担民事责任。但是,严厉打击证券欺诈行为的同时也需考虑侵权人的权益保障,做到既促进独立董事勤勉尽责又不至于发生寒蝉效应。

（一）明确独立董事法律地位,正确处理法律适用关系

在现有法律规范体系下,建议明确独立董事的法律地位,并科学地捋清不同层次、不同领域法律法规的适用关系,为司法实践中独立董事责任认定的案件审理提供规范指引,进而寻求过错与责任相适应的裁判结果。建议立法者将独立董事的法律地位归依于外部监督人,并在《证券法》第85条将独立董事单独列明,明确其过错推定的归责原则。

不同法律规范之间存在法理冲突的问题难以通过修法来解决。根据《证券法》修改周期来看,短期内再次修订的可能性极小。建议厘清法律规范间的适用顺序,以便统一裁判路径。在过错方面,裁判者应当适用新《虚假陈述司法解释》对独立董事的过错进行认定,且需要经过充分地论证说理,而不能再依赖于行政处罚决定书。在责任方式方面,应当适用《证券法》第85条及新《虚假陈述司法解释》第16条而不适用《民法典》相关条款。《证券法》与《民法典》是特别法与一般法的关系,在证券市场领域应当优先适用《证券法》。需要强调的是,司法实践中将《证券法》第85条适用范围限制在主观故意的做法与新《虚假陈述司法解释》第16条规定不符,应予以摒弃。例如江苏省南京市中级人民法院曾认为,"证券法规定的董事承担连带责任的适用范围是董事对上市公司虚假陈述存有主观故意的场合"。[2]虽然这在一定程度上有利于责任与过错相适应,但是在新《虚假陈述司法解释》已经出台的情况下,应遵循该司法解释的规定。

（二）构建人民法院主导、证监会协同的联动模式

最高人民法院、中国证监会2022年共同颁布的《关于适用〈最高人民法院关于审

---

① 参见刘俊海:《上市公司独立董事制度的反思和重构——康美药业案中独董巨额连带赔偿责任的法律思考》,载《法学杂志》2022年第3期。

② 江苏省南京市中级人民法院民事判决书,(2016)苏01民初2071号。

理证券市场虚假陈述侵权民事赔偿案件的若干规定〉有关问题的通知(法〔2022〕30号)》(以下简称《虚假陈述若干规定通知》)规定了人民法院与中国证监会的联动。联动主要体现在四个方面:首先,人民法院受理证券虚假陈述侵权案件后,应通过中国证监会派出机构通知中国证监会。其次,人民法院可以依法向中国证监会调查收集证据。再次,人民法院调查收集的证据,应当当庭出示并经质证。最后,人民法院可向证监会征求意见,征求意见时间不计入审理时限。因此,在司法实践中,人民法院应做到以下四点:第一,突出人民法院在虚假陈述民事赔偿案件中的主导地位;第二,证监会对于行为人违反信息披露义务的认定只能作为意见使用;第三,人民法院与证监会相互配合收集证据,应在《民事诉讼法》规制下进行。第四,人民法院调查收集的证据要经过当庭出示及质证才能作为证据使用。可以说,《虚假陈述若干规定通知》排除了行政处罚决定书直接成为民事案件中认定行为人具有过错的证据的可能性。

(三) 进一步具体化免责事由,审慎核查多种因素

建议最高法院积极出台相关司法解释,进一步具体化独立董事免责事由,发挥其辅助立法、引导司法的功能。"自身专业领域"的判断可依据"证书+从业年限"的标准,如法律专业领域,只要具备法律职业资格证书以及在法律相关领域从业 5 年以上就可以算作是自身专业领域。法律、会计专业机构宜不限于外部机构,独立董事对于企业内部的法律、会计部门也应当具有合理信赖。但是,为避免独立董事责任虚置的情况,也应当要求独立董事进行必要的调查,付出合理的行动。

另外,建议法院审慎核查多种因素,综合判断独立董事过错。独立董事身份特殊、获取企业信息先天性不足、法律预设与现实能力落差大,对于独立董事侵权责任的成立应当保持谨慎的态度。美国唐纳德教授认为,"如果独立董事将时间花在书面痕迹留存上,以期将来抗辩成功,那么独立董事制度的创造性就会降低。"[①]新《虚假陈述司法解释》第 14 条规定:"发行人的董事、监事、高级管理人员和其他直接责任人员主张对虚假陈述没有过错的,人民法院应当根据其工作岗位和职责、在信息披露资料的形成和发布等活动中所起的作用、取得和了解相关信息的渠道、为核验相关信息所采取的措施等实际情况进行审查认定。"该规定表明,法院审查认定过错时应当综合考虑独立董事的工作岗位、职责、作用、取得信息的渠道、采取的实际行动等多种因

---

① See Donald E. Pease, *Outside Directors: Their Importance to the Corporation and Protection from Liability*, 12 Delaware Journal of Corporate Law, 25(1987).

素。其次,独立董事的抗辩符合第 16 条所列免责事由的,法院也应当勇于认定其没有过错而予以免责。最后,建议人民法院灵活运用第 16 条第 5 项的兜底条款,即"能够证明勤勉尽责的其他情形",准确公平合理地认定独立董事过错。

（四）区分责任方式,统一比例和数额计算标准

面对司法实践中判罚幅度差异大、责任范围不一的情况,建议以过错状态区分责任方式,并借鉴"门槛与深度理论"确定责任比例和数额。具体呈现如表 5 所示:

表 5　不同过错状态下的责任承担情况

过错状态	责任比例	责任限额	结　果
故　意			承担全部连带责任
严重过失	25% 以上	N 倍年工资	N 倍年工资内承担连带责任
	15%—25%	4 倍年工资	4 倍年工资内承担连带责任
	5%—15%	3 倍年工资	3 倍年工资内承担连带责任
	5% 以下	2 倍年工资	2 倍年工资内承担连带责任
轻微过失			免责

在责任方式上,宜以过错状态作为类型化的核心标准。[1] 共分为三种情况:第一种,故意参与上市公司虚假陈述行为,应承担全部连带责任;第二种,具有严重过失的独立董事承担有限连带责任,并设置不同级别的责任限额;第三种,对轻微过失的独立董事予以免责。此种划分方式需要解决的关键问题是如何区分故意、严重过失和轻微过失。

第一,故意与重大过失的区分应以是否知悉为标准。根据新《虚假陈述司法解释》第 13 条,只有独立董事故意参与虚假信息披露文件的制作,或者明知信息披露文件存在虚假而不予指明的情况下,才能认定其具有故意的主观心态。

第二,对于重大过失与轻微过失的区分,建议以是否为核验相关信息采取必要措施为标准。首先,如果独立董事发现或应当发现危险信号后,仍未付出行动进行调查或补救应认定为重大过失,[2]反之,可视其所采取行动的有效性,分别认定为轻微过失

---

① 王涌:《独立董事的当责与苛责》,载《中国法律评论》2022 年第 3 期。
② 参见邢会强:《上市公司虚假陈述行政处罚内部责任人认定逻辑之改进》,载《中国法学》2022 年第 1 期。

或无过错。其次,根据新《虚假陈述司法解释》第 16 条第 2 款的文义,独立董事能够证明自己日常勤勉履职的,或者虚假陈述被揭露后及时督促发行人整改且效果明显的,建议法院也可尝试认定其为轻微过失。[①]

关于严重过失下有限连带责任的责任限额如何设置的问题,可借鉴"门槛与深度规则"。[②] "门槛"指应当承担的责任比例,其确定可以原因力大小、过错程度为主要标准,同时参考双方经济状况和公平原则等多种因素综合判断。[③] 将"门槛"设置几个级别,例如 5%以下、5%—15%、15%—25%、25%以上等,然后与之匹配相应的"深度"。"深度"往往由年工资的数倍组成,本文预设的薪酬倍数仅为方便举例说明而未经详细论证,具体的倍数设计应当考虑市场行情、独立董事的薪酬、实施效果等方面。例如第一档次 5%以下匹配 2 倍的年工资、第二档次 5%—15%匹配 3 倍的年工资,第三档次 15%—25%匹配 4 倍的年工资,以此类推。这样既能够明确裁决出独立董事的过错大小,又不至于让独立董事承担过重的赔偿责任。

五、结　　语

独立董事证券虚假陈述的责任判定处于证券法、公司法、侵权法等的交叉领域。建议立法者细化独立董事责任判定的相关规则、明确独立董事外部监督人的法律地位。最高人民法院可出台司法解释进一步具体化免责事由,并与中国证监会合作探索协同联动模式的构建,同时引入门槛与深度理论合理确定责任方式、责任比例及责任范围。而对于身处一线审判工作的法院法官来说,应当正确把握独立董事的责任尺度,综合多种因素,审慎厘定其责任。在更为宏观的层面,如何解释限额连带责任在《证券法》第 85 条下的适用空间、如何在立法中引入公司章程对董事责任的豁免制度、如何完善董事责任保险制度等方面,值得进一步研究。

---

① 《最高人民法院关于审理证券市场虚假陈述侵权民事赔偿案件的若干规定》第 16 条第 2 款:"独立董事提交证据证明其在履职期间能够按照法律、监管部门制定的规章和规范性文件以及公司章程的要求履行职责的,或者在虚假陈述被揭露后及时督促发行人整改且效果较为明显的,人民法院可以结合案件事实综合判断其过错情况。"

② 参见曹明德:《论债券虚假陈述纠纷中的中介机构责任》,载《中国注册会计师》2021 年第 4 期。

③ 参见张新宝、明俊:《侵权法上的原因力理论研究》,载《中国法学》2005 年第 2 期。

境外视野

ESG 境外实践系列[*]

中国上市公司协会　中证指数有限公司

系列（1）：新加坡 ESG 的理念与实践

ESG（Environmental，Social，Governance，即社会、环境和治理）的理念和实践，与新加坡的国家治理需求高度契合，因此，新加坡在环境保护、社会责任和企业治理三方面的政策和管理水平均处于亚洲领先位置。同时，新加坡也高度关注相关理念在金融领域的推广和应用，新加坡金融管理局于 2001 年发布《公司治理守则》并先后进行三次修订，2017 年启动"绿色债券资助计划"，新加坡交易所强制要求上市公司每年披露《可持续发展报告》，并拟通过分行业、分阶段的方式开展与气候相关的财务披露等等，都很好地推动了 ESG 理念在新加坡金融领域的实践应用。

一、可持续发展历程及法规政策沿革

（一）可持续发展历程①（见下页图 1）

（二）法规政策沿革

1. 2001 年 3 月，新加坡金融管理局发布《公司治理守则》

《公司治理守则》明确了新交所上市公司在企业治理方面需要遵守的一系列基本规章，对之后多年促进 ESG 理念和原则在新加坡的落地起到核心保障作用。

---

　　* 转载自中国上市公司协会、中证指数有限公司编写的《中国上市公司 ESG 发展报告（2022 年）》附件 2：ESG 境外实践系列（1）——新加坡、附件 3：ESG 境外实践系列（2）——香港。

　　① 来源：新加坡交易所官方网站。

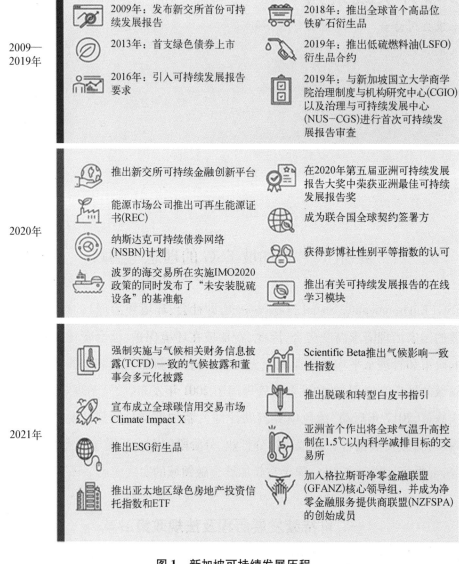

图 1 新加坡可持续发展历程

2. 2005 年 7 月，《公司治理守则》进行第一次修订

加入"公司治理披露安排"，强制要求上市公司定期披露企业管制信息。

3. 2011 年 6 月，新加坡交易所发布《可持续发展报告政策声明》及配套文件《上市公司可持续发展报告指南》，建议上市公司披露 ESG 领域的表现

可持续发展报告是对上市发行人财务报告的补充。财务状况和综合收入报表将简要介绍公司现状和过去一年的账目情况，而关于环境、社会和治理（ESG）因素的可持续发展报告则描述了可见的风险和机遇，并对其进行管理以期获得未

来回报,结合财务报告与可持续发展报告有助于更好地评估发行人财务前景和管理质量。

4. 2012年5月,《公司治理守则》进行第二次修订

拓展了董事会行为准则要求,要求董事会"在公司战略的制定中纳入诸如环境、社会等可持续发展议题的考量"。

5. 2016年6月,新交所发布新版《上市公司可持续发展报告指南》,并修订《上市规则》,将要求从"自愿"提升至"强制"

新版《报告指南》要求所有上市公司在2017年12月31日及之后结束的会计年度中必须发布可持续发展报告,并采用分阶段推行的方式,首年发布可持续发展报告的公司只需披露其对实质性ESG因素的评估和有关政策或实践,如果无法对此提供定性或定量描述,发行人只需说明自己后续如何逐步提升报告质量。

新交所将《报告指南》作为主板和凯利板上市规则的补充收录至"实践准则"中。《报告指南》的发布也意味着新加坡成为继中国香港之后,亚洲第二个强制要求上市公司披露ESG信息的经济体。新交所还在《上市规则》正文新增两款相关条目,要求所有在新加坡上市的发行人编制、发布年度可持续发展报告,以及上市公司的可持续发展报告需要包含的重要内容。

6. 2018年8月,《公司治理守则》进行第三次修订

修订后的《公司治理守则》包含五大板块(董事会事项、薪酬事项、会计与审计、股东权利与参与、利益相关方关系管理)、十三大项,每项内容都包含所有上市公司必须遵守的"原则"和不遵守就解释的"规章"两个条目。此外,新加坡金融管理局编制了《实践指南》,以帮助公司更好地理解《公司治理守则》的内容,更好地提升公司治理的实践。除了对公司的内部管制实践设定了标准,新交所还在其上市规则的"公司治理披露安排"中强制要求所有上市公司就治理情况做出披露。

二、信息披露相关要求

(一)上市公司强制披露《可持续发展报告》

2011年6月,新加坡交易所发布《可持续发展报告政策声明》及配套文件《上市公司可持续发展报告指南》,建议上市公司披露ESG领域表现;2016年6月,新交所发布新版《上市公司可持续发展报告指南》,并修订《上市规则》,要求

所有上市公司在 2017 年 12 月 31 日及之后结束的会计年度中必须发布可持续发展报告。

（二）分行业、分阶段推进强制性气候相关财务披露

2021 年 12 月，新加坡交易所公布符合 TCFD 对上市公司建议的强制性气候相关财务披露路线图，从最容易受气候相关风险影响的行业开始做披露，并根据 ISSB 的最终气候披露标准，做好相关准备工作，并于 2022 年开始就相关披露内容征询金融行业相关意见。

目前暂定的信息披露范围与国际气候披露框架保持一致，主要涵盖治理、战略、风险管理、指标和目标等内容。2022 年 1 月 1 日起，所有上市公司按照"遵守或解释"原则；2023 年 1 月 1 日起，强制要求金融行业，农业、粮食和森林产品行业，能源产业做披露；2024 年 1 月 1 日起，强制要求材料和建筑业，交通运输业做披露。

（三）新交所 ESG 核心指标①

1. 环境（见表1）

表 1　环 境 指 标

主 题	指 标	单 位	来 源	说 明
温室气体排放（GHG）	绝对排放量②：（a）全部；（b）范围1，范围2，（c）范围3，如果合适。	吨二氧化碳当量	GRI305－1，GRI305－2，GRI305－3，TCFD，SASB110，WEF核心指标	以吨二氧化碳当量为单位的温室气体排放。报告全部，范围1和范围2的温室气体排放，如果合适，报告范围3的温室气体排放。温室气体排放的计算应当与国际承认的方式保持一致，例如温室气体议定书。
	排放强度：（a）全部；（b）范围1，范围2，（c）范围3，如果合适。	吨二氧化碳当量/特定指标	GRI305－4，TCFD，SASB110	温室气体排放的排放强度比率的单位指标。例如，收入，产品量，面积，员工人数，乘客人数等。这些数据是从已报告的全部排放中计算出来的，分母应有明确的界定和披露。

① 来源：新加坡交易所官方网站。
② GRI305 排放信息披露：对于排放项，包括 7 类排放专项：305－1　直接排放（范围1）温室气体排放；305－2　能源间接（范围2）温室气体排放；305－3　其他间接（范围3）温室气体排放；305－4　温室气体排放强度；305－5　温室气体减排量；305－6　臭氧消耗物质的排放；305－7　氮氧化物、硫氧化物和其他重大大气气体排放。

续　表

主题	指　标	单　位	来　源	说　明
能耗	能源消耗总量	百万瓦特小时或吉焦	GRI302-1①,TCFD,SASB130	整个组织以百万瓦特小时或吉焦为单位的能源消耗总量。
	能源消耗强度	百万瓦特小时或吉焦/特定指标	GRI302-3,TCFD	能源消耗(百万瓦特小时/吉焦)的能源消耗强度比率的单位指标,例如,收入,产品量,面积,员工人数,乘客人数等。这些数据是从已报告的全部能源消耗中计算出来的,分母应有明确的界定和披露。
水耗	水耗总量	兆升或立方米	GRI303-5,②SASB140,TCFD,WEF核心指标	整个组织以兆升或立方米为单位的耗水总量。
	水耗强度	兆升或立方米/特定指标	TCFD,SASBIF-RE-140a.1	水消耗(兆升或立方米)的强度比率的单位指标,例如:收入,产品量,面积,员工人数,乘客人数等。这些数据是从已报告的全部能源消耗中计算出来的,分母应有明确的界定和披露。
废物产生	产生的废物总量	吨	GRI306-3,SASB150,TCFD,WEF扩展指标	整个组织以及可能的地方产生的全部废物总量,以吨为单位,包括废物成分的相关信息,例如,有害物质VS安全物质,可回收VS不可回收。

2. 社会(见表2)

表2　社　会　指　标

主题	指　标	单　位	来　源	说　明
性别多样性	按性别分别列示现有员工	百分比(%)	GRI405-1,SASB330,WEF核心指标	按性别分别列示现有员工占比。

---

① GRI302能源信息披露:302-1　组织内部的能源消耗量;302-2　组织外部的能源消耗量;302-3　能源强度;302-4　减少能源消耗量;302-5　降低产品和服务的能源需求。

② GRI303水资源与污水信息披露:303-1　组织与水的相互影响;303-3　取水;303-4　排水;303-5　耗水。

主　题	指　标	单　位	来　源	说　明
性别多样性	按性别分别列示新员工和人事变更率	百分比（%）	GRI401－1，WEF核心指标	报告期内按性别分别列示新员工的比例和人事变更率。
年龄多样性	按年龄组分别列示现有员工	百分比（%）	GRI405－1，WEF核心指标	按年龄组分别列示现有员工占比。GRI 的员工年龄组类别包括：（a）30 岁以下；（b）30 岁—50 岁；（c）50 岁以上。
	按年龄组分别列示新员工和人事变更率	百分比（%）	GRI401－1，WEF核心指标	报告期内按年龄组分别列示新员工的比例和人事变更率。GRI 的员工年龄组类别包括：（a）30 岁以下；（b）30 岁—50 岁；（c）50 岁以上。
雇佣情况	人事变更率	数字和比率（%）	GRI401－1，SASB310，WEF核心指标	报告期内员工变更数量及比率。报告的范围（亦即是否包括子公司）应有明确的界定和披露。
	员工总数	数字	新交所通常报告指标	截至报告期末的员工总数。报告的范围（亦即是否包括子公司）应有明确的界定和披露。
发展与培训	每位员工的平均培训时间	小时／员工人数	GRI404－1，WEF核心指标	报告期内平均每位员工的培训小时数（为所有员工提供的全部培训时间/员工总数）。
	按照性别分别列示每位员工的平均培训时间	小时／员工人数	GRI404－1，WEF核心指标	按性别列示报告期内平均每位员工培训时间（为每类员工提供的全部培训时间/每类员工总数）。
职业健康与安全	死亡事故	事件数量	GRI403－9，WEF 核心指标，MOM（新加坡），SASB320	整个组织在报告期内因为工伤造成的死亡事故数量。报告的范围应该包括员工和为组织工作和在组织可以控制的工作地工作的非员工。
	高后果伤害	事件数量	GRI403－9，WEF 核心指标，MOM（新加坡）	报告期内高后果工伤（伤害严重到工人无法在 6 个月内完全恢复到受伤前的健康状态）的数量，不包括死亡人数。报告的范围应该包括员工和为组织工作和在组织可以控制的工作地工作的非员工。

主题	指　标	单　位	来　源	说　明
职业健康与安全	可记录的伤害	事件数量	WEF核心指标,MOM(新加坡),SASB320	报告期内可记录的工伤人数。报告的范围应该包括员工和为组织工作和在组织可以控制的工作地工作的非员工。
	可记录的工作相关病病例	事件数量	GRI403-10,WEF扩展指标,MOM(新加坡)	报告期内因工作暴露于危险而导致的可记录工作相关疾病或健康状况的数量。报告的范围应该包括员工和为组织工作和在组织可以控制的工作地工作的非员工。

3. 治理(见表3)

表3　治理指标

主题	指　标	单　位	来　源	说　明
董事会构成	董事会独立性	百分比(%)	GRI102-22,WEF核心指标	独立董事人数占全部董事的比例。
	董事会中女性人数	百分比(%)	GRI102-22,GRI405-1,WEF核心指标	女性董事人数占全部董事的比例。
管理层多样性	女性管理层人数	百分比(%)	GRI102-22,GRI405-1,WEF核心指标,SASB330	女性高级管理人员占高级管理人员的比例。每个组织定义哪些员工是其高级管理团队的一部分。
道德行为	反腐败披露	讨论和标准数量	GRI205-1,GRI205-2和GRI205-3	根据GRI的205-1、205-2和205-3相关反腐标准做披露。
	员工反腐败培训	数字和比例(%)	GRI205-2,WEF核心指标	报告期内接受反腐败培训的员工人数和占比。
认证证书	相关证书清单	清单	新交所通常报告指标	列出所有与可持续性或ESG相关的认证,例如,ISO4500系列,BCA绿色建筑,利德认证,能源之星。每个组织来负责定义哪些认证是需要报告的。

续 表

主 题	指 标	单 位	来 源	说 明
与框架保持一致	框架和披露实践保持一致	GRI/TCFD/SASB/SDGs/其他	SGX-ST 上市规则（主板）711A 和 711B,注释 7.6; SGX-ST 上市规则(凯利板)711A 和 711B,注释 7F	发行人需要优先使用全球公认的框架和披露实践来指导其可持续发展报告。如果发行人正在应用特定框架的一部分,发行人应提供发行人应用框架范围的一般说明。
保证	可持续发展报告的相关保证	内部/外部/没有	SGX-ST 上市规则（主板）711A 和 711B,注释 7.6; SGX-ST 上市规则(凯利板)711A 和 711B,注释 7F	披露是否已采取可持续发展报告的相关行动:(a)外部独立保证;(b)内部保证;(c)没有保证。如果组织做了外部或内部保证,提供保证的范围。

（四）《可持续发展报告》主要内容

新交所在其官网披露了《可持续发展报告》主要内容,具体如下:

（1）董事会声明。

可持续发展报告应包含一份董事会声明,声明内容包括董事会已将可持续发展问题视为其战略制定工作的组成部分、已确定重大 ESG 因素并已对重大 ESG 因素的监测和管理进行监督。根据 2012 年 5 月 2 日发布的《公司治理守则》,董事会需对发行人的长期成功承担集体责任,董事会确定战略方向,并将可持续发展问题视为其战略制定工作的组成部分。董事会对发行人的可持续发展报告负最终责任。

（2）报告框架。

发行人应选择适合其行业和业务模式的可持续发展报告框架,解释其选择的原因,并重视使用全球认可的框架,以便在日益全球化的市场中获得更广泛的认可,更容易被理解,更容易与新加坡及全球其他司法管辖区的同行进行比较。发行人应谨慎选择未被普遍接受的框架。发行人应每一年都遵循所选定的框架,并提升其关于如何有效进行报告的知识和理解,如监管未发生变化,仅业务战略和/或模式出现重大改变,可持续发展报告框架才可能需要做出调整,但这并不妨碍偶尔对框架的相关性进行检查。

（3）政策和目标。

可持续发展报告应列出发行人与已确定重大 ESG 因素相关的政策、管理和绩效,并就报告期内每项已确定重大 ESG 因素提供描述性的量化信息,每份可持续发展报告都应列出发行人针对即将到来的年度与每项已确定重大 ESG 因素相关的目标。

关于政策、惯例、绩效和目标,公司可以考虑采取循序渐进的方式。例如,某公司可能在第一年的报告中以提供无定量措施的定性承诺作为目标,一年后,该公司可提供短期和长期的定性目标和少数定量目标,在第三个报告年度,该公司可提供短期和长期的定性及定量目标,当中包括同行或行业基准,报告还可描述目标如何与管理绩效激励挂钩。

(4)重大 ESG 因素。

发行人应在价值链背景下评估其业务,并针对发行人与其物理环境和社区之间的互动,确定哪些 ESG 因素对于其业务连续性具有重大意义,并报告其选择的标准和流程。

报告 ESG 因素时,发行人不仅应考虑其内部运营环节,还应将考虑范围扩大至对发行人的产品或服务有贡献的价值链中的人员和流程,部分外包给第三方的业务(例如货运和物流)及下游流程(例如产品缺陷响应)构成发行人业务的组成部分,需纳入可持续发展报告。

指导性意见:可持续发展报告涉及最重要的 ESG 风险和机会,这些风险和机会将成为实现短期、中期和长期业务目标的阻力或动力,这些风险或机会的遗漏或错误陈述可能会影响投资者的决策。通常,可持续发展报告中的重要内容在财务方面也将视为重要内容,即便近期不属于,也会随时间推移而变成重要内容。

(5)可持续发展报告要求。

可持续发展报告应包括《上市规则》711B 和本指引第 4.1 段基于"遵守或解释"的主要组成部分。如果发行人无法报告任何主要组成部分,则发行人必须做出相应声明,并解释其替代做法及相应原因。

三、投资机构参与 ESG 投资或尽责管理的要求

(一)责任投资者尽职治理原则

新加坡尽职治理原则工作组在 2016 年面向国内投资者发布了《新加坡责任投资者尽职治理原则》,明确了责任投资者应当遵守的七条原则:① 表明尽职治理立场;② 了解投资实情;③ 保持主动知情;④ 处理利益冲突时保持透明;⑤ 负责任地投票;⑥ 树立好榜样;⑦ 共同合作。

（二）ESG 基金披露和报告要求

新加坡金融管理局就面向散户投资者的 ESG 基金额外披露和报告要求,征询业内人士意见,主要包括以下内容:① 基金名称和标签;② ESG 投资重点、战略和风险的招股说明书披露;③ 对基金业绩衡量、ESG 数据来源等的额外披露;④ 定期报告基金的 ESG 相关投资金额。

系列(2):中国香港 ESG 的理念与实践

截至 2022 年 5 月 9 日,港交所上市公司家数为 2 573 家,总市值为 389 313.71 亿港元[①]。香港作为国际金融中心和全球离岸人民币业务枢纽,也是全球最大的绿色债券市场之一,近年来一直在积极推进可持续金融及 ESG 实践,以期在亚洲的可持续金融领域占据领先地位。

一、ESG 相关政策历史沿革

香港 ESG 相关政策经历了一个逐步完善的过程(见表4)。2011 年 12 月 9 日,港交所就《环境、社会及管治报告指引》的制定首次发放文件公开征询意见,以促进香港资本市场对 ESG 理念的广泛认同,鼓励上市企业进行 ESG 信息披露。通过不断加大 ESG 政策法规的推进力度,广泛征求市场意见,加强绿色金融建设和信息披露立法的实践,强化市场监管,加快了可持续发展金融的推进步伐。

表4　香港 ESG 相关政策历史沿革

时　间	相　关　政　策[②]
2012 年 8 月	港交所首次发布《环境、社会及管治报告指引》及实施意见,并将其列入《上市规则》附录,ESG 为企业建议披露信息。
2014 年 12 月	港交所修订《企业管制守则》和《企业管制报告》,将修订守则纳入《上市规则》附录。

---

① 来源：wind 数据库。
② 来源：香港证券交易所、香港金融发展局和 wind 数据库。

时　　间	相　关　政　策
2015 年 12 月	港交所首次修订《环境、社会及管治报告指引》,主要披露范畴为环境及社会,并在两大范畴下划分出 11 个层面的具体内容,包括排放物、劳工准则、产品责任等,对"环境"和"社会"实施两步走的披露升级。第一步:2016 年 1 月 1 日起生效,将环境及社会范畴内"一般披露"的内容提升至"不遵守就解释"。第二步:2017 年 1 月 1 日起生效,将披露框架中环境范畴 KPI 披露责任提升至"不遵守就解释"。
2016 年 1 月	2016 年 1 月 1 日起,《环境、社会及管治报告指引》环境和社会部分由"一般披露"升级为"不遵守就解释"。
2016 年 3 月	香港证监会将 ESG 理念纳入对投资者的"负责任的拥有权原则",鼓励投资者对利益相关者做出披露。该原则建议投资者制定政策以更好地履行其拥有权责任,参与被投资公司的事务。该原则强调了投资者对企业 ESG 实践的推动作用,要求香港企业将 ESG 理念纳入战略层面。
2017 年 1 月	2017 年 1 月 1 日起,《环境、社会及管治报告指引》环境范畴 KPI 的披露责任提升至"不遵守就解释"。
2018 年 7 月	港交所出台《董事会及董事指引》,对董事及董事会履行职责提出务实建议。
2018 年 9 月	香港证监会发布《绿色金融策略框架》,对香港绿色金融发展提出五大策略,并指出证监会在绿色金融中的首要工作是加强上市企业环境信息(特别是与气候相关信息)的披露。
2018 年 11 月	香港金融发展局发布在《香港的环境、社会及管治(ESG)策略》提出香港 ESG 生态系统发展的六点建议: ① 特区政府牵头鼓励公共基金支持 ESG 整合; ② 香港金融管理局提高对其外聘的投资经理施加 ESG 规定;③ 强制性公积金计划管理局在其受托人审批及监察程序中纳入 ESG 因素考量,并鼓励受托人参考国际 ESG 标准;④ 香港证监会把《负责任的投资原则》至少提升至"不遵循就解释"的水平,以强调 ESG 的重要性;⑤ 证监会和其他监管机构就 ESG 主题投资产品提供更多指引;⑥ 港交所加强申请上市者及上市公司有关 ESG 的披露。
2019 年 3 月	香港特别行政区政府颁布《绿色债券框架》,为改善环境和促进香港低碳经济转型的项目筹措资金。
2019 年 12 月	港交所对《环境、社会及管治报告指引》进行第二次修订,于 2020 年 7 月 1 日起生效。本次修订不但强化了上市公司基于董事会层面的 ESG 战略管理要求,而且增加了 ESG 关键绩效指标的内容,提升了信息披露时效性,提出了指标的量化考虑要求,鼓励发行人自愿寻求独立审验以提升披露信息质量。
2020 年 3 月	港交所再次修订《如何编备环境、社会及管治报告》及董事会及董事指南《在 ESG 方面的领导角色和问责性》,指导发行人进行 ESG 信息披露。

续　表

时　间	相　关　政　策
2020 年 5 月	香港金融管理局发布《绿色及可持续发展银行业的共同评估框架》,促进香港银行业绿色及可持续发展。
2021 年 11 月	港交所刊发了《气候信息披露指引》,旨在为促进企业遵守气候相关财务信息披露工作组(TCFD)的建议提供实用指引,并按照相关建议做出汇报。《气候信息披露指引》与《环境、社会及管治报告指引》共同构成了联交所监管下企业 ESG 信息披露的基本规范框架。

二、上市公司 ESG 信息披露的基本要求

（一）《环境、社会及管治报告指引》(2019 年修订)

根据《环境、社会及管治报告指引》规定,所有在香港联合交易所上市的发行人(包括主板和 GEM 板)须在其年报所涵盖的同期内,每年发表 ESG 报告。自 2022 年 1 月 1 日起,ESG 报告必须与年度报告同时发布,但在 2022 年 1 月 1 日之前开始的财政年度的 ESG 报告可以在该财政年度结束后不迟于 5 个月发布。

根据指引规定,ESG 报告涵盖两个主要主题领域:"E"(环境)和"S"(社会);"G"(管治)通常在年报所载的《企业管治报告》中单独处理,其内容受《上市规则》附录 14(企业管治守则)的规定所限。指引涵盖两个层次的披露责任:(a)强制披露规定;(b)不遵守即解释条文。

1. 汇报原则

汇报原则是指在描述或解释在编备环境、社会及管治报告时如何应用"重要性""量化""一致性""平衡"等原则。

(1)重要性原则。当董事会制定有关环境、社会及管治事宜会对投资者及其他持份者而言是重要时,发行人就应作出汇报。

(2)量化原则。有关历史数据的关键绩效指标须可予计量。量化资料应附带说明,阐述其目的及影响,并在适当的情况下提供比较数据。

(3)一致性原则。发行人应使用一致的披露统计方法,令环境、社会及管治数据日后可作有意义的比较。

(4)平衡原则。环境、社会及管治报告应当不偏不倚地呈报发行人的表现,避免

可能会不恰当地影响报告读者决策或判断的选择、遗漏或呈报格式。

2. 强制性披露规定

港交所期望董事会在监督评估公司的环境和社会影响方面发挥领导作用并承担责任,要求发行人在 ESG 报告中披露一份董事会声明,阐述董事会对于 ESG 事务的管理状况,以确保董事会具备完善的组织结构和流程,在长期可持续发展战略下对公司 ESG 表现进行监督;同时对企业的 ESG 信息披露的原则和范围做出更明确要求,以应对企业可能存在的定义模糊、边界不清等问题。具体披露要求见表5。

表5　强制性信息披露规定①

管治架构	披露董事会对 ESG 事宜的监管。
	董事会的环境、社会及管治管理方针及策略,包括评估、优次排列及管理重要的环境、社会及管治相关事宜(包括对发行人业务的风险)的过程。
	董事会如何按环境、社会及管治相关目标检讨进度,并解释它们如何与发行人业务有关联。
汇报原则	重要性:环境、社会及管治报告应披露:① 识别重要环境、社会及管治因素的过程及选择这些因素的准则;② 如发行人已进行持份者参与,已识别的重要持份者的描述及发行人持份者参与的过程及结果。
	量化:有关汇报排放量/能源耗用(如适用)所用的标准、方法、假设及/或计算工具的资料,以及所使用的转换因素的来源应予披露。
	一致性:发行人应在环境、社会及管治报告中披露统计方法或关键绩效指标的变更(如有)或任何其他影响有意义比较的相关因素。
汇报范围	增设强制信息披露要求,规定发行人要解释 ESG 报告的汇报范围,同时披露挑选哪些实体或者业务纳入 ESG 报告的过程。若汇报范围有所改变,发行人应解释不同之处及变动原因。

3. 不遵守即解释条文

除了上述强制披露规定外,ESG 报告将每个主题进一步划分为不同的方面,其中4个与"环境"相关,8个和"社会"相关。每个主题都有特定的关键绩效指标(KPI),供发行人报告,以展示他们的表现。关于这些方面的报告遵循"遵守或解释"原则,这意味着如果发行人没有报告这些规定中的任何一个,那就必须在 ESG 报告中对没有

① 来源:主板上市规则附录二十七《环境、社会及管治报告指引》和 GEM 上市规则附录二十《环境、社会及管治报告指引》。

进行报告的原因和考虑进行充分的说明。

2019 年《环境、社会及管治报告指引》在原有的环境指标基础上，要求公司就 4 个环境类 KPI 设定目标，包括但不限于公司的排放量、能源使用情况、用水效益、减废成果等。同时，增加了关于气候变化的相关内容。在社会指标方面，也要求上市公司注重对发行人的业务开展及公司声誉具有重大影响的指标，包括劳工标准、人权、雇佣风险和供应链风险。修订后的披露指标见表 6。

表 6　主要范畴、层面、一般披露及关键绩效指标①

A. 环　　境	
层面 A1：排放物	层面 A1：排放物一般披露 有关废气及温室气体排放、向水及土地的排污、有害及无害废弃物的产生等的： ① 政策；② 遵守对发行人有重大影响的相关法律及规例的资料。注：废气排放包括氮氧化物、硫氧化物及其他受国家法律及规例规管的污染物。温室气体包括二氧化碳、甲烷、氧化亚氮、氢氟碳化合物、全氟化碳及六氟化硫。有害废弃物指国家规例所界定者。
	关键绩效指标 A1.1 排放物种类及相关排放数据。
	关键绩效指标 A1.2 直接（范围 1）及能源间接（范围 2）温室气体排放量（以吨计算）及（如适用）密度（如以每产量单位、每项设施计算）。
	关键绩效指标 A1.3 所产生有害废弃物总量（以吨计算）及（如适用）密度（如以每产量单位、每项设施计算）。
	关键绩效指标 A1.4 所产生无害废弃物总量（以吨计算）及（如适用）密度（如以每产量单位、每项设施计算）。
	关键绩效指标 A1.5 描述所订立的排放量目标及为达到这些目标所采取的步骤。
	关键绩效指标 A1.6 描述处理有害及无害废弃物的方法，及描述所订立的减废目标及为达到这些目标所采取的步骤。
层面 A2：资源使用	层面 A2：资源使用一般披露 有效使用资源（包括能源、水及其他原材料）的政策。 注：资源可用于生产、储存、运输、楼宇、电子设备等。
	关键绩效指标 A2.1 按类型划分的直接及/或间接能源（如电、气或油）总耗量（以千个千瓦时计算）及密度（如以每产量单位、每项设施计算）。

① 来源：主板上市规则附录二十七《环境、社会及管治报告指引》和 GEM 上市规则附录二十《环境、社会及管治报告指引》，其中加粗斜体字为 2019 年修订新增或修订的指标。

资源使用	关键绩效指标 A2.2 总耗水量及密度(如以每产量单位、每项设施计算)。
	关键绩效指标 A2.3 描述所订立的能源使用效益目标及为达到这些目标所采取的步骤。
	关键绩效指标 A2.4 描述求取适用水源上可有任何问题,以及所订立的用水效益目标及为达到这些目标所采取的步骤。
	关键绩效指标 A2.5 制成品所用包装材料的总量(以吨计算)及(如适用)每生产单位占量。
层面 A3: 环境及天然资源	层面 A3:环境及天然资源一般披露 减低发行人对环境及天然资源造成重大影响的政策。
	关键绩效指标 A3.1 描述业务活动对环境及天然资源的重大影响及已采取管理有关影响的行动。
层面 A4: 气候变化	层面 A4:气候变化一般披露 识别及应对已经及可能会对发行人产生影响的重大气候相关事宜的政策。
	关键绩效指标 A4.1 描述已经及可能会对发行人产生影响的重大气候相关事宜,及应对行动。
B. 社 会	
雇佣及劳工常规	
层面 B1: 雇佣	层面 B1:雇佣一般披露 有关薪酬及解雇、招聘及晋升、工作时数、假期、平等机会、多元化、反歧视以及其他待遇及福利的:① 政策;② 遵守对发行人有重大影响的相关法律及规例的资料。
	关键绩效指标 B1.1 按性别、雇佣类型(如全职或兼职)、年龄组别及地区划分的雇员总数。
	关键绩效指标 B1.2 按性别、年龄组别及地区划分的雇员流失比率。
层面 B2: 健康与安全	层面 B2:健康与安全一般披露 有关提供安全工作环境及保障雇员避免职业性危害的: ① 政策;② 遵守对发行人有重大影响的相关法律及规例的资料。
	关键绩效指标 B2.1 过去三年(包括汇报年度)每年因工亡故的人数及比率。
	关键绩效指标 B2.2 因工伤损失工作日数。
	关键绩效指 B2.3 描述所采纳的职业健康与安全措施,以及相关执行及监察方法。

层面 B3： 发展及 培训	层面 B3：发展及培训一般披露 有关提升雇员履行工作职责的知识及技能的政策。描述培训活动。 注：培训指职业培训，可包括由雇主付费的内外部课程。
	关键绩效指标 B3.1 按性别及雇员类别（如高级管理层、中级管理层）划分的受训雇员百分比。
	关键绩效指标 B3.2 按性别及雇员类别划分，每名雇员完成受训的平均时数。
层面 B4： 劳工准则	层面 B4：劳工准则一般披露 有关防止童工或强制劳工的：① 政策；② 遵守对发行人有重大影响的相关法律及规例的资料。
	关键绩效指标 B4.1 描述检讨招聘惯例的措施以避免童工及强制劳工。
	关键绩效指标 B4.2 描述在发现违规情况时消除有关情况所采取的步骤。
营 运 惯 例	
层面 B5： 供应链 管理	层面 B5：供应链管理一般披露 管理供应链的环境及社会风险政策。
	关键绩效指标 B5.1 按地区划分的供应商数目。
	关键绩效指标 B5.2 描述有关聘用供应商的惯例，向其执行有关惯例的供应商数目，以及相关执行及监察方法。
	关键绩效指标 B5.3 描述有关识别供应链每个环节的环境及社会风险的惯例，以及相关执行及监察方法。
	关键绩效指标 B5.4 描述在拣选供应商时促使多用环保产品及服务的惯例，以及相关执行及监察方法。
层面 B6： 产品责任	层面 B6：产品责任一般披露 有关所提供产品和服务的健康与安全、广告、标签及私隐事宜以及补救方法的：① 政策；② 遵守对发行人有重大影响的相关法律及规例的资料。
	关键绩效指标 B6.1 已售或已运送产品总数中因安全与健康理由而须回收的百分比。
	关键绩效指标 B6.2 接获关于产品及服务的投诉数目以及应对方法。
	关键绩效指标 B6.3 描述与维护及保障知识产权有关的惯例。
	关键绩效指标 B6.4 描述质量检定过程及产品回收程序。
	关键绩效标 B6.5 描述消费者资料保障及私隐政策，以及相关执行及监察方法。

层面 B7：反贪污	层面 B7：反贪污一般披露 有关防止贿赂、勒索、欺诈及洗黑钱的：① 政策；② 遵守对发行人有重大影响的相关法律及规例的资料。
	关键绩效指标 B7.1 于汇报期内对发行人或其雇员提出并已审结的贪污诉讼案件的数目及诉讼结果。
	关键绩效指标 B7.2 描述防范措施及举报程序，以及相关执行及监察方法。
	关键绩效指标 B7.3 描述向董事及员工提供的反贪污培训。
社　区	
层面 B8：社区投资	层面 B8：社区投资一般披露 有关以社区参与来了解营运所在社区需要和确保其业务活动会考虑社区利益的政策。
	关键绩效指标 B8.1 专注贡献范畴（如教育、环境事宜、劳工需求、健康、文化、体育）。
	关键绩效指标 B8.2 在专注范畴所动用资源（如金钱或时间）

（二）《气候信息披露指引》

香港加入了《巴黎协定①》，并承诺在 2035 年前将碳排放量比 2005 年的水平减少 50%，在 2050 年前实现碳中和。为此，香港特区政府提升了推进碳减排的力度，并就上市公司的 ESG 建设和披露，推出一系列强制性要求，包括在气候变化方面的要求。港交所在 2021 年 11 月专门就气候变化问题，推出了《气候信息披露指引》。

该指引旨在为促进企业遵守气候相关财务信息披露工作组（TCFD）的建议提供实用指引，并按照相关建议做出汇报。《气候信息披露指引》与《环境、社会及管治报告指引》共同构成了联交所监管下企业 ESG 信息披露的基本规范框架。

该指引采用 TCFD 有关披露标准，细化了气候变化的内容，把实施过程分为八个步骤，具体为：① 确定合适的管治架构：明确董事会及管理层在气候相关事宜方面的角色和职责；② 在确定范围及边界下选择合适情境及参数：确定一组具有界定参数的情境；③ 基于定性/定量方法，确认气候相关风险的重要性：准备一份排序的气

---

① 《巴黎协定》（*The Paris Agreement*），是由全世界 178 个缔约方共同签署的气候变化协定，是对 2020 年后全球应对气候变化的行动作出的统一安排。《巴黎协定》的长期目标是将全球平均气温较前工业化时期上升幅度控制在 2 摄氏度以内，并努力将温度上升幅度限制在 1.5 摄氏度以内。

候相关风险清单;④ 基于公司业务性质及位置,识别与气候相关的重大风险对业务造成的影响:编制一份气候相关业务影响(CRBI)热点清单;⑤ 就 CRBI 热点制定适合公司的参数、指标及目标:针对 CRBI 热点而订立参数、指标及目标;⑥ 优先考虑、实施及监察一系列针对目标的行动,以构成气候行动计划的基础:详述选定目标相关的优先行动及完成进度行动计划;⑦ 评估对每个财务项目的影响:制定针对 CRBI 热点的定性/定量财务影响清单;⑧ 将气候相关议题纳入业务策略的长期规划:扩大综合业务策略视野,包含气候相关风险及机遇。

三、ESG 实践指引

为了更好地帮助治理专家就环境、社会和治理(ESG)以及与气候相关的问题向委员会提供建议,香港公司治理公会编制了《ESG 和气候变化指导说明》,为董事的实际行动提供了参考要点。具体包括:一是将 ESG 问题纳入关键治理流程,加强董事会层面的监督。董事会应结合发行人自身的情况,决定最适合的治理结构。如:可采用综合方法,将气候相关因素纳入现有董事会委员会和高级管理层(例如首席财务官和首席运营官);也可采用专门方法,建立独立的气候/可持续发展委员会,进一步领导 ESG 工作组。二是进行"重要性"评估。重要性评估应针对具体行业,并应参照每个公司的情况进行调整。三是风险管理。董事会应识别、评估和管理其业务的重大 ESG 风险和机会。四是设定目标并监测表现。董事会应设定"SMART"ESG 目标,对照目标审查进展,并对实施计划进行必要的调整。"SMART"为具体、可衡量的、可实现的、相关、有时间限制。

四、对投资机构参与 ESG 投资或尽责管理的要求

2021 年 8 月 20 日,香港证监会刊发对《基金经理操守准则》的修订及一份通函,列明管理集体投资计划的基金经理,在投资及风险管理流程中,考虑气候相关风险并作出适当的披露方面应达到的标准。通函的合规要求涵盖企业管治、投资管理、风险管理及信息披露四个要素,概括如下:

(1)企业管治:基金经理的董事会和管理层应将气候相关因素纳入投资及风险管理流程中,并负有整体管理和监察职能。董事会或管理层还应维持足够的人力及

技术资源,以便适当地执行相关职能。

（2）投资管理：基金经理应为其管理的每项投资策略和每只基金识别有关联及重大的气候相关风险、在基金投资管理流程中顾及重大气候相关风险,以及评估有关风险对基金投资表现造成的潜在影响。

（3）风险管理：基金经理应建立并维持有效的制度、政策及程序以识别有关的气候相关风险、采用适当的工具及指标评估及量化所识别出的风险对每项投资策略及每只基金的潜在影响,以及持续监察及管理有关风险。

（4）信息披露：若基金经理负责基金的整体运作,则该基金经理应向投资者以书面方式充分披露气候相关风险。

香港证监会通函将《基金经理操守准则》应达到气候相关风险披露标准,分为两个等级,包括：① 适用于所有管理集体投资计划的基金经理;② 上年度任何 3 个月管理 80 亿元资产的大型基金经理。

具体为基本要求和进阶标准。

一是基本要求。① 在风险管理方面：基金经理在风险管理程序中考虑气候相关风险,并确保已采取适当步骤,以就基金经理所管理的每项投资策略及每只基金识别、评估、管理和监察有关联及重大的气候相关风险。② 工具及指标方面：基金经理需要采用适当的工具及指标,以评估及量化气候相关风险。

二是进阶标准。大型基金经理亦须遵从下列标准：① 在评核投资策略于不同路径下对气候相关风险的抵御力时,评估情境分析的关联性及实用性。若情境分析被评估为有关联及实用,基金经理便须制订计划,以在一段合理的期间内进行情境分析;② 当气候相关风险被评估为有关联及重大时,在可取得或可合理地估算数据的情况下采取合理步骤,以识别基金的相关投资所涉及的温室气体排放量的投资组合碳足迹,并界定其计算方法及相关假设。

实施时间线：① 2021 年 8 月—2022 年 8 月,大型基金经理需公布咨询结论;② 2021 年 8 月—2022 年 11 月,大型基金经理需满足"进阶标准",其他基金经理需满足"基本要求";③ 2022 年 11 月之后,大型基金经理需开始披露碳足迹。